日常世界の現象学

―身体の三相構造《トリアーデ》の視点から―

湯浅慎一

太陽出版

序にかえて——日常性の真理と非真理について

プラトンは、洞窟の比喩で、洞窟状の地下の住居で生活し、背後の火によって投影されるさまざまな道具や自分自身のさまざまな「影」以外、何も見たこともない人間の生き方を、まだ「教育を受けていない」最初の生き方として捉えている。[1]なぜなら、この生き方こそ、光の領域に向かうために必要な最初のさまざまな「慣れ」（συνηθείας）[2]の場だからである。最初に最も容易に見えるものはそれらの影であって、光ではない。影を見ることの容易さはそれが最初に慣れた対象だからであり、それが持つ説得力は、それ以外のものである光を見るためには強制を必要とするほどである。

背後から差し込む光線で洞窟は薄く明るんでいる。ひとはこの薄明の世界にも慣れ親しむと、多くのものがよく見えるようになり、たいていの不便は乗り切り、この世界に信頼するようになる。最初に慣れ親しみ、信頼するこの場を、われわれは日常性と呼ぶ。日常性こそ、プラトンにとっては薄明の感覚的世界であるが、存在がまず初源的に露わになっている地平であり、非隠蔽性としての真理の第一の領域である。それに対し光は、プラトンにとっても影から全身で「転向する」[3]（στρέφειν）ことを要する向こうの世界、すなわち非日常的な地平である。

では、ひとを光に向かわせないものは何か。薄明への慣れか。慣れはしかし人間の志向の一様態に過ぎず、慣れを可能にするものは日常性の成立に十分な存在了解を根拠づける薄明そのものでなければならない。光を隠蔽するのは薄明である。光は薄明において隠蔽されていた影の「実物」（*ταὐτά*）を露わにする真理であり、薄明を可能にする第二の真理である。第一の真理は第二の真理に至る道でありつつ、第二の真理を隠蔽する非真理である。[4]

見えないこと、理解できないこと、つまり隠蔽性としての非真理は、単に否定的な無能、限界、失敗といった人間の実存様式に由来するのではなく、すでに見ていること、理解していることという非隠蔽性としての真理そのものに由来している。日常的世界了解である常識において隠蔽されていたものを露わにする科学は真理の場であるが、科学もその固有な認識においてまさにそれを可能にしている真理を隠蔽するのである。[5]このように、常識の真理のみならず科学の真理もまたその真理性において非真理なのである。ハイデッガーはその命名力によって存在者を存在者として現われ出させる言語の真理との近親性を指摘しているが、言語はその範疇的規定力によって、あの薄明が洞窟の人間の手足の首を縛るように、存在者の現われを縛り、隠蔽するのである。

薄明を生み出す光には、薄明を通し、薄明に背を向けて至る。両者は互いの真理でありつつ非真理であり、互いに根拠づけつつ戦っている。プラトンとその後継者たちはしかし、両者の存在論的相互性を否認し、薄明を単に感性界、非真理として、光を単にイデア界、真理の王国として捉えることによって、非隠蔽性の根拠としての隠蔽性を看過することによって真理の根拠を隠蔽する。

注

（1）　Platon, Politeia 514aff.

（2）　op.cit., 516a.

（3）op.cit., 518c.

（4）明け開き、露わにすること（Lichtung）と隠蔽すること（Verbergung）との相互性については、cf. Heidegger, Der Ursprung des Kunstwekes. in : Holzwegl Vittorio Klostermann 4. Auflage, 1963. p.42. 本書XI参照。

（5）フッサールがガリレオに始まる近代科学がまさにこれを生み出した生活世界という「認識」の基盤を忘れさせていると指摘していることはよく知られている。cf. Husserl, Die Krisis der europäischen Wissenschaften und die transzendentale Phänomenologie. Husserliana Band VI. もちろん、西洋形而上学一般が存在の意味への問いを忘却させたというのが、ハイデッガーの哲学の出発点である。

◉目次

序にかえて――日常性の真理と非真理について

I　身体現象の三相構造 17

1　身体論の難しさ――心身論の空しさ 17
2　感ずる肉的身体――身体感覚について 19
3　道具的身体について 21
4　自然としての身体について 23

II　身体現象の三相構造論――不毛な心身論を超えるために 26

1　身体を現象学的に眺める動機 26
2　身体への志向の三つの相《トリアーデ》 31
3　存在することの意味を問う 35

III　自然と技術…………38

1　ノエマとしての自然　38
2　自然と道具の違い　39
3　自然の道具化　41
4　自然を道具化する者は誰か　42
5　自然に対する信頼の喪失　45

IV　身体と世界──世界は生成する身体によって開き与えられる…………50

1　自我はどこで何をしているのか　50
2　知覚と行動の構造は身体の歴史によって規定されている　63

V　環境内存在とその責任――環境倫理の現象学的基礎づけの試み……78
1　人間が「自然」と調和し、「自然」に服従していたという「自然状態」における人間の問題　78
2　自然から独立するということ　79
3　このような自然観と技術を持ち得る者は誰か　80
4　環境と環境内存在　82
5　環境の悪化は何に由来するか　84
6　技術の自然に対する干渉は必然的である　86
7　倫理的主体は誰か　88
VI　芥川龍之助の世界、その現存在分析試論……94
1　日常的世界は慣れ親しんだ地平　94
2　非日常的世界は不気味な地平　95

3 私の身体は肉と化す 97
4 無化する肉 100
5 還元主義に抗して 102

VII 他者のまなざし──現象学的還元の不可能性について……104
1 他者のまなざしは私の自己評価である 104
2 私は身体において眺められる存在である 106
3 私は他者のまなざしによって規定される 107
4 存在措定の中断は自己の存在への信頼によって可能になる 108
5 メドゥーサのまなざしは私の有限性を示す 110

VIII 食と性における共肉性……113
1 食事 113

2　性性　117
3　性性の道徳的劣等性　120

IX　想像力はいかにして認知および行動を誘導するか……125
1　知覚を誘導する想像力　125
2　行動を誘導する相像力　129
3　幾何学を誘導する相像力　132
4　知覚と相像力を形づくる図式　134
5　結論　137

X　確実性――哲学の仮象の問題……142
1　形而上学の根本的動機――真なる存在者の探求　142
2　存在の保証者としての神とその死　145

3　思惟する自我、すなわち思惟するものという名の絶対確実な基盤の発見　147
4　純粋自我の確実性は「我れは我れである」という自己同一性の自明性　151
5　生活世界の発見、必然的確実性のための現象学的エポケーの徹底化―ガリレイの物理主義に対するフッサールの批判に対する批判　157
6　世界＝内＝存在の不確実性　162

XI　ハイデッガーと芸術の問題……168

第一章　問題への導入
1　ハイデッガーの芸術哲学がもつ固有の問題性はどこにあるのか　168
2　存在の意味への問いとは何か　170
3　芸術、芸術作品、および芸術家に関する解釈学の解釈学的循環について　172
4　芸術作品の物性としての差しあたりの現実について　176

第二章　物と芸術作品

5　一つ目の伝統的な物概念とその不十分さ　178

6　二つ目の伝統的な物概念　183

7　三つ目の物の概念について―質料と形相という一対の概念はどこに由来しているか　184

8　なぜ存在者は質料と形相の連関で把捉されるのか―この理論の動機　186

9　道具の道具存在の新しい解釈　188

第三章　芸術作品と真理

10　芸術作品がそれ自身の内に立っていること、および芸術作品の世界脱去　195

11　作品存在の根本諸動向としての世界と大地、ギリシャの神殿について熟慮すること　197

12　作品の作品存在はどこに存し、どこから構成されているのか―作品の二つの本質動向をさらに解明する　201

13　現存在の存在の生起（Geschehen）である作品の統一としての世界と大地の争い　207

14　存在の明け開けとしての真理　210

15　隠しとしての明け開け　214

第四章　真理と芸術

16　真理の生成と、生成としての創作　219
17　作品という整え入れられた存在（das Eingerichtetsein）と、整え入れ（Einrichtung）の他の五つの仕方　221
18　作品が創作されて存在することの本質的な規定としての、裂け目、形態、用いること、および衝撃　224
19　作品の見守りの内立性と、作品の現実性　232
20　見守りと体験の違い　236
21　あらゆる芸術は詩作である　240
22　言葉の本質としての芸術の本質　243
23　真理の建立としての詩作の本質　245
24　「真理の作品－へと－置くこと」という芸術の規定から見た本質的な両義性　249
25　芸術はなお根源たり得るか　250

XII 踊りと真理――ハイデッガーの芸術哲学の一解釈 257
1 踊りについての伝統的な理解 257
2 日常性における身体と、踊る身体 258
3 日常的身体の現われ方 259
4 踊る身体の現われ方 261
5 舞踊に何が開示されるか 263
6 四方域の遊戯としての踊り 266
7 詩としての踊り 270
あとがき
初出一覧
著者の主な著書（学術書）

I　身体現象の三相構造

1　身体論の難しさ――心身論の空しさ

毎日使用している道具、たとえば机とか自動車が何であるかはあまりにも明瞭である。ところが、それよりもずっと親しい私のこの身体が一体何であるかは、それほど明瞭ではない。なぜだろうか。机が私によって視られ、触れられ、「机として」使用される単なる対象であるのに対し、私の身体は、私によって視られ、触れられ、使用される対象であると同時に、そのような対象を視、触れ、さらに自らを感じ、自ら動くものでもある。すなわち身体の本質を捉えることの難しさは、身体が知覚、意識の対象であると同時に、知覚、意識そのものを担う何かでもあるという両義性にある。ところが身体に関する多くの思想や科学は、その個別科学上の目標からしてほとんどもっぱら対象可能な身体のより一般的な規定性を得ようと努めてきた。だが、そこで見出される身体は私のこの生きる身体ではなく、私が知覚し、表象する他者の身体に過ぎないのである。

伝統的な哲学をはじめ、科学一般が追求するものは対象の対象性、つまり「認識され得ること」、もしくは「操作され得ること」である。そしてこの対象性を真の実在と解釈している。(1) 哲学を含める科学は「真の実在は何か」という問いによって導かれる行為なのである。それゆえ、身体の本質を問う科学もその性格上、必ずや「身体は真の実在か」を問い、「然り」もしくは「否」の答えに至らざるを得ない。まず初めに、この「然り」と「否」の間を漂う思想[2]を次にごく簡単に見てみよう。

古代ギリシャの自然哲学は万物の根源《アルケー》を追求した。ターレスはそれを水、ヘラクレイトスは火、デモクリトスはそれをアトム（不可分割者）であると主張する。それらはどれも、あらゆる変化を貫いて恒常的に定立しているものである。身体はそれらに対して身体ではないものから発生し、成長し、消滅（変化）するがゆえに真の実在ではあり得ない。これらの自然哲学は、水を視てそれに意味を与えようとする私自身を、水というそれ自体無意味な対象と同一視することによって一切（存在するもの）の意味を抹殺し、ニヒリズムに陥る。このニヒリズムを克服するため、意味を追求する人間の本質をその内面性、すなわち倫理性に見出し、その担い手を霊魂と解するのがソクラテス、プラトンである。彼らもまた真の実在を問題にし、それを理性そのもの、ないし理性的存在としてのイデアであると解する。これらは物質《ソーマ》とは違って生成消滅することなく、永遠の相の下で恒常的に定立する実在である。そしてこの場合も、身体《ソーマ》は理性的な霊魂にとっては墓石《セーマ》のごとく煩わしい否定的なもの、無に近い非存在と解される。存在の意味はここではイデア界という彼岸へ送り返され、ニヒリズム克服の試みは失敗する。

以上に見たように、古代にもすでに唯物論と観念論が「真の実在」をめぐって互いに自己の正統性を主張していた。そしてそのいずれにおいても、いかにも両義的である身体はそれらの考察の領域から排除されてしまったのである。このような事態には、実は、現在もあまり変化がないのではないだろうか。

さて、デカルトが実在を精神と物体という二種類の実体に分離して以来、今度は身体には奇妙な地位が与えられることになった。つまり、身体が物体であり、物理現象であれば、いかにして非物体である精神や意識によって動かされ得るのか。この二元論的心身論はその解決者として神を召喚しなければならなかった。それに対して「葵の御紋」のごとき神的干渉を否定する現代人の心身相関論は、心身共動の根拠をどこに見出そうとしているのか。身体を精神に近い特殊な物体と考えるか、あるいは物体に近い特殊な精神と考えるか。そのような精神的物体ないし物体的精神が存在するとすれば、それについての認識は形而上学的《メタフィジカル》でも物理学的《フィジカル》でもない何かであろうが、一体それはどのようなものであろうか。

それともこのような煩わしさを打ち捨てて、物体は、つまり身体は精神の意識内容に過ぎないとして再び観念論（ないし唯心論）に帰るか、精神や意識は身体という物体の現象に過ぎないとして再び唯物論に帰るべきなのだろうか。

これまで見てきた物体、身体、精神、理性、実体、イデア、神、根源は、いずれも恒常的な定立者として「真の実体」たらんとするものである。[3]これらを追求する営みにおいて、身体の地位は維持され得ない。そしてこのような視座にとどまっている限りでの心身論は、解決不能な問題であるか、無意味な仮象問題なのである。われわれは現在も盛んなこれらの心身論に決別し、直接意味として了解される己れの身体[4]を考察しなければならない。

2　感ずる肉的身体——身体感覚について

具体的な何かを知覚していないときでも、私は私の身体を非主題的に知覚している。自己の身体についての知覚を身体感覚と呼ぼう。身体感覚には「左手の親指の先」といった明瞭で具体的な主題を持ったものから、気分のようにほとんど主題のない、漠然としたものまである。しかし、それらはどれも共通に、他ならぬこの私自身の存在を、しかもまさにこのように規定された私の存在を直接示している。世界のうちで私に私自身を発見させるのがこの身体感覚なのである。この身体感覚なしに突然、無から「私は考える《コギト》」ということはない。基礎的な身体感覚は意図的に作動させたり、停止できる感覚ではなく、あらゆる分別ある意識を支える事実性である。この事実性こそ、私の開始であり、世界の開示である。

この基礎的身体感覚を基礎にして、身体感覚は身体の各部位を示す局在的身体感覚として与えられる。これによって私は自分の右手を感じることができ、したがってまた、右手に何かを感じることができる。つまり、このように身体感覚が身体の各部位に散在しているがゆえに、それらの部位にそれぞれ対応する、さまざまな事物が発見され、かくて周囲世界は意味的に多様に現象し得るのである。私がいま身の周りに見出すほとんどのものは、そして、それらのそれぞれ固有な意味は、それらに働きかけ、それらを感じる指や足などに固有な身体感覚と共に与えられる。世界の意味の多様性は身体感覚の多様性と同根源的である。そして、さらに両者はその者が置かれている情況の多様性に対応している。たとえば、右ききの私が右手に負傷すれば、右手によって触れられ、摑まれるものの意味は変容せざるを得ないし、また逆に当然のことながら、環境が変われば身体感覚も変わらざるを得ない。このような身体感覚の情況性を劇的に示すものは、精神病理学的事例であろう。学校に行きたくない子供が、登校時になると腹痛や頭痛を訴えるといったヒステリー性身体感覚ともいうべきものはよく見られる例である。「健康な者」にとっては異様に思えるのは、たとえば離人症患者の「後頭部から項部にかけての骨が開き、そこから脳の中に溜まっていたニョロッとしたものが出て身体内部に拡がった……(5)」という身体感覚は、その意味の非日常化と、さらに進んで意味の喪失を示している。

これは同時に、彼の存在様式を規定している世界の意味の非日常化と意味の喪失に対応している。彼はもはや世界に肯定的な意味を見出し、それに向かって己れを能動的に投企することができない。かくて世界はまだ無意味な重圧としてしか開示されず、したがってそれに対応する彼の身体も無意味な重圧としてしか感じられない。このように、世界の意味がそれ自体「客観的に」与えられないのと同様に、身体感覚もそれ自体「客観的に」与えられるのではないのである。ではそれにもかかわらず、現に私の身体感覚がほぼ常に一定しており、また各人のそれがほとんど同様であるかのように思われるのはなぜか。これは非常に難しい問題である。身の周りに見出されるものはすべて命名（記号化）されており、その名前は一定の意味をその知覚者に強制している。かくて世界の意味は言語によって固定化され、それに対応する身体感覚をも固定化する（こうして首尾一貫した行為が可能となる）。しかも言語はその本性からして間主観的である。ガラスのあのすべすべした感じは、すでにガラスという概念に結合しており、この概念が私の情況、および他者の情況を規定し、この言語を用いるその他者の身体感覚は、多分、この私の身体感覚と同様であろうと私に考えさせる。言語共同体における身体感覚の共通性は、しかし言語による擬制であって、「それ自体」の共通性をつくり出すのではない。言語共同体は文化的共同体をなし、その内に存在するものは互いに多かれ少なかれ共通の身体感覚を、したがって類似した自己意識を有するであろうという志向から成り立つ。そしてこのような身体感覚と自己意識を持っていないように私に思われる者を「異常者」と命名するのである。

3　道具的身体について

身体感覚によってすでに見出されている身体の各部位[6]は、それで「何をする」かによってさらに、そして決定的に意味づけられる。たとえば私の右手の指はペンの柄を感じる私の身体としてのみならず、そのペンの柄を感じる私の身体として、またそのペンの柄を握って、字を書く道具的身体として見出される。椅子はその上に腰をおろすもの、戸は手で開くもの、床はその上を足で歩くもの、着物は着るもの、水泳プールはその中で泳ぐもの、という具合に、周囲世界は道具的身体を指示する道具的世界でもある。言い換えれば、道具的世界は相互に指示しつつ、究極的には道具的身体を指示して開示されている。道具とはそのものではない他の何かを可能にするための何かである。たとえば、ペンはペン自身ではない「字を書くこと」を可能にするものである。同様に、手も字を書くものとして見出される限り、字を書く道具である。足はあるときは歩く、あるときは走り、あるときは泳ぐための道具として見出される。このように、道具的身体は、単に感覚する身体とは違って目的論的構造を有する（もちろん感覚も道具的でもあり得る）。そして世界の目的論的構造と道具的身体の目的論的構造は相互に規定し合い、同根源的である。この両者はまた身体感覚の考察で確認したように、そのものが置かれている情況に対応して意味的に変容し得るのである。そしてここでもその恒常性、間主観的共通性を擬制するものは言語である。

　次に道具的身体の考察で興味あるのは、道具的身体と道具の連動、および身体のよりよい道具への変容の問題である。たとえば、初心者にとってテニス・ラケットは握り難く、どう振ってよいか分からず、手にあまり、手中にあって手に逆らってその存在が非常に目立つ。ところが上達するにつれ、ラケットは手の中にすっぽりおさまり、手や腕と同じように自由に動き、手や腕の延長のように感じられはじめる。このように使い慣れた道具は道具的身体と結合し、その、より有能な一部と化す。道具的身体は多くの道具と結合して巨大化しようとする。しかし巨大な道具を動かすことはできない。そこで、この道具が人力でなく、独自に動力を調達するとき、ここに機械が生じる。機械はいまや多くの人間の身体と結合し、彼らの意図を遂行する。こうして道具的身体は機械との結合によって無限に巨大化しつつある。しかしまた、その機械に欠陥があれば、一瞬のうちに数百人の命を抹消することにもなる。

　私の意図に沿って動く他者の身体は私の道具である。この意図が一方的であれば、命令‐服従で動く悪いスポーツ・チームのごとき人間関係がここに生じ、私の意図と他者の意図が相互に一致していれば、私の道具的身体と彼のそれとはゆるやかに結合し、ここに良いスポーツ・チームのごとき共同体が生じる。このように社会は道具的身体の結合によって成立するのである。

一定の運動に慣れてくると、その身体部位は意識内で目立たなくなり、その運動様式は運動的身体図式の底位に沈下し、呼吸運動のようなごく日常的、習慣的運動となる。このような運動の感覚（キネステーゼ）を、日本の古人は「無心の境地」とか「無我の境地」と呼んでいた。なぜなら、そこでは我意なくして身体が「自ら」、「自然と一体となって」動くからである。このような「神技」に伴う喜びや美しさは、スポーツに限らず音楽の演奏、調理など、多くの身体運動に体験される。では、自然である身体とはどのようなものだろうか。

4　自然としての身体について⑦

基礎的な身体感覚があらゆる分別を（したがって言語をも）超えて見出した事実性とは何であったのだろうか。それは私の意図以前に「私は生きている」、「私は存在している」ということ（事実）である。私はこの「存在していること」という大きな乗り物にでも乗っているかのように、それを己れの存在として引き受けている。私は自分の存在の起源ではなく、その帰結である。

私の存在は身体的には支えられている。身体は自らを根拠にして存在し続ける。この「自らを根拠にして存在するもの」を自然と呼ぼう。自然をギリシャ人やローマ人は「自らを生み出すもの」と解釈した。ところが、それはそう解釈するもの自身が己れの存在をまさに「自らを生むもの」から「生まれ」、いま「自らを生み出しているもの」と解釈したからである。つまり彼は己れの存在を自己生成する大自然のうちに見出しているのである。そのように自己を解釈するがゆえに、私は己れの身体のそのつどの自己生成に信頼し、安心して己れの存在の新しい可能性へと投企することができるのである。

立っていても脊椎は崩れず、心臓は止まらず……身体はその自然（生理）的機構に従って自己を維持、再生し続けることを私はあえて疑わない。私の自己投企以前の私の存在の根拠が自然なのである。自然は私によって信頼されつつ己れを隠す。自然の自己維持力が疑われれば、自然は自然であることをやめ、そこに無の不気味な深淵を垣間見せ、私は恐怖におののきながらそこに落ち込んでいくか、崩れる自然を道具・技術にとって代えようとする。だがこの道具・技術も基本的には、より根源的な「自己を維持する」自然に依拠しているということは忘れられてはならない。ここで注意されなければならないのは、われわれはここで自然主義的に、素朴に、「自然はそれ自体で存在している」といっているのではなく、「自己投企の根拠として、信頼して己れを委ねている当の場」、「世界の開け」を「自然」と呼ぼうと提唱しているということである。

こうして、私は事象の秩序としては、まず自然的身体に支えられ、それを身体感覚を通して了解し、道具的身体において己れの存在の新しい可能性へと己れを投企することができるのである。

注

（1）仏教は西洋思想が追求する「真の実在」、すなわち事物の自性《じしょう》を否定する。それゆえ、ここには実在としての身体の科学は初めからあり得ないのではないか。

（2）身体論の歴史については拙書『身体の現象学』（フェノメノロジカⅧ、世界書院）第一章「古典的身体論―形而上学的身体論の性格と動機」を参照されたい。

（3）哲学、および科学が「真の実在」を追求し、実在の本質を「恒常的定立性」と解した、という論議については拙書『愛と価値の現象学』（太陽出版）第一部を参照されたい。

（4）このような捉え方を「現象学」というが、その根拠については、拙書『知覚と身体の現象学』（太陽出版）第二部第一章を参照されたい。

（5）西願寺弘通「身体イメージ」（岩波講座『精神の科学』4）精神と身体、一九九頁。

（6）自分や他者の身体の部位についての知覚を生み出す前志向的機構というものが考えられる。それを身体図式という。これについては、P・シルダー著『身体図式』（北條敬訳、金剛出版）、拙書『身体の現象学』第三章を参照されたい。

（7）拙書『身体の現象学』第六章を参照されたい。身体の三相構造を左のように示すことができるが、その肉・道具・自然の境界はあいまいである。

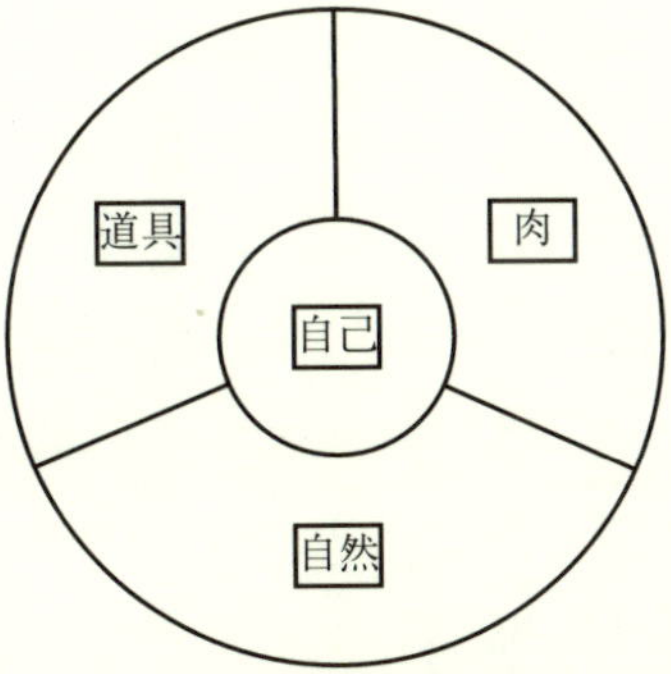

身体の三相構造

II　身体現象の三相構造論――不毛な心身論を超えるために

1　身体を現象学的に眺める動機

身体を現象学的にとらえるとはどういうことか。

現象学が問題にした身体とは、そもそも何であったか。哲学的パースペクティヴからいうと、身体の現象学の対になるようなものは当然、ヘーゲルの精神現象学である。

精神現象学は絶対精神である絶対者に至る経過、つまり意識の発展を論じるもので、反省また反省で、完全な反省に至るとき、それが絶対者になるという。もう少し図式的にいうと、無反省な、自然的な、感覚的な状態から精神そのものになるための反省哲学である。プラトン、アリストテレスからずっと続く伝統的な哲学の頂点になる哲学である。

それに対して、身体の現象学はその反省の哲学に対する反省である。伝統的な形而上学に対する批判というか、反省という含みが身体の現象学にはある。哲学は本当にそのような反省によって発展していくのかという批判である。そこで身体的な存在が大きな問題になってくる。伝統的な哲学者もそれは知っていた。人間が身体的な存在であることは、伝統に従えば己れをいわば他者としてとらえることであり、己れの内にある他者なるものをとらえることである。しかしこの他者は無視されていた。なぜなら他者的なものを排除して、己れそのものになることが哲学であったからである。まず、伝統的な形而上学に対するアンチテーゼとして現象学は出てきた。なかんずく、身体について考察することを現象学は強く主張する。身体のロゴスの影の自己主張である。……影？ 裏と言ってもよい。要するに、伝統的な哲学が排除してきた身体性である。それは感覚的なものであったり、感情的なものであったり、気分的なものであったり、あるいは衝動的なものである。しかし衝動は、私のもの以外の何ものでもない。にもかかわらず、私がその衝動に対して主人たり得るわけでもない。それを利用することもあるが、自分自身ではないもの、もっと古典的にいうと、無といっていいような、混乱した観念のようなものである。

ハイデッガーはそれを事実性と言う。フッサールも似たようなことを言っているが、こういうもの、体験している己れの身体のどうすることもできない重みのようなものを、これまでの哲学は問題の中心に据えてこなかった。たとえば伝統的な形而上学は、己れが何であるかを、まさに自己意識として認識しているという。しかし、身体現象学はそこから出発しないし、絶対的な自我を哲学の発端に置かない。私は気がついてみたら、かくかくこのようにしか存在していなかった。私は女ではないし、シベリアにいるわけでもない。ここにこうしている。私はこういうように状況づけられて存在している。私は自分をゼロから構成しているのではなく、あたかもあるものの中に投げ込まれたような形である。ハイデッガーは、被投性ということばでそれを表現している。私は常に既にかくかくしかじかのごとく規定されて存在させられている。この、存在するのではなく、存在させられているという意味が、身体的であるということである。当のもの、それ以外の何ものでもないものとして、日常的に自己了解している、それが身体なのである。本質的に状況づけられた存在である。このことは、何も哲学ばかりではなく、一九世紀のなかばから二〇世紀初頭にかけいろんな学問の領域で気がつかれはじめた。まず無視できないのはマルクス。彼は、私はこう考えているということを自覚しているつもりだが、これは私が考えていない状況によって規定されている、と言う。私の考えは私が属している一定の生産関係によって規定されている、つまり無意識によって私はかように存在せしめられている、というわけである。フロイトも同じようなことを言っている。思考とか認識とか行動とかいうものを規定しているものは、意識ばかりではなく無意識でもあるのだ、と言う。また、言語学者ソシュールや文化人類学者レヴィ＝ストロースなども似たような問題意識を持っていた。

このように哲学だけではなく、社会科学的な分野でも、あるいは心理学的な分野でも、また言語学の分野でも、日常的には反省できない構造によって規定されつつ存在しなければならないということがしだいに明らかになってきた。いうなれば、超越論的な反省によって、そのように構造の中に入れられているということを、われわれは了解する。その考え方は、その後の構造主義につながっていった。理性的な構造ではなくて、意識されないことにおいて作動するような構造に。

ただその反省は、現象学的にできるのである。今、無意識の構造と言ったが、そういってもまたその下にそういった反省を可能にするようなXというものがあって、それが発動してわれわれはその反省ができるわけであるが、その下に隠れているものがまだ残る。

そこのところが、まさにヘーゲルの哲学との大きな違いではなかろうか。先ほどの言い方で言えば、われわれはどこまでいっても己れの影を飛び越えることはできない。われわれは己れを何の媒介もなしにパッと了解できるような自分自身を完全に反省するというようなヘーゲル的な自我を考えるのも幻想である。

この己れの裏というか影は、ドイツ語で、アップグルント（深淵）という。グルントは基礎とか根拠という意味で、アップというのはそのグルントから離れ出るということで、いうなれば「底なし」という意味になる。つまりわれわれは、この世にかくかくしかじか存在しているという十分な根拠を自分自身は持っていない、何か無気味な存在であり深淵というか、奈落というか、自分の存在の真只中に、己れの深みを持っている。古典的な

「真の実在とは何か」と問うが、われわれは〝問う〟ということを問題にしたい。

ハイデッガーは、伝統的な哲学が成立するそもそもの根拠はいったいどこにあったのか、とまず問う。そして今度は逆に、なぜ私は哲学をするのか、なぜ私は己れを問うのか、そもそも、問うということはいったい何であるか、と問う。『存在と時間』は、問うということから始めている。存在とは何か、その何か問うこととはいったい何か。そこで、ここに解釈学的循環が始まる。己れの存在の意味を問うこと。存在とは何であるか、というところからハイデッガーは始める。それは既に、精神とか理性とか、悟性とか、人間とか、生物とか……そういった個別的なものについての問いではない。問うことそれ自体を問う。それゆえ、一方では哲学の目標を批判的に非常に限ったが、もう一方では伝統的形而上学そのものを問題にすることによってそれに対して優位性を主張する。

たとえば哲学史をひもといてみるとよく分かるが、ターレスやアナクシメネスなどのギリシャの自然哲学者は、物事の根源は何か、と問う。真に実在するものは何か、と。それで、水であるとか、火であるとか、いや風であるとか、いろいろ言う。

そのあとプラトンやアリストテレスが出てきて、それはイデアである、と切りかえす。ところが、また、いやそれは神であるとか、アトムであるとか、ついには精神であるとか、自然であるとか、主張される。しかし、どれもつまるところ真に存在するもの、つまりリアリティがいったい何であるかということをどのように規定、記述するか、という問いに導かれているわけである。

これは自然科学にも同じように言えることである。たとえば、物理学は事象の究極的な姿は何か、と問う。しかしそれはあくまでも仮象の姿である。それは分子だと言ったとする。しかし、それはそのうち原子からできていることが分かる。さらに、いやその原子は素粒子からできていると言う……。

ここで分かることは、彼らが言おうとする真に実在するものは何かというメルクマールの一致点は、絶えず定められ対象化されるということである。恒常的に定立されているということである。ではいったい、対象化するということはどういうことなのか。それは、要するに、己れの前に立てるということである。記述すること、対象化することは、どちらも己れの前に立てるということである。

別の言い方をすると、「何かがある」の意味は絶えずという時間であろうか。絶えずという時間は、何であるかと問いかける当のものを可能にする根拠である。そうすると、問われているものの意味は、まさに問うという時間的存在の構造から出てきているといえる。

では、自然科学的に「何が存在か」という問いはどのような性格を持っているのか。

ターレスが存在とは何かを神々の助けを借りず自分自身で考え、水である、と言う。水は、「それ自体」何の意味もないものである。水は日常生活の中で初めて意味を持つ。水でなくても、空気であろうが自然であろうが何でもいいのだが、われわれが悩んだり悲しんだり、喜んだりする一切の人生の意味が、「それ自体」何の意味もない水や空気に還元されるとしたら、これはまさにニヒリズムだろう。ところがプラトンはそれをイデアとして、逆にいわば彼岸化してしまった。その後の哲学も、ニヒリズムを超えようとして、結局、ニヒリズムを深めていく。その最たるものがニーチェである。ニーチェは、私は純粋に欲する、と言う。己れが、意味の唯一の場である世界を離れて一切の存在の根拠、一切の意味の意味たらんとすることを目指す。が、ニヒリズムを克服しようとして、より深いニヒリズムへもどってきてしまう。つまりは伝統的な存在の解釈の中にスッポリ入ってしまう。

いわゆる心身論は実在とは何かという問いに囚われている。われわれの問題意識でいえば、これは仮象の問題に過ぎない。心身論は、身体それ自体と心はそれぞれリアリティを持っているが、その相互関係はどうなっているかを問い、真の実在に対する願望を持っている。われわれはこれに足を突っこむべきでないと思う。そうではなくて、私は身体的に存在している、ここから始めるべきであり、身体現象に対する了解の構造を分析する。簡単に言うと、精神であるとか、マテリーであるとかとは無関係に、つねったら痛いとか、私は手を動かすことができるとか、そういう身体現象の了解の内容の構造分析から始めようというのである。

2　身体への志向の三つの相《トリアーデ》

まず私は身体の最も己れ的な側面、つまり、つねったら痛いという受動的に感ずる相を便宜的に〝肉的身体〟と名づけよう。

次に、動かそうと思ったら動く、あるいは見ようと思ったら見る、何かのために作動する、そういう身体を〝道具的身体〟と名づける。道具的身体というのはそれ自身には意味がない。たとえばペンを持つとする。持つこと自身に意味があるわけではなくて、ペンを持つということに意味があるのだ。この手に意味があるわけではない。そういう身体の相が道具的身体である。

三つ目は、己れを委ねている相。たとえば私は、感じようが感じまいが、心臓は動いている。私がそれを支えようと思わなくとも私の存在を支えている。私は信頼し、己れを委ねている。そういう身体を、〝自然的身体〟という。

身体として了解される相は、このような三つの相の構造から成り立っている。しかし、それらはきっぱり分かれているわけではなくて、少しずつ重なり合っている。たとえば今の例でいうと、ペンを持つと、ペンは私の身体の延長になる。道具的な身体は、道具を互いに結合することによって、〝その分だけ広がる。ある意味で、身体が拡張する。それゆえ身体を、蛋白質と骨格を持つものとして、閉じたものとして、空間的に規定する必要は全くないわけである。空間的に「無限」であってもかまわないのだ。たとえば月に行った無人車が動くとする。地球から電波を送り操縦する。三〇万キロメートル離れて遠隔操作をするのだが、これは私の手がまさに月へ行って動かしていると考えても何らおかしくない。身体はこうしてその道具性を通して、道具的世界、あるいは機械的な世界へ広がっていく。これはある意味で無限である。見るということでも同様である。目が目的ではなくて、何かを知覚することが目的である限りにおいて、目は道具である。そうすると、センサーとか探査機とかいうものは道具的身体の延長と考えていいわけである。

たとえば主人と奴隷の関係において、奴隷は、主人に対して反抗するようにもなる。それは機械でも同じである。一種のフィードバックによってそれ自体で動きはじめるようなことが起こる。ただの風車でもいいのだが、風車が動いているときにもしも指を突っ込んだら、指が切れてしまう。このように、作ったときの意図が、そのつどの意図を超えて、それから切り離されていくということがある。独自のメカニズム、独自の構造、一つの閉じた系を持つわけである。われわれの道具的身体が他の道具と合体するように、いくらでも合体する。これは何々のためという風に目的論的に結びつく。単なるメカニズムとしてではなく、そのつどの具体的な意図という目的によって結びつく。見方をかえると、本来の道具性を失って、そこから切り離されて、機械が他者化する。

他者は、私が欲するものとは切り離された、まさに向こう側にあるもの、彼岸である。独自の世界だ。先ほどの例でいえば奴隷は他者化するわけである。機械にも、このような本来なかったような他者化という現象がある。この機械の持つ他者化ということを考えたときに、初めて機械に対するわれわれの疎外ということを言うことができるであろう。それゆえ、よく機械論というが、現象学的に見れば、身体論の道具性から出発して、道具論に至り、それから機械論へいく。と同時に、その横で他者論を発展させて、機械論に至る。

一定の役割を演ずる人間と人間との、身体と身体との相互関係から社会が出てくるし、社会と機械という問題もそこから出てくる。コンピュータが発達してくると、よく機械に意識があるかないかという議論が出てくるが、よく考えてみるとこれはおかしなことである。というのは意識といっても、われわれは自意識しか問題にできないからである。彼や彼女、あるいは機械でもいいが、そこに意識があるかどうか、本来分からない。意識というものは私の意識、私の感覚の内容であって、私以外のそれはブラックボックスである。私以外に意識があるかないかは決して証明することはできない。ただ、彼が笑うとか泣くとか、痛がるとかするとして、それを私に表現する。そういう表現をするものを、私は意識があるものと見なすわけである。機械であってもそれは同じことで、機械に意識があるかないか分からないが、あるときはそう見なすかもしれない。いずれにせよ、それは仮象の問題にすぎないのではなかろうか。

面白いことをデカルトが言っている。デカルトは周知のようにすべての有限的な存在を二つに分けている。精神と物質というように。そして、動物は物質としての自動機械であるとする。人間も、その身体は機械である。しかし、私は、自分が意識ある存在だということが直観的に分かる。ただ、他者に意識があるかどうかは分からない。他者は言葉をしゃべるかどうかにかかっている。言語を話せば意識があると見なすことができる。だが、今しゃべるぐらいのことはプログラムできて、そういう機械は作れるであろう。デカルトが今生きていたら、それは意識を持っているということになってしまう。

われわれは、他者と話すことができるし、そうやって話している相手がもしかしたらロボットかもしれない。そうであってもいいのだ。つまりこれも単なる仮象の問題である。

意識を突きつめていくと、私というのは、ではいったいどこにあるのかという疑問が湧いてくる。それは脳の中にある、という意見もある。しかし、脳という物質の中にあるわけではない。物理学者なら「われわれの大脳は空っぽだ」と言うだろう。電子の雲があってその中に原子核があって、その間には何もない。原子核だって、それ自体ほとんど空っぽだ、と言う。どこに私がいるのか、そういう風に突きつめていくと、ターレスの「万物の根源は水だ」ということと同じことになってしまう。それはニヒリズムに陥る。とりあえずこう言う他ないのではないか。知覚されていること、了解されていること、記憶されていること、そういうものに構造的に意味がある。その構造としての意味そのものの中に、実は私と称するものがあるはずである。

では、自然的身体とは何か。現象学的にいえば、まさにそのようにそれがあるものとして存在しているもの、それが自然である。それがどのように出来ているだろうか、こうやるとこうなる、というように観察しはじめたりすると、もうそれは自然ではなくなってしまう。道具化してしまう。自然は、そのように対象化されていない〝相〟である。私の身体にはまさにそういう面がある。心臓は心臓であることを告げるわけではない。告げないがゆえに私は信頼している。そういう信頼が根源的に働いていてこそ、私はそのつど已れを投企することができるわけである。これはまさにグルント（Grund）である。しかし、私はそれを根拠づけ（begründen）てはいない。そういう相を、自然と名づけようというのである。われわれが意図しようがしまいが、それを信頼し、それを追求も、取って眺めたりもせず、操作もしないことにおいて自然はまさに自然である。

たとえば私が今、便所へ行こうとする。便所へ行くことがさしあたりの目標である。歩いて行くとする。どういう風に歩いて行くか、片足ずつ上げて……そういうことを考える必要は全くない。そのように歩いて行くことに慣れれば慣れるほど、それは自然になっていく。このように、自然的であるということは道具的であるということと微妙な関係にある。ピアノを弾く場合でも、下手な人間は、鍵盤を一つひとつ意識して弾く。ところが上手な人間は、ほとんど「無意識に」近い状態で弾く。つまり自然になっているわけだ。しかしこの差は非常に流動的である。

3　存在することの意味を問う

日常的に意識されていなくても、私の意識をほとんど決定的に規定している最大の事実は、私は存在している、ということである。このようにとか、あのようにとかではなくて、そのつど、どうしようとも、有限的にあることである。これは事情によっては死という無に帰する可能性さえ持っている。突然何か事故が起こって、私は死ぬかもしれない。私がこのように存在していることは、私の発端になっているわけでなく、その結果である。これが私の意識、私の了解を支えている事実である。

ところが、フッサールのある時代の現象学的立場からいうと、そうは問えない。これによれば、一切の意識の内容は意識からくる。そしてその意識するものを自我と名づける。この物が現にあるとか、実在するとかいうことは、それゆえ意味としては了解できるけれども、意味を超えて現にあるかどうかについては私は何も言うことができない。つまり、物事の実在については判断を中止せざるを得ない、とフッサールは言う。しかし、本当にそう言えるのだろうか。

こういう実験をしてみよう。ある動物園に一人の男を連れて行く。まずライオンの檻の外にその男を立たせる。フッサール風にいえば、このライオンは彼の意識の対象（ノエマ）である。意識の対象の内容は、その意識を超えて、その物が実在するということは断言できない。したがって意識内容の実在性、存在の一般的指定はカッコに入れよう。

では、彼を今度は、檻の中に入れてみよう。そこでもう一度、彼に尋ねる。「このライオンはあなたの意識の対象ですか」と。彼は「これは意識の対象の内容ですから、実在するかどうか分からない。ゆえにそれは判断中止（エポケー）しましょう」と言おうとしたとする。ところが、そんなことを言っている間にも、ライオンは彼を襲うかもしれない。そんな悠長なことを言っている暇はないのである。

たとえばここにリンゴがあるとする。そのとき、その意識の対象は、これをリンゴ性として理解しているというような了解の内容では、実はないのだ。そうではなくて、これはあるか、ないか、このことが肝心なのだ。なぜ、あるかないかがそんなに重大であるのか、そのあるかないかが私の存在そのものの解釈にかかっているからである。ライオンがいるかいないかは、私の存在そのものの意味の解釈にかかっているのである。

問われていることは、真の実在かという形而上学的な問題ではなく、また物事の実在は、意識によって構成されるのでもなくて、まさに己れの存在そのものなのである。意識の発動そのものの根拠は、私の身の周りの存在者が存在するかしないかにかかっている。

意識の意識たる本当のゆえんは、自分によっては構成できない、意識を支えている存在というものを、己れの存在を意味づけるものとして措定せざるを得ないということである。なぜその意識の内容であるものが「実在する」ということを問題にするのか、それは意識している己れの存在そのものと直接関係があるからである。つまり存在するものの意味の究極的な姿は、己れの存在の意味そのものなのである。私は自分の存在を構成するのではなくて、構成されたものを引き受けるのである。しかもその存在は有限であって、いつかは無くなってしまう。

それでわれわれは無くならないようにする。しまいには無くなるが、できるだけそれまでを長引かせようとする。つまり、私の自然としての身体に対する信頼は、身体が傷つかないということに対しての気遣いなのである。この身体の無傷性に対する気遣いが、まず世界に対する気遣いの発端になっている。それゆえ、この立場はフッサールの超越論的現象学とははっきり異なるのである。

ライオンを無害なものと勘違いすればどうなるか。それは問題にならない。たとえば、今、太陽が大爆発するかもしれないし、上から何か落ちてくるかもしれない。知らなければ何も言えない。私の存在が私を取り巻いている諸々の存在者に支えられているということを、私は知っている。したがって、物事の意味は、実は単なる意識の対象の内容ではなくて、意識の対象を超えて、その物が有るか無いかの意味にかかっている。身体を三つの相に分けたが、実はそれは己れの存在が可能性として投企するための条件なのである。そして自然的身体はその最も基本的なものである。

III　自然と技術

1　ノエマとしての自然

自然汚染や自然破壊という言葉を新聞紙上等で読まない日はない。では何が自然を汚染し、破壊しているのか。それはもちろん自然ではないものである。自然が自然自身を汚染し、破壊するとわれわれは言わない。それはわれわれ人間であり、文明である。では自然と文明はいかなる点で区別され、いかなる点で汚染や破壊という関係に入るのか。文明が自然に置き代わることがあるのか。以下、われわれはこの問題を文明批判的にでも、また自然哲学的にでもなく、現象学的に考察する。[1]

洋の東西を問わず、それらの伝統的な自然観によれば、自然は自然を眺める者に、すなわち人間にそれ自身の構成要素をもって対置し、純粋な現存性（pure presence）[2]をもって人間からは独立している存在者として解釈されてきた。次に自立的存在である自然と人間との関係が考察され、ここから自然はいかなる構造を有し、また人間はいかなる存在者であるかが考察された。こうしてここに存在論としての自然哲学、人間学、倫理学、そして生態学が生じたのである。

ところで、カント以後のわれわれは、もはや「それ自体で成立する自然そのもの」を論じない。それゆえ、素朴な唯物論も問題にしない。たとえそれが「弁証法的」であっても、われわれとしてはその本質は自然学（physics）

ではなく、カント以前の形而上学(metaphysics)であると解する。われわれは、もちろんアリストテレス的な意味[3]でではないが、「われわれにとっての」自然、つまり一定の構造を持ったノエマについて語るのである。このような「自立的な存在者」もまた、あの問題をはらんでいる「ノエシス[4]」に対応しているノエマである。ここに、あるノエマとしての自然の本質規定という仕事が成立する。この作業は『イデーン』までのフッサールの現象学に近いといえよう。

　さて、ここでわれわれは、「まさにそのようなノエマをもたらすノエシスはいかにして可能か」というさらに基本的な問いにぶつかることを避けることができない。志向の構造分析は志向の根拠についての問いの前で停止せざるを得ないのである。つまりわれわれは、自然という「自立的存在者」を想定もしくは想像するわれわれ志向者は一体何者なのか、と問うのである。自然の現象学はここで、「われわれは誰か[5]」と自らの存在の意味を問う無底たるわれわれが自らを根拠づけようとする試みとなる。

2　自然と道具の違い

　自然とはいかなるノエマであろうか。文明や技術はいかなるノエマであろうか。自然の第一の規定は、自らの内に自らの特質を維持する存在者であり、しばしば自然的存在者間のそのつどの相互関係をも意味することもある。自然のこの規定は、当然のことながら、このようなものではないもの、つまり道具存在を予想している。道具は、自然とは違って自らの力で自らの特質を生み出すことも、これを維持することもない。では、道具とは何であるのか。アリストテレスは身体を、そのうちとくに手を魂のための道具（ὄργανον）として捉えている[6]。彼によれば、手は手自身のためにではなく、手の持ち主である魂のためにあるものとして見出される。ためにという前置詞によって性格づけられるアリストテレスの道具概念を、われわれはさらにどう解釈すべきであろうか。この目的論的な概念規定を直ちに擬人的なものとして批判し去るべきか。これを次のように、（現象学的に）再解釈してはどうだろうか。すなわち、道具はそれを志向する私によって、あるいは私の仲間によって製作され、私のために、あるいは私の仲間のために存在しているものとして知覚され得るものである、と。「私もしくは私の仲間」はさしあたっていわゆる人間を意味するが、より正確には、相互に志向する「間主観」を意味する。では自然とは何であるのか。自然はそれを志向する私によっても、また私の仲間によっても製作されることなく、それ自身によって作られ（自ら生じ）、私のためにでも、私の仲間のためにでも、またそれ自身のためにでもなく、単にそれ自身において存在しているものとして知覚され得るものである。この前置詞「において」は何を意味しているのであろうか。自然はまず、ある意味で何のためにも存在していない。ところで「あるもののためのあるもの」、「BのためのA」とはいかなるノエマであろうか。「BのためのA」は、AがBの存在様式を可能にするようにBもしくはCによって想像され、もしくは知覚され、あるいは生産されることを意味する。さらにこの「ため」は、自らの存在様式もしくは他者（さしあたって私の仲間）の存在様式を可能にするという何かについてのノエマである。道具は単に志向されるだけで、志向者たり得ないがゆえに、このような「自らのため」という規定を持つことはできない[7]。

　では、自然はそれ自身のためにには存在し得ないのか。自然はなるほど自らの存在様式を可能にしている。しかし、自然はそれを志向しているわけではない。自然はそれゆえ自らのために存在しているもの、すなわち「対自存在」ではない。ここでわれわれが自然も自らの志向を持っていると考えれば、自然も自らのために自らを生み出し、維持する自立的存在であると解されなければならない[8]。このような自然はその最後の段階で古典的形而上学のいう神の perseitas という本質を獲得することになる。またさらに、この「ため」を事実的な因果関係にまで拡張すれば、たとえば血液循環のために心臓があると考えれば、存在者は多かれ少なかれ相互依存の関係、換言すれば「ため」の関係において捉えられなければならず、それらはそれらの存在のために根拠律に基づいてより自立的な存在を要求する。この過程は最も自然的な自然、natura naturans である神に至るまで続く。そして自立性は恒常的定立性であり、「存在」の伝統的解釈であるがゆえに、[9] 自立性は今日に至るまで「存在」の完全性として理解されてきた。こうして古典的・形而上学的自然哲学は神学となった。

　これに対しわれわれの考える「ため」は、そのためのまさにその一定の存在様式を可能にするというそれについての志向者の了解ないし目的論的ノエマを意味する。[10] それゆえ、自然の自らの存在を可能にしているという自立性も、志向者の存在から事実的・因果的に独立していることを意味するのではなく、志向者の目的論的ノエマではないということを意味する。具体例を挙げよう。自然物である私の心臓が自然として自立しているということは、心臓が私を可能にするものという私の目的論的志向の内容《ノエマ》ではないことを意味している。自然は自らのためにあるもの (being-for-itself) ではなく、自らの内にあるもの (being-in-itself もちろん「物自体」thing-in-itself ではない) である。では、この「内に」は何を意味しているのであろうか。例を挙げよう。雨は大地を濡らすが大地を濡らすための道具ではなく、心臓は血液を循環させるが血液循環のための道具ではない。なんとなれば、大地が濡れたり、血液が循環したりすることは偶然に確認し得る現象であって、それらについての志向者の意図的志向の現われとしては理解されていないからである。それゆえ、雨も心臓も私にとって自然である。

3　自然の道具化

ハンマーは手に摑まれ、釘を打ち込むためのもの、すなわち道具として見出される。ハンマーの柄はそのとき私のそれを摑むべき手を指示する。言い換えれば、私の手はハンマーを摑み、取り、操作するためのもの、つまり道具として見出される。多くの道具はハンマーのようにそれを摑み、取り、操作すべきものとしての手を指示する。この意味で手は、諸道具を可能にする道具として、アリストテレスが適切に指摘しているように「道具の道具[11]」である。

手は自ら成長して出来上がったものとして理解されるかぎり自然であるが、道具を使用するように何らかの作業を意図的に行うものとして理解されるかぎり道具である。かくして手に代表される身体は、これに対する志向によっては自然であり、また道具でもある[12]。大地も道路として、畑として、宅地として、ゴルフ場として、投機対象として、領土としては道具であり、空も航路として、人工衛星の軌道として、その他もろもろの生活空間として道具である。太陽も私の生活のためのエネルギー資源としてはっきり理解されるかぎり道具であり、神や神々も私の働きかけに応え、私に幸福をもたらす超能力者として眺められるとき私の道具となる。かくして権力への意思の前では、一切が操作されるべき道具と化すよう願望される。では、自然が道具化されるとき、自然は「無くなる」のであろうか。道具化することは支配することである。では、道具化によって自然は支配され尽くすのであろうか。近代の科学技術は自然の支配をめざしている。しかし、それによって自然はその本質の変容を被ったのであろうか。

4　自然を道具化する者は誰か

なぜ私は道具を使うのか。私が予期する私の在り方（存在様式）を道具の使用が可能にすると私が理解するからである。フッサール的にいえば、私自身についての予持《プロテンツィオナール》的ノエマを現実化しようとする志向が成立しているからである。私自身についての予持的ノエマの実現とは何を意味するのであろうか。私自身についてのノエマはこれについてのノエシスを前提する。ノエシス・ノエマの相互的反省関係は無限に遡及しなければならないのか、あるいはノエシスは自我を対象とする純粋な行為《アクト》であるべきか。ノエシスは自らの成立の条件として私の存在の新しいそのつどの様式を許す反省以前の事実的存在を前提しなければならない。私自身の予持的ノエマを実現する「私自身」は、純粋主観としてのノエシスではなく、私の存在のそのつどの新しい様式を許す私の事実的現存在である。現存在が可能であるために、私の存在は他の現存在をも規定しつつ、そのつど自らの新しい自己を規定しなければならない。また新しい自己は単なる自己反省によってではなく、自己の事実的な存在によって、他の存在者によって規定される。「他の現存在と存在者を規定することによって、またそれらを通して規定されることによって自らを規定すること」が道具使用の存在論的条件である。道具を使用することは必然的ではなく自由なゲームとして「他を支配すること」ではなく、有限的存在が「存在することができる」(Seinkönnen) ことの必須条件である。道具の使用はわれわれの強さでも弱さでもなく、存在論的な規定性である。

　自然と道具の使用との間にはいかなる関係があるのか。もし自然が自らから生じ、自らのうちに安んずる存在であれば、いかなるきっかけで私の志向の対象になるのか。私は何から自然のこの自己生産性を了解しているのか。この了解は、私が何かによって支えられ、私のそのつどの意図から独立して成長しつつ実存するという私の初発な自己了解に由来している。私は私自身を支えている私自身の身体として見出している。私は私自身を、常に私のそのつどの志向に先立って自発的に働いている私自身の自意識のうちに見出している。自己意識のこの自発性は、私の志向から多かれ少なかれ独立した受動的知覚の自発性に支えられている。[13] こう考えるとき、この私自身こそ身体として、また自己意識として自らから生ずる第一の自然である。この私の第一の自然こそ私自身をも初発的に支えている前述の「何か」である。自然の第一類比者は私の第一の自然であり、内なる自然である。私は外なる自然、すなわち一般的な意味での自然に私自身の類比を見ているのである。

私のすべての志向に先立って、私は自らを支えている自然として私自身を常に既に信頼している。また私は自然なる私が天と大地の間に安んじていることを知っている。私の事実的な自然と、天と大地に代表される外なる自然に対する私の初源的な信頼を通してのみ、私は私の存在の新しい可能性へと私自身を投企できるのである。自然は、その自己維持に私が信頼し、私を委ねている存在者である。自然が自然であり続ける限り、自然は他から区別されて、ある存在者として注目されるあるもののような一定のテーマとはなり得ない。なぜなら、それは私によって信頼されている曖昧な何かとして自らの内に隠されたままに留まるからである。それはゲシュタルト心理学がいう「地」として非テーマ的に志向されるのみである。非テーマ的志向は自然に対する実存的信頼においてのみ成立し得る。そしてそれに対する実存的信頼を保持しつつも、科学的態度において自由に疑われ、単なる現前（Vorhandenes）としてテーマ化されるとき、それは自然であることを止める。私が科学者としてそれを観察し、テーマ化するとしても、それに対する初源的・日常的信頼が持続している限り、その信頼の内にあるそれは自然であることを止めない。単なる現前は科学における純粋な抽象であって、それに対する信頼を保証もしなければ破壊もしない。デカルトは、彼が思惟されたもの一般の存在を疑ったときも、彼自身の自然とこれを支えている外なる自然の存在を事実的には疑わなかった。彼の「コギト」は精神の自由な遊戯であり、そのすべては権利を行使することである。だがこの自由も、自らの内の存在である自然に対する事実的信頼なくしては成立し得ない。この自由はその信頼において、フッサールのいう「生活世界」よりも初源的である。自然は世界に対する信頼の根拠であり、この初源的に開かれた世界の内に日常的な「生活世界」が成立するのである。日常性は世界に対する信頼、すなわち人間的・自然的世界に対する一般的信頼から成り立っている。では、自然に対する信頼が失われれば何が起きるであろうか。信頼できない自然はファン・ゴッホの描く太陽のように不気味であったり、グロテスクであったりする。自然に対する信頼を失った者は、不気味で、また恐ろしい地平としてテーマ化したこの世界から逃げようとする。それは妄想の世界である。

5　自然に対する信頼の喪失

自然は自立的存在自体ではなく、それに対する志向者によってその自立性が信頼されている存在者である。それゆえ、自然の意味構造はそれに対する信頼が欺かれることによって変容し得る。自然の脆さが私の眼の前で露わになるとき、自然に対する信頼は失われる。科学は自由な知性の権利に基づいて自然の隠れていた脆さと志向が陥り得る欺瞞を探り、指摘する。[14] しかし自然に対する信頼を事実的に失い、自然の支えを失っている者は、自然の内に見出された脆さを補うことができ、また補わなければならない。この自然のこの補完こそが道具であり、補完の手続きが技術ないし科学技術である。道具の本質は自然の補完というノエマにある。もし補完の機能が十全になり、信頼され、ついには非テーマ的になれば、それはいまや自然性を獲得するに至る。たとえば、移植された人工心臓ないし他者からの心臓が非常によく機能し、その存在が忘れ去られるとき、それは自然としての生体の一部と化したのである。それは「受肉した」のである。よい道具は自然的であるが、この道具を支えているものは、この道具によって支えられている自然的存在よりも信頼に値する自然でなければならない。たとえば義足の支柱をなす特殊合金は、弱くなった骨よりも信頼に値する自然的存在であり得る。特殊合金の自立性やその他の望ましい特徴は、その素材に初めから備わっていたとすれば、それは自然以外の何ものでもない。このように道具は自然に完全に取って代わることはなく、最後的には常に自然においてのみ存在しなければならない。

人間は自分自身の存在の新しい可能性に挑戦する。彼は自己投企というこの志向のうちに一切の存在者を身の周りに見出す。自然はしかし、この挑戦を保証しない。それゆえ、人間は技術によってこの自然を補って自らの挑戦を全うしようとする。またこの技術もさらに信頼に値する自然によって支えられていなければならない。さらなる挑戦はそのうえ、またさらに信頼に値する自然によって新たなる支えを要求する。この過程はわれわれを必然的により初源的な自然に導く。しかし、より初源的な自然は、われわれが接近しようとすればその本性に従って自らの姿を隠す。一切を支配しようと思う者は、自然にさらに接近しようとするその試みを既に支えている支配し難い存在に気づくであろう。それは最も信頼に値する自然である。それはしかし経験的にはテーマ化されることなく、一切を支え、それゆえ忘れ去られていなければならない。

注

（1）自然汚染や自然破壊とは、人間生活に望ましくない事象と見なされる方向で人間の手によって自然が変化することを意味する。これに対し、人間生活に望ましい事象と見なされる方向で人間の手によって自然が変化することは開発と呼ばれる。自然破壊と自然開発の違いはそれゆえ、自然に対する人間の影響に対してなされる（人間中心主義的な）価値評価に依存している。かくして温室効果によって金星の大気温度が上昇しても、それを自然破壊であるとはいわれ得ない。もしサハラ砂漠が植林され、緑化されるとき、われわれはこれを自然破壊と言うであろうか。ルソー主義者、過激エコロジスト、日本のアニミズム的多神教礼讃者は、今日でもなお「人間には触れられてはいない豊かな自然自体」を讃美し、「西洋の人間中心主義的文明」を告発している。生態系破壊の主犯としてのユダヤ・キリスト教を告発するものには、L. White Jr., The Historical Roots of Pur Ecological Crisis. 155 Science 1203-07 (March 10. 1967) がある。しかし彼らは、彼らの志向が彼らの日常生活において価値評価として常に、かつ既に働いており、また人間に優しい自然との調和の内にある人間生活なるものが幻想であることに気がついていないのではないか。自然主義的文明批判は、現象学的な反省の欠落に由来する自然観の混乱と軌を一にしている。

（2）老子は「人法地、地法天、天法道、道法自然」（『老子』二五）という。すなわち老子は自然をすべての存在者の原理、最も存在性豊かな存在者として解釈した。ギリシャ語の自然 *φύσις* は *φυω*（私は産む）と同根であり（異論あり）、ラテン語の自然 natura も nascor（私は産む）と同根であり、自然はここでは産み、力をもたらし、自らを保つ何かとして理解された。この恒常的な自己産出者は感覚的にではなく、知的にのみ捉えられ得る。なぜなら、それはすべての変化を貫いて持続する現前だからである。自然はそれゆえ、アリストテレスにとっては根源 *ἀρχή* を意味した（cf. Met. IX, 8.)。このようにわれわれは東西間に類似を見出す。

（3）アリストテレスのいう「われわれにとって（*πρό ἡμᾶς*）」(Nik. Eth. 1106a26) は「それ自体で（*καθ' ἀυτό*）」(Met. 1022a25-36) とは逆の意味を持つ。すなわち、われわれが知覚を通して属性を受け取るのに対し、何かあるものそれ自体は原理的に知性において捉えられ得る。認識は対象と知性の一致であるとしよう(真理の伝統的な定義のように)。アリストテレスにとっての「われわれにとって」は「客観的」をも「主観的」をも意味せず、単に認識論的に限界を有する思惑を意味する。われわれは「現象学的態度」を示す「われわれにとって」と、この形而上学的、認識学的に理解もしくは誤解された「われわれにとって」とははっきり区別しなければならない。

（4）現象学的還元の目標は精神の自由を守ることにある。観念論の伝統に従ってフッサールは、この目標は志向の対象の意味をなすノエマが自由な超越論的主観の能作へと還元され得る限り達成可能であると考える。ノエシスは常にノエマとともに与えられるが、自由なノエシスの創造的根源は未確認のままである。それゆえ「ノエシス」という表現には多少問題があるように思われる。

（5）自らを意識している自己（Self）は自らを支えている「何か」を問う。すなわち、自らの内におそらく隠されている自らの根拠を問う。このことは自己が自らの根拠を自らの内には持っていないことを知っていることを意味する。自己は自らの無底に気がついているのである。

（6）Cf. Aristoteles, De partibus animalium. 687a20f.

(7) アリストテレスはそれゆえ奴隷を生きる道具と解釈した。アリストテレスのこの解釈は人格としての奴隷の志向を無視してのみ可能である。

(8) 自らのために在る者は俗に霊《アニマ》として理解されているものである。アニミズムはすべての存在者、あるいは一定の自然的存在のうちに霊が宿ると考える。多くの日本人、多くの科学者も(その真摯さ、動機の性格には不明なところもあるが)古いアニミズムの復活を期待している。なんと医学生の中にも、死体にも霊が宿ると主張する者もいる。これは脳死判定を巡る議論に伴う問題である。

(9) Cf. Platon, Sophistes. 259b.

(10) 「のため」は究極的にはハイデッガーのいう「顧慮」(Fürsorge) のように、現存在の自由な将来への志向に帰す。

(11) Aristoteles, De Anima. 432a1-2.

(12) 自己投企はどのようにして可能か。私はまず気分的、感覚的に規定された身体として自分を見出す。われわれはこのような身体を「肉」または「肉的身体」と呼ぶ。身体は三つのノエマ的次元を持っている。すなわち肉的身体とともに、私は私の自然的身体と外なる自然に信頼している自分を見出し、道具的身体によって周囲世界 (Umwelt) へと自分を投企する。拙著『身体の現象学』(世界書院、一九八六年) 第六章、あとがき参照。

(13) 自己意識の自発性は私の第一の自然、「私は生きる」、すなわち「ノエシス」の意識である。世界内の生命現象は私の生命との類比であり、それゆえ、まさにそのようなものとしては「客観的に」確証され得ない。私は、他者が彼の初源的、自発的な働きである「初源的領域」(フッサール) を彼の意識の内に持っていることをどのようにして知り得ようか。私はそれゆえ一台のロボットを人間として知覚することができるのである。意識を有する他者についての私の知覚は、私の「見なし」(カントはこれを「超越論的構想力」というであろうが) である。

(14) 信頼され、隠れており、非テーマ的な自然は、それに対する強制的に生じる疑いを通してよそよそしく、奇異な感じを懐かせるようになり、あるいはグロテスクな、ギラギラする、恐ろしいものに変わる。弱く脆い自然は、それゆえ一義的にはアリストテレスのいうような現象の原理ではなく、そのようにあったりなかったりする現象そのものであり、強さのうちに自らを隠し、またその脆さのうちに自らを現わす。実験は自然を脆くし、隠れたそれを露わにし、これをもはや自然としてではなく、「純粋な現前」として自らを示すよう強制する。自然はこの科学的観察から逃れ、その抽象的な「純粋な現前」の背後に自らを隠す。自然はまさに自らを隠すことにおいて存在するのである。

Ⅳ　身体と世界――世界は生成する身体によって開き与えられる

――神経生理学の最近の知見を考慮に入れて

1　自我はどこで何をしているのか

①　問題の所在――心身論の動機と性格、多様な観方に対応する存在するものの多義性

身体運動としての行動を単なる物質の運動から区別できるとすれば、行動の少なくとも発端が非物質的な自我にあると考えられなければならない。ここに問題があるとすれば、行動を物理現象に属する物質と、心理現象に属する非物質的な存在もしくは超心理現象的な何かとしての自我との相互作用あるいは同時的起生と見ることにあろう。そしてここからは伝統的な心身論的論争が開始されるはずである。ここでのわれわれの関心は、改めて心身論を展開することにではなく、心身論の動機と性格を若干なりとも明らかにしようとすることである。

物質であれ非物質であれ、それらは「存在するもの」であり、われわれはそれらを「存在者」と呼ぼう。なぜなら、われわれは「存在するものは物質だけだ」、または「存在するものは自我だけだ」、あるいは「物質も自我も存在する」というからである。そしてこの三つの立場のどれかを決める根拠は、「存在すること」の条件にある。すなわち唯物論によれば、自我は「存在する条件」を満たしていないし、二元論によれば物質も自我も「存

在する条件」を共に満たしているからである。アリストテレスが「すべてのあるものは、あの一つのアルケーとの関係において存在《ある》といわれる」(1003b)と言っているが、この「アルケーとの関係」は文法の問題に解消すると批判し去ることはできない。なんとなれば、現代のこのような唯名論も、少なくとも言語の意味措定可能性という言語のアルケーを、アリストテレスにとっての「存在」のアルケーと同様にその論述根拠としているからである。では「存在すること」の条件はどう理解され得るのか。

　唯物論は「自我は物質の反映である」という。ここで反映とは自己反映のことであり、自己反映とは自己を異化し、措定しつつ、自己であり続けることである。それゆえ物質が感覚されることも、物質が変形するのと同様、物質の自己異化措定として規定される。唯我論はこれに対し、「物質は自我の反映である」という。しかし、この命題も唯物論におけるごとく自己異化措定として捉えられ得る。自己異化措定とは、自己がある観点では異なっているが、同時に、これとは異なった観点では同一であることを意味する。このことは次のようにも説明し得るだろう。

　ガリレオ・ガリレイは、物理現象を数量的に捉えるために、「これら、味、匂い、色などは単なる名前に他ならない[1]」と考える。そしてその「外部の物件」という基体の中に「大きさ、数、遅い運動と速い運動以外のものが必要であるとは考えない[2]」と主張する。ガリレオにとって、味などのいわゆる第二次的性質が基体から排除されるのは、これが形、数、運動速度という第一次的性質とは違って観察者の変化する状態に依存すると考えられるからである。第一次的性質は観察に依存しない基体自身の固有の性質と考えられたわけである。すなわち、観察に依存しないものはフッサールが解釈するように「完全に一般的に、万人に一義的に規定され得る理想的な対象性[3]」であり、したがって「不変的なもの」である。このように物理現象の基体である物質が「存在する」のは、可変的な観察方法から独立して数学的に記述し得るという理想的対象性を有するという観点で不変的なものである。ガリレオのいう物理現象や物質であることの条件は、観察という心理現象から独立して成立していることである。物質は心理現象という心から独立し、第一次的性質を保持しつつ他の物質と関係し合い、因果的に連結している。このことを彼はデカルトの二元論とほぼ同時に主張したのであるが(一六三八年)、これ以後、物理現象と心理現象が相互に無関係であることをもってそれらの本性とする主張がいよいよ有力となってきた。

「物質が存在する」ということは、物質として対象化され、特定されるということを意味する。では、たとえば身体が物質であるといわれるとき、その身体はいかなる意味で統一的な身体といわれ得るのか。生物学者は生物現象の種、多細胞個体、組織、細胞、遺伝子等のそれぞれに固有の意味での統一性、同一性を認める。個体差を含む種的同一性、組織の変化を許す個的同一性、ある箇所の分子が他の同種の分子と入れ代わっても、同一形態を維持し続ける場合の細胞の同一性を認める。ＤＮＡの同一性は四種類の塩基の配置であって、塩基を構成する分子ないし原子の同一性を意味しない。物理学者にとって原子の同一性は原子核の同一性によって決定されるのであるから、原子核の構造が同じ二つの原子が位置を取り替えても、その事前・事後は区別され得ないであろう。この「フェルミ・ディラックの統計」によれば、図１においてＡ時点で粒子ａと粒子ｄが物理的性質が同一であるとき、Ａ系列はａとｄが置き代わったＢ系列と「同一」であると考えられる。[4] それゆえに、一細胞を構成する諸原子がその位置的関係を維持しつつもそれぞれ同種の原子と取り替わっても、その細胞は「同一」である。なおフェルミ粒子の同定については、ハイゼンベルクの不確定性の原理が支配することが指摘されなければならない。

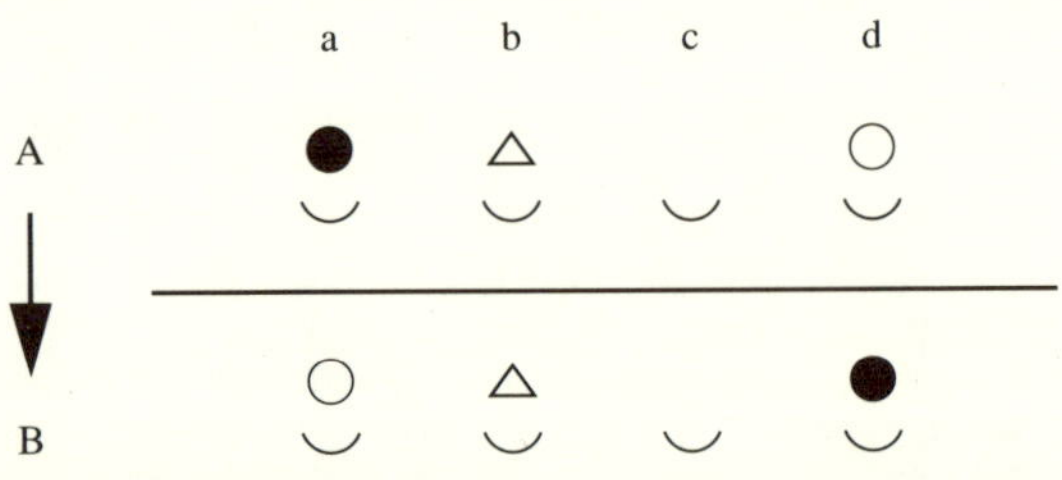

図１　小針「確率，統計入門」より

以上のことから、個体であれ集合体であれ、物理現象と生物現象の自己同一性はその構造あるいは形態の同一性にあるのであり、これらを支えている下位構造（これはほぼアリストテレスのいう質料に近い）の同一性にあるのではない。また現象の構造や形態は現象に対する観方に対応し、そのように観なければそのような構造や形態は現われてこないのであるから、現象の自己同一性もまた観方に依存するといわなければならない。ガリレオが物質の本質と考える第一次的性質も「物質自体」の性質ではなく、またさらに大きさ、距離も計ろうとすることによって、つまり一定の観点において現われてくる物質の属性である。

「この身体は物理現象であり、また物質的に自己同一性を持続している」という命題も、この身体における一定の形態と機能を見出そうとする観点によって成立し得るのであり、この観点を捨てて「身体自体、物質である」ということはできない。

②　身体は視界の原点にはない——フッサールのノエシス・ノエマ論の生産主義的性格

物質において観られているのはその一定の構造と作用の相互関係（f（x））である。［したがって物質が「質料《ヒュレー》」という意味での「物質《マテリア》」と命名されるのは、まったく適当であるとはいい難い。物質はむしろアリストテレスのいう形相《モルフェー》なのである」。では「観ること《ノエシス》」が「観られた現象《ノエマ》」を「構成する」と考えるべきか。カントが考えるように、観ること以前に、現象以前の物自体が想定され得るとすれば、あるいはフィヒテの考えるように、観ること自体も物自体であると考え得るとすれば、現象はノエシスによって「構成される」、否、「産出される」といわれ得よう。だが、ノエシスは現象（たとえば自己の身体）というノエマとともにしかあり得ないことをここで確認しておこう。それゆえ、ノエシスそのものを独立的、永続的、不変の実体と考えることはできない。また現象は観方に対応するが、一定の観方は現象の一定の構造と対応しなければならない。しかもノエシスは常に観方を自由に定めることができるとしても、その選択から逃れることはできないし、実際、まずたいていは一定の観方を強制されてさえいるがゆえに、ノエシスが観方とノエマータを産出し、構成するとはとうていいい難い。

ノエマータの構造は観方がとる座標系（ペルスペクティーヴィッシュな世界）においてのみ与えられる。つまり、たとえば距離はある点の、他の点からの隔たりが測られる座標を必要とする。このとき、距離は測る者のいる位置には対応しない。それゆえ、ノエシスは観方がとる座標上の原点や他の点に位置する必要がないところから、ヴィトゲンシュタインの「視野は、決してこういう形をしていない[5]」という指摘はここにも当てはまる。もちろん、ある具体的な物理現象が一定の構造をもって現われるためには、その現象を含む座標上のある一点を占めなければならない（図2）。

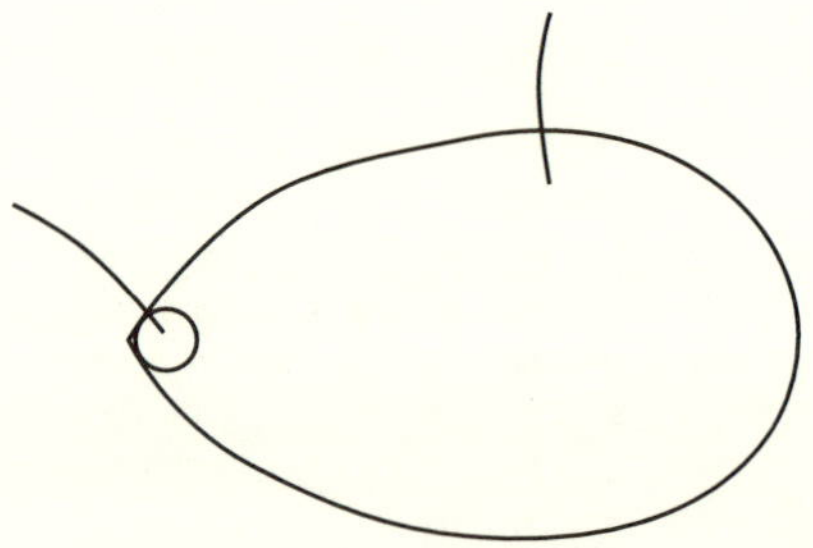

図2

その結果、知覚が成立するためには身体なる眼が対象との一定の位置関係を持たなければならないことにもなる。フッサールが「身体は常に0点にある[6]」というのはこの意味であろう。だが知覚する身体はノエマータが位置する座標の一定の諸点（bestimmte Pünkte）を占めなければならないが、フッサールがいうように原点を占める必要はなく、また一点だけを占める必要もない。この点はあちこちに散らばっていてもかまわない。知覚の局在性とはこのことをいうのである。彼は原点の下で、現象の下に自らは不変のまま横たわっているものという基体（hypokeimenon）の意味を引き継ぐ「主観」を理解していたのであろう。だが物理学的な観方が可能であることは、換言すれば物理現象が一定の観方において一定の構造を持つといわれ得ることは、そのノエシスが物理的系の中に位置することを必要としない。もしそうでなければ、このノエシスもまたその物理現象というノエマに対する観方を前提にするがゆえに観方によって多様になり、その結果、「ノエシスのとる観方によって現象の構造が定まる」ということもいえなくなる。このノエシスは世界の中にいる必要はないのである。このように、フッサールが解釈していると思われるノエシスは世界＝内＝存在ではない。フッサールがハイデッガーのいう現存在はオンティッシュなものであるというのはこの意味からであろう。

ノエシスがノエマータの座標上に位置する必要がないという意味で、ノエシスは超越論的なものであるといえよう。だが繰り返しここでも指摘すれば、このようなノエシスはノエマータを産出、構成しないのである。ノエシスがノエマータを産出するのであれば、両者は結局、両者を共に含む〔産出・被産出〕＝生産性という超座標上に位置することになる（図3）。

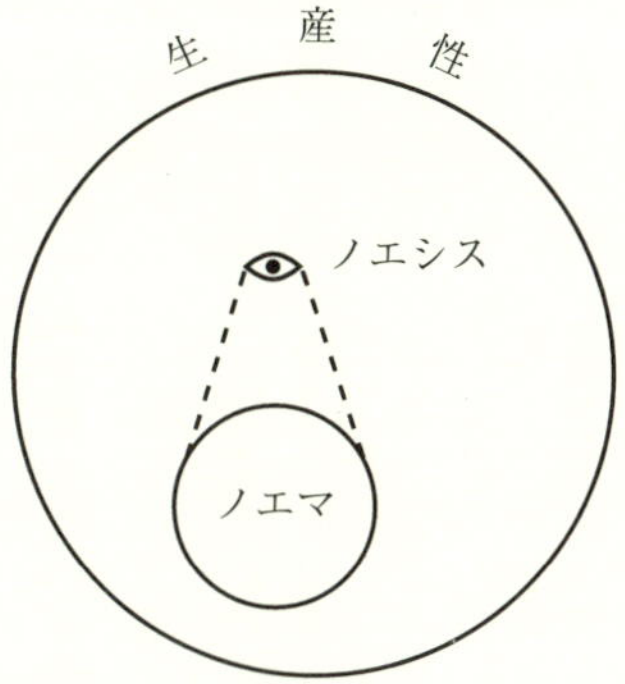

図3

フッサールの超越論的自我も対象化という世界構成をその本質とするのであるから、生産性という超座標に含まれる。われわれのいうノエシスはこの超座標上にも位置しない。

③　ポパー＝エクルズの三世界論と自我優位半球局在論に対する批判

心身論において、即自性、不変恒常的定立性としての存在の本質を強く主張するのは唯物論と唯我論（および唯心論）であり、それを弱く主張するのは心身相互作用論である。

他からの独立性をある程度まで保有しつつ、他と緩やかな関係を有するものないし領域の固有性を認めるならば、心身相互作用論の延長形態として、ポパー＝エクルズの主張する物質＝世界1、自己意識＝世界2、理論

＝世界3という三世界論も成立する正当性も有する。(7)しかし問題は次の二点にある。
●連絡脳論は熱力学の第一法則を無視している。それでもよいのか。
この「理論・心・身体」相互作用論は、世界1と世界2との一般的な相互作用を否定しつつ、大脳新皮質に位置する連絡脳という部位にデカルトの主張した松果腺のごとき特権を与えている。エクルスは連絡脳における相互作用がいかにして可能かについてはまったくの謎と考えているが、ここの世界1が他所の世界1とどのように異なれば世界2と関わり得るのかは、そもそも世界1と世界2を緩やかながら独立して想定する根拠に関わる重大な問題である。世界2は眼前の物体なる世界1を身体を使わずして動かすことはできない。では自分の身体という世界1をどうして動かすことができるのか。ポパーとエクルズによれば、連絡脳は熱力学の第一の法則には従わない。しかし量子論が支配する世界が確率的であるときも、この確率に対する「意図的干渉」は物理学的に何の意味も持たない。たとえば、眼前の一冊の本を構成する全部もしくは過半数以上の原子の固有運動が同時に一定方向をとり、その結果、その本が数センチ上昇し得る確率は0ではない。「念力」がその本が数センチ上昇し得るこの確率を利用すると考えても、それも確率的に可能である以上、念力の干渉は有意味なものとして確かめられ得ない。世界2が、一冊の本ではなく連絡脳の皮質を構成するニューロン・モジュールの確率的に不確定な少数の分子に干渉していると考えても、確率論は意図的な働きを無意味なものにすることには変わらない。(8)せいぜいここでは、世界2と世界1の機会論的（予定調和論的）一致が想定され得るのみである。以上の理由から、不確定性の原理をもって世界1と世界2が連絡脳において相互作用するという根拠はないといわなければならない。
●奇妙な準備電位論
自意識は大脳の優位半球にのみ局在し、これと分離された劣位半球にはない、という主張がある。(9)この説とポ

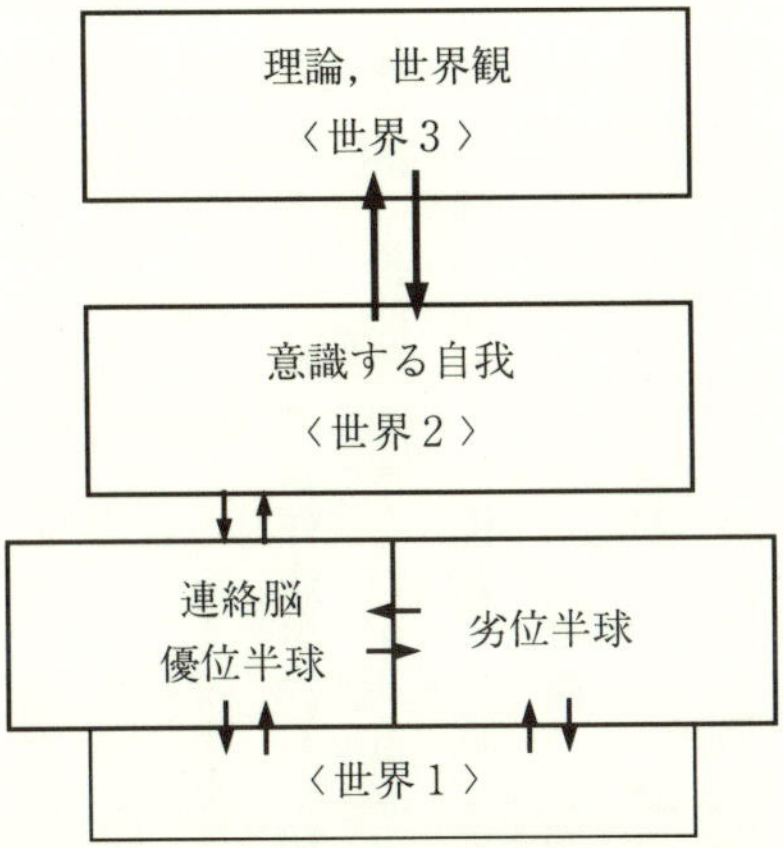

図４　ポパー＝エクルズの三世界の相互作用の様式

パー＝エクルズ説を総合すれば、図４に見えるように連絡脳は優位半球にのみ局在することになる。彼らによれば、自意識とは随意運動を自発的に開始するものである。そして運動の自発的開始は準備電位（readiness potential）の発生によって示されるとするが[10]、これまでの実験では非分離脳に対してなされ、そこでは両半球の皮質が観察された。エクルズは準備電位は優位半球のみ局在して観察されるはずだと推測するが[11]、これについての実験記録はまだない。分離脳の劣位半球皮質には準備電位は生じないはずだという仮説は、準備電位は、外部からの刺激なしに自発的に行動を起こす際に生じるという主張に基づいている。これはさらに、準備電位は外部からの刺激なしにも生じ、自発的な自意識に起因する、という定義的判断を前提にしている。この判断の正否は、「外部からの刺激なしに」および「自発的な行動」の意味の解釈いかんに関わっている。

では、ここで何をもって「外部」とするのか。当該皮質の電位が他の部位と電気的にまったく孤立して生じることをいかにして検証するのか不明である[12]。隣接する部位から電気的に完全に独立している皮質局所は実際、ほとんど考えられないのではないか。次にこの「自発的な行動」を「自発的でない行動」から区別するメルクマールは極めて曖昧である。「自意識」のない動物や乳児のいかなる動作（「随意運動」）も「自発的」でないのか。またそれゆえに、その大脳皮質には準備電位は生じ得ないのか。では逆に、準備電位の起生をもって自意識の存在の根拠とするのか。睡眠中の皮質には準備電位は生じないのか。この考えに従えば、分離脳の劣位半球は「自発的な」運動を指令することはできず、もっぱらプログラムに基づく運動の原因たり得るだけであろう。後述のごとく、プログラムに基づく運動にも極めて「高等な」もの、「正しい判断」によるものもあり得る。言語能力がほとんどない劣位半球が自らの作業を報告できないことも当然であり、またこれを優位半球にまったく「身に覚えがない」、つまり失認（agnosia）状態にあるというのも当然である。なぜなら、この際、両半球は互いに分断されているからである。彼らのいう自意識の存在は、もっぱら自己を言語で実験者に報告できることと同義である。それゆえ、沈黙の劣位半球はその「プログラムした適切な知的行動[13]」の中枢であるにもかかわらず、自意識を持たないと判断されるのである。知性は自意識の属性でも本質でもない、とスペリーやエクルズのごとき優位半球局在論者たちは考えている。

自己の身体の左側半分あるいは右側半分の状態に無知であるか、これを無視しているように思われるいわゆる一側性身体失認について、大東は「なぜ右ではなく左の片麻痺に対する病態失調が優性なのであろうか。今日までこの問いに十分説得力のある説明を与えた論者を、筆者は知らない[14]」と言っている。大東によれば、左半球空間無視とともに「その責任病巣は右半球頭頂葉付近であるとされている」そうであるが、門外漢である筆者の純粋に思弁的な推測に過ぎないが、自意識局在論が正当であれば、その病巣は右半球頭頂葉付近の損傷あるいは右半球のその他の局所の損傷および脳梁の重大な損傷であるべきではなかろうか。なぜなら前述のごとく、脳梁損傷等によって優位半球から切り離された劣位半球には自意識はなく、したがって自発的に運動することもなく、プログラムされた随意運動の原因であってもこれを優位半球に伝達することができず、しかもさらに劣位半球内にも損傷があれば、随意運動と左側空間の知覚そのものにも異常が生じ得るからである。

●言語使用は自意識の証明にはならない

優位半球にのみ自己意識が働きかけるという仮説のもう一つの有力な論拠は、優位半球における言語野の局在である。古いところでは、デカルトも、他者が延長存在としての身体であるにもかかわらず精神でもあることを私が認識し得るのは、その他者の「言葉を用いる（user de parler）」、「述べる（declarer）[15]」ことである、と言っている。デカルトは、人間の言語の使用以外の身体運動と動物の身体運動の全部は、それらが精神に由来するような外観を呈していようとも、単なる自動機械の運動であり、言語の使用をもってのみ精神的な意味の表現と考え得る、と言う。ではなぜ、言語使用も非言語的身体運動と同様にその単なる「精神らしさ」ゆえに自動機械の発声現象であり得ると考えられないのか。ある事態を描写し、分析し、かつそれらを言語で報告する人工知能《AI》に思考があると見なすのは、いわゆるチューリング・テスト[16]である。デカルトなら、このAIを知性といわなければならないだろう。だが、たとえば歩行のごとき随意運動も主に沈黙している無意識の小脳の厖大な計算によってのみ可能であるように、この計算そのものは自動的なものであり得る。すなわち、言語使用が有する論理計算も「自覚者たる精神」に固有の働きである必要はない。言語が精神の働きであるという考えは、おそらくはギリシャ以来の伝統的なロゴス信仰に由来しているのであろう。

　その信仰とは、言語は、事物に内在しているか、もしくは事物を超越している非物質的なイデアないし本質を表現するものであり、このイデアないし本質を認識するものは唯一、非物質的存在者たる精神でなければならないという想定である。この想定によれば、精神の本質は認識であり、認識は自覚的活動である。しかるに自然言語の基本構造の習得および使用は完全に自覚的ではないのであり、精神にとっては「アプリオリなもの」である。精神に対する言語のアプリオリ性を精神自体のアプリオリ性とすれば、精神にも前自覚的な層があることになり、この議論の行き着くところはシェリング流の自然・精神の同一哲学である。同一哲学が正当であれば、大脳自体も、そして一切が精神の内なる無自覚的次元であるべきであり、これは後述の存在論的一元論である。精神の本質が自覚的活動であるという先の立場では、言語の使用と精神の表現とは同等ではない。

逆に自覚者を精神と名づければ、言語が精神の特産物ではない以上、精神が言語以前であるのか、言語以後であるのかはアプリオリには何もいえない。精神が言語以後であれば、たとえば言語習得以前のヘレン・ケラーには精神はなかったことになる。それとも、またもや「眠れる精神」が言語によって覚醒したというべきなのか。ケラーを言語習得へと駆り立てたものは何であったのか。それは「眠れる精神」の覚醒衝動だったのか。ところが、彼女は自伝でその眠れる精神時代の自分を語っている。ここで語られる自分に自覚がなければ、それについて語ることはできないのであるから、そのときも精神は目覚めていたことは明らかである。ゆえに、精神は言語を自己の必須条件とはしていないのである。

神経生理学者は言語の定義を皮質の言語野の機能から演繹しているのではないか。言語の本質は「事物の本質」の表現にだけあるのではない。「事物の本質」も事物間の差異を前提にしているように、言語の本質もソシュールのいうように記号によるその示差的機能にあると考えるべきである。言語野は、差異を担う記号間の結合を論理計算し、その計算値を記号に直して表現する（「本質」という超論理の論理化）。この計算は自覚的である働きを必要としない。また自覚はこのような言語野の働きを必要としない[17]。

では自覚は、記号による論理計算はしないが、その結果、すなわち計算値を用いて「自己を知る」のか。「自己を知る」自己が言語によるのであれば、この自己は経験的であって、カントのいう超越論的統覚「われ惟う（Ich denke）」ではない。「痛む」のが自覚者・私であるためには「痛い」「痛かった」と言語表現され、その自分の知覚に対応する自分の言語表現が記憶され、かつ再生される必要があるのか。それは、自我は本来、常に流れ、捉えどころなく、ちょうどベルグソンのいう「持続」のようなもので、さっきでもなく、これからでもなく、他の時から区別されたこの今の瞬間に「痛い」という言語の止め針で他の時から区別され、差異をつけられ、刺し止められて初めて主語－述語として「捉えられる」というのであろうか。ここに自我という言語以前の問題が生じる。すなわち、先駆的な自我が言語を使用することによって現象界に登場するのか。あるいは言語が自発的に語り出して、それにつれて自我が登場するのか。またそのいずれの場合でも、言語が活動していない場合は自我は消滅しなければならないことになる。言語野に電位が生じなければ自我は無いのか。言語によって捉えられた自我は、針で刺し台紙に固定された死骸である。言語で固定されたこの死骸をもって自我の成立と称する者は、他方では捉えることのできない「現在に生き生きと流れつつある自我」を連想しているかのようである。もしこれを連想していないとすれば、自我なるものは「痛がる私」の「私」という名称に過ぎなくなるであろう。言語によって自我が成立すると主張する者は、意識以前の超越的な自我を認めるのか、逆に唯名論の立場をとるかを選択しなければならない。唯名論の立場では、失語症患者にはその症状が進む程度に応じて自我が消滅しなければならないことになろう。

大脳の両半球に自我が宿るという主張では、言語の使用は自意識の唯一の成立根拠にはならない。ブローカの実験以来、すでに一八六〇年代から両半球におけるさまざまな能力の局在性が指摘されてきた。そのちょうど百年後のスペリーらの実験は、優位半球は言語処理、数学・論理計算、分析等の能力を有し（逆にこれらの能力ゆえにここを「優位半球」と命名された）、劣位半球は空間的性質の認識、芸術的・直観的・総合的な能力を有すると解釈されている。自我の優位半球局在論者は、脳梁切断ないし片側電気ショック等による分離脳においては、劣位半球のこれらの能力はほとんどもしくはまったく聾唖なので、それらが無自覚の働きであると考える。これに対し両半球自意識遍在論者は、自意識が言語によって表現される必要性を認めない。彼らはむしろ、非言語的思考や直観をもって精神の創造的働きと考える[18]。そして他者のこれらの働きは、彼の言語表現のみならず、非言語的な動作や作業そのものの有意義性だけからも推定することができると考える。

たとえば分離脳の場合、右脳（劣位半球）にある物体を示してから、次に目隠しして他の物体の中からこれを左手で探り当てることができる（右手で探り当てることはできない）。この「見たものを探り当てる」は「知的作業」であり、そこには自意識があると、この立場の者は考える。しかしこのような情報処理は前述のごとく無意識になされ得る。それゆえ「見たものを探り当てる」動作も無意識下で惹起したかも知れない。情報処理が知性の働きであるとすれば、知性は無意識的働きでもあり得るのであり、両半球遍在論者は、ここで言語処理即自意識と主張する者と同様に、自覚を必要としない「知的作業」をもって自我の所在と考えるという誤謬を犯すことになる。

両半球におのおの一つの自意識が働きかけているとすれば、これら二つの自意識が通常は統一されているように思われるのは、脳梁を介する情報の交換によって事実的にも一つの自意識が成立しているのか、あるいは二つの自意識が成立しているにもかかわらず、あたかも一つの自意識が成立しているように単に思われるだけなのか。後者の場合には自我の統一とは思い込みに過ぎず、前者の場合では二つ以上の自意識も互いの情報を脳梁を介することによって十分交換し合えば、一つの自意識に融合することを意味している。では、数個の大脳（半球）を密に接続すれば、ここに一つの超自意識が生じるのか。そして情報交換の場としての社会制度はこのような一つの超自意識の影なのか。多くの大脳半球からやってくる考えや表象を、超自意識は自分のさまざまな考えや表象であると思い込み、そのどれかが優位になるとき、その優位性を獲得した考えないし表象が自らを自意識を統一している者と解釈するのか。もしそうであれば、自意識には恒常的な自己同一性はないことになり、それはヒュームの主張する「知覚の束」に類似してくるのではないか。S・フロイトはある時点で、自分自身の指令であると思い込むようになる他の大脳からの恒常的で一定の指令を超自我と規定したが、この超自我もわれわれの多大脳一自我構成論を補強するものである。

2　知覚と行動の構造は身体の歴史によって規定されている

①　どうして物は個物として視えるのか——輪郭の視覚的アプリオリ

一つの円形の上に一つの三角形が図5のように重なっている。私はこの両者を「当然のことながら」先に記述したごとく一つの円形と一つの三角形とが部分的に重なっているように知覚する。これを図6にある二つの図形が接したようには知覚しない。なぜであろうか。それに対する可能な答えは、(i)円形や三角形はおのおのそれらを成立させている固有な本質ないしイデアを有し、このイデアをこれまたイデア的知性である主観が認識する。(ii)対象世界は無秩序であり、それに対して主観が円形と三角形という形を当てはめる。(iii)知覚は「よいゲシュタルト」(プレグナンツ)において成立し、円形、三角形がそうである。そして、図6の場合はそうではない。よいゲシュタルトが知覚を規定する理由は(i)もしくは(ii)である。(iv)よいゲシュタルトは自然という実在の内にある。(v)よいゲシュタルトは知覚対象に実在するものでもなく、イデアでももちろんなく、知覚神経の働きによるもの

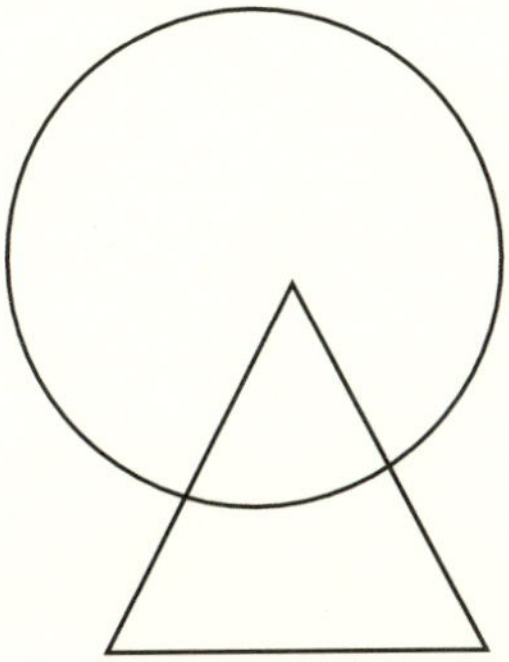

図5

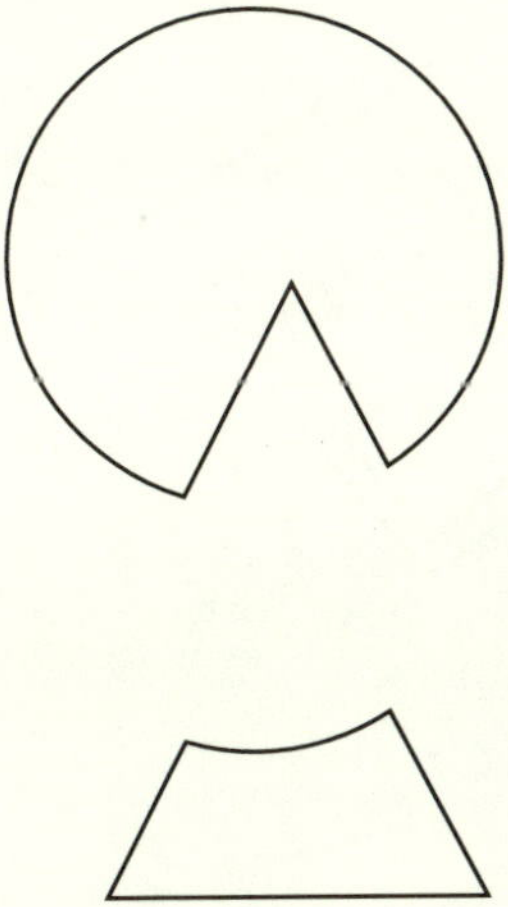

図6

である。しかもこの働きは必然的な自然法則ではなく、生体の成長とともに生成する意味である。以下、(v)の意味するところの哲学的問題を垣間見るのがわれわれの課題である。

図5は図6の二つの図形の合体したもののようにではなく、他にいかようにでも知覚され得るはずであることが事後的反省によって確認できる。この反省はもちろん知覚とはいい難く、むしろ知覚構造を究明する知的作業である。

さて、もし図5が一つの円形と一つの三角形から成り立っているようにではなく、図6などのように直ちに知覚されるとすれば、たとえば図7のように、一冊の本の上に一個の定規が置かれているのをまさにそのようにではなく、図8のように、あるいは他の任意の部分の組み合わせとしても知覚され得るであろうし、そのときはその本もその定規も認知されず、したがってそれらは手に取って用いられることもないであろう。ゲシュタルト心理学は連続した線よりなる単純なゲシュタルトを「よい形《プレグナント》のゲシュタルト」と呼び、円形や三角形などもそうで

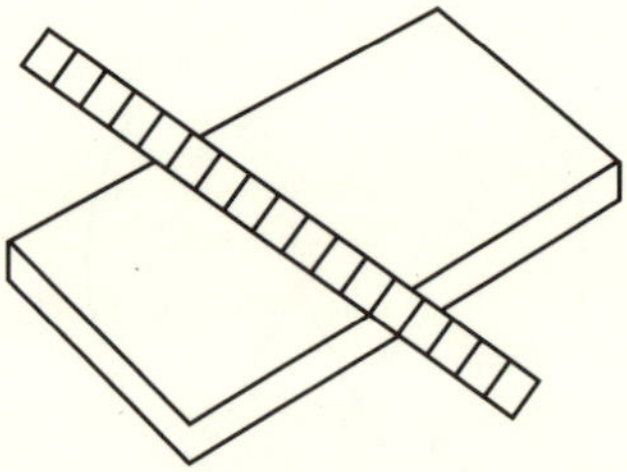

図7

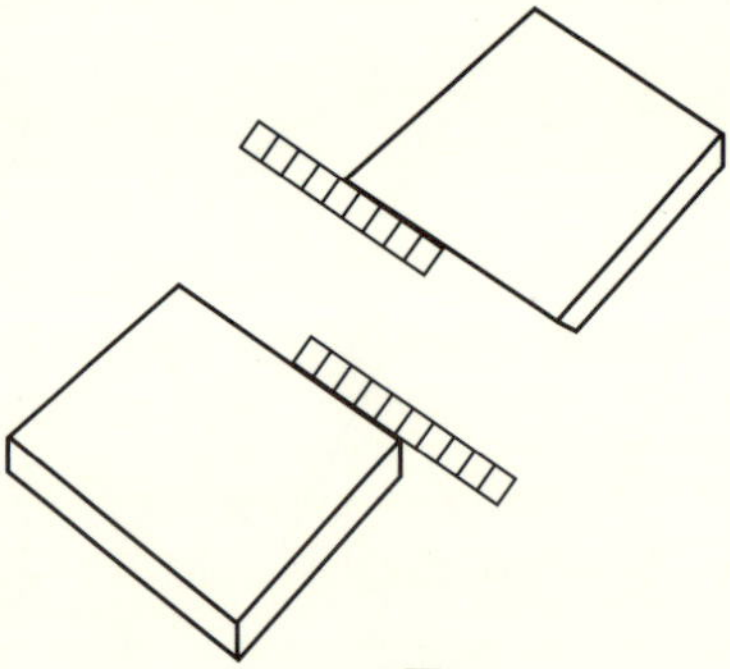

図8

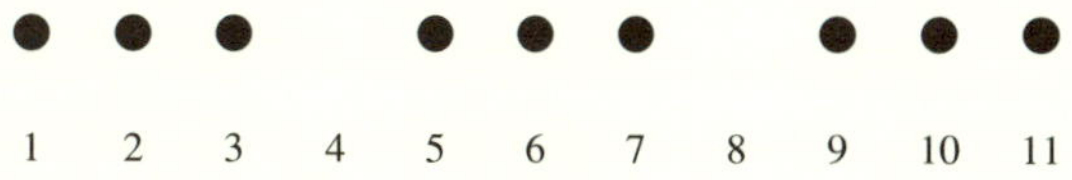

図9

あると主張する。しかしそこでは、なぜ「よい形のゲシュタルト」が知覚を優先的に規定するかについて心理学的なよい《プレグナントな》説明がない。ケーラーらの主張する自然主義的な、かの同型説はこの問題についての心理学の限界をよく示している。われわれはこの同型説に新しい意味を付与しようと考えている。

図9において通常、点123、567、91011という近接する三点からなる三群が知覚され、12、3456、78910、11……とは知覚されない。123、567、91011と知覚されて初めて文字も可能になるのである。音楽や言語に対応する聴覚の場合も同様、最小単位のゲシュタルトとしての音節がなければならない。図10はシューベルトのセレナーデの出だしの部分である。これを12、34、56……と歌うことはできない。やはり、123、45、678、910とならなければならない。これに対し非音楽的な知性はどのような組み合わせをも要求する権利を有する。のごときゲシュタルトが知性の構造にその根拠を有するとは考えられない。他方、音そのものにはいかなるゲシュタルトもないことはいうまでもない。とすれば、知覚的ゲシュタルトの成立根拠はどこにあるのか。

図9を見る私には、点が123、567、91011と群れをなして知覚される理由を直観することはできない。ゲシュタルトの根拠のこの直観不能をもって、ゲシュタルトの根拠を、観念論者は主観のアプリオリな作業に、実在論者は意識外の客観的実在の法則に求めたのである。ここでわれわれは、この直観不能なゲシュタルトの知覚の根拠を主観のアプリオリ性にも、対象の客観的構造にも求めず、知覚するという行為と知覚させる知覚神経の交差する身体の「出来事《エルアイクニス》」ともいうべき生成史[19]に求める。以下はその論拠である。

図5がいかなる理由で円形と三角形の重ね合わせとして知覚されるかを考えるとき、ある種の神秘感を持たざ

図10

るを得ない。それを強引に主観の構造や対象の幾何学的性質そのものに分析することを断念しよう。われわれは自由な構想力を行使して、あるいは知的な判断力を行使して、円形と三角形が重なっていることを認知しているのでもない。そうではなくて、受動的にそう知覚させられているのである。「ここで主観の「受動的総合」なるものを思弁しても何も出てこない」。この知覚は知的判断以前に与えられているのである。しかし、この知覚は知覚対象そのものに依存しているのでもない。それはその中間の意識されない（視神経という）身体の働きに根拠を有するのである。

　自分の神経の働きは意識されないのであるから、この研究は自己反省という伝統的な哲学に固有な方法では不可能である。意識されない以上、自分の神経作用についての研究は他者のそれについての非反省的・観察的研究によって置き代えられてしかるべきである。以上の理由から、神経生理学の報告するところに耳を傾けることは不正ではない。

　図5が円形と三角形が重なって知覚されるのは、網膜における曲線と直線との刺激がある箇所からおのおの別の視神経の興奮を経ておのおの別の皮質に達しているのではないか、というのがわれわれの仮説である。ブレイクモアとクーパーの子ネコを使った実験では（一九七〇年）、垂直方向の線だけで構成された視覚環境で飼育された子ネコは、その後そうではない視覚環境でも垂直方向の線にだけ反応した[20]。このことは少なくとも、子ネコの視神経の発達段階で垂直方向、水平方向等のさまざまな特徴を有する形状に対応する互いに独立した神経組織が形成されるということを示している。さらにまた、ヒューベルとウィーゼルはマカクサザルに対する実験で（一九七

四年）、視野内の特定の位置が大脳皮質の一次視覚野の特定の位置に投射されるばかりか、視野内の特定の傾きをもった線刺激も視覚野の特定の諸細胞に投射されることを示した[21]。一次視覚野の興奮がさらに他のあるいは「高次の中枢」や視床に伝達され総合されるであろうが、それまでにすでに以上のような処理によってその後の判断を規定していることは強調されなければならない。

ライオンがシマウマをよく知覚し得るのはライオンが視野内の垂直線の形状に敏感であるからであろうし、逆にシマウマは垂直に生える草原の中に逃げることもできよう。ヤーコプ・v・ユキュスキュルは、さまざまな種の生物がその種に固有な知覚作用を有することによって、それらが種に固有な環境世界に生きることができると主張している[22]。

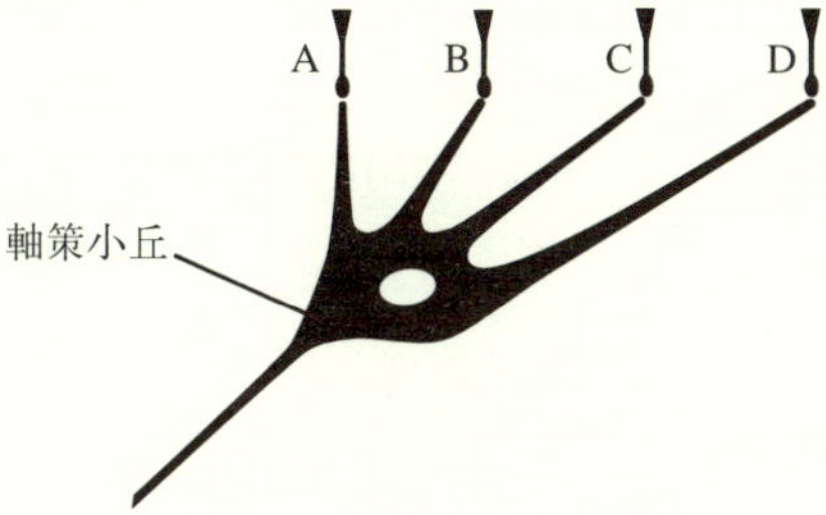

図11　ネコの「対比検出器」

カエルは餌となるハエとそうではない小さなゴミをどう区別しているのであろうか。それを観察するわれわれは、素朴にも、カエルにも「内面性」があってハエとゴミの区別を意識的に判断しているかのように思いがちだ。しかしこの場合も、この区別は網膜（網膜は単なる受容器ではない）にある「小運動体検出器」でなされ、ハエなどの小さな動物体にはパッと跳びつき、「大運動体検出器」で捕えられたネコなどの大運動体からは逃れるのである[23]。ネズミを追いかけるネコの「対比検出器」には、図11のように四つの樹状突起を有する神経があると想定される[24]。大きな何かがＡＢＣＤを同時に刺激しても、この神経の加重効果は閾値に達せず、小さい運動体がＡ↓Ｂ↓Ｃ↓Ｄもしくはその逆の順に刺激すると、刺激値が加重効果となって軸索小丘への入力閾値に達する。ヒューベルとウィーゼル（一九六五年）は、ネコのブロートマン18野（一次視覚野）と19野に一定の大きさの角に反応する「超複合細胞」を発見している。以上述べたごとき知覚対象の形状および運動は、網膜、外側膝状体（カエルにはない）、視覚皮質でおのおの前処理されるが、これら前処理はまったく意識されぬまま遂行され、最後的に完成した知覚像において初めて意識されるのである。

陳腐な例だが、バレーダンスに躍動する身体を眺めて興奮し、動くベルトコンベアの上に乗ってくるスシにはつい手を出すわれわれ人間の中枢神経にも、運動体検出器が備わっているに違いない。

②　知覚は言語によっても規定される

事物をその多側面において同時に捉えることは不可能である。一つの事物は一時点において一つの観点から一側面において捉えられる。すなわち、私はあるものをここで一つのリンゴとして知覚し、またある時はこれを一つの果物として知覚する。事物はこのように常に一定の規定性において知覚され、この規定性は知覚者のとる限定された観点に対応する。

プラトンのイデア論においては一切はイデアの相の下に捉えられ、諸イデアには最高にして単一の善のイデアを頂点にする諸イデアのピラミッドが成り立っている。たとえば、フジリンゴのイデアの上にはリンゴ一般のイデアが、その上には果実のイデア、その上には植物のイデア、その上には生命のイデアが位置するという具合に上昇する。プラトンのイデアはその後、形相、本性、本質、精神等と変容を受けつつ再解釈され続けて現代に至る観念論の原理となっている。では、イデアは事物のいかなる側面を捉えているのか。リンゴはまず一定の形態群に属するとともに、一定の生成過程のうちに発見されるものである。すなわち、眼前のあるものを一つのリンゴとして知覚する者は、これが以前リンゴの花であり、芽であり、リンゴの樹から生じ、種子から生じたことを知っている。私はまた、これがいずれは腐り、種子として残ることを知っている。私はこの生成過程の内に恒常的な一定の形態を発見することはできないが、この生成過程を維持しつつ、ある恒常的にして不可視的なものを認識している。[25] プラトンはこれをイデアと名づけた。アリストテレスは、このような生物の生成過程を操作するものを「自らの内に目的を有するもの」という意味の「エンテレケイア」と呼んだ。これが神秘的な理念ではなく、顕微鏡下で観察できるＤＮＡという物質であることが分かったのはやっと二〇世紀の中頃であった。

イデアという概念はこのように事物の生成過程を確実にするプログラム的因子であり、この生産主義的解釈はアリストテレスの質料形相論およびユダヤ・キリスト教の創造論を経て徹底的に強化された。これによれば、自然（φύσις, natura）はその語源が雄弁に語っているように「自己から自己を生み出すもの」と解され、道具は人間によって作り出されたものとして解されている。自然は私によって知覚される対象であり、私はそこに自己生産性を発見するのであるが、自己生産性の意味は、私が私自身の起源と自己維持および対人間関係を生殖、自己再生産という自発的現象として解釈しているところに由来している。このような自発的現象としての私は、自らを自然として解釈する。つまり自然一般はそれを知覚する私の自己生産、すなわち自己定立性、自己被定立性という自己存在の意味解釈との類比として成立するのである。[26]

リンゴは幾何学者にとっては一定の形状として、物理学者には一定の質量等として、商人には商品として、化学者には水、炭素を主成分とする物質として、法律家には誰かの所有物として、知覚ないし認知され得るにもかかわらず、リンゴなる本性（自然）という観点からはこれらの諸観点は排除され、もっぱら先に述べた生産主義的な観点のみが暗黙裏に肯定されているのである。自然、本性、本質のこのような暗黙裏の解釈は、解釈者が自己の存在の意味を自己生産的に解釈していることとの自明性に帰因している。

事物がいったん、このような本性、本質概念の下で命名されるや否や――たとえばリンゴ、机という風に――

それらはこれらの名前が意味するものとして固定化されて解釈され、そして知覚される。言語は事物のあらゆる側面に対応してそれらを自由に知覚し、表現する媒介者であるよりも、私を専制君主のように一定の知覚と表現へと強制する。しかも構造主義が教えるように、この専制君主は私を私の意識下において操作するのである。彼はこうして、私があるものを見るや否や私の意識下で素早く働き出し、私の大脳皮質の言語野を操作して「リンゴ」を言わしめ、それをリンゴとして知覚させるのである。ブッシュマンの集落に落とされたコカコーラのビン（われわれの暗黒の帝王は「ビン」と教える）をそこの暗黒の帝王は何とも定義できず、それゆえ、それについての彼らの知覚も定まらない。それはついに彼らの人間関係を破壊するがゆえに「悪魔の賜物」として知覚され、遠方に捨てられた（映画「ブッシュマン」より）。

言語の間主観性によって言語に規定される知覚も間主観的になる。こうして事物の本性の一般性は言語によっていっそう強化され、ほとんど「永遠性」を享受するかのように思われるだろう。これがイデアの永遠性の意味由来である。そしてまた、一定の知覚は一定の観点、一定の自己解釈に基づくのであるから、本質論的形而上学と言語によって固定化・一般化された知覚は、知覚者に固定的・一般的観点と自己解釈を強制する。ここにハイデッガーのいう実存の平準化と頽落が支配的となる。

③　随意運動の無意識的合目性

私の体は目的地に向かって滑らかに、ほとんど無意識のうちに歩み進む。歩行運動が目的地に向かって進行している限りそれは私の行為であるが、それがほとんど無意識のうちに進行する限り私の行為とはいい難い。では、そのどちらなのか。問題は、歩行運動が「随意運動」といわれながら、完全な随意による運動でも、完全な不随意による運動でもないところにある。スコラ哲学が主張するように、精神と身体が実体的統一（unio hypostatica）

の内にあるのであれば[27]、身体の不随意性はこの統一性の不完全性を意味し、デカルト主義的心身二元論では身体の随意性は謎となる。しかし既述のごとく、この問題の解決は心身一元論か二元論かの二者択一にあるのではない。

これまでの心身統合論や二元論的身体機械論の欠陥は、「随意運動」と称する合目的的運動を直ちに意識的動作と同一視するところにあった。他方、物活論《ヴィタリズム》はアリストテレスのエンテレケイア論を踏襲し、生命現象一般を目的内在性として解釈するが、これによれば目標を追求する機械と生命現象の区別が消え、彼らの主張する生命機械否定論が自動機械《オートマン》の出現で一転して機械生命論に変ずる結果となる。これらの混乱の原因は、「心身論」が基盤にしている古い実体論にある。これによれば、優れて存在するものはそれだけ他から独立しており、自律的であると解釈され、そのとき、二つ以上のそのような存在者の共動が困難となる。また、精神か物体としての身体かのどちらかをそのような存在者とすれば、一方は他方の単なる反映か幻映に過ぎないものとしてしか解釈できなくなる。それゆえ、まず優れて存在するものという実体を想定する試みをここで捨てなければならない。

眼の前の対象物を手を延ばして掴むとき、私は手を自分の意思で各瞬間、制御していると思い込みがちだ。しかしサイバネティクスが教えるように、ここでは対象物までの距離、それへの方向、その形状、その重さ等についての多くの情報インプットを計算する必要がある。もちろん、この計算は決して意識されない。それへの手の動きというアウトプットはこの計算値に従って、神経中枢より、弾道運動のときはその発端に、そうでない場合は各瞬間、制御されなければならない。この制御もまた、ほとんど、もしくはまったく意識されない。

では、この意識、無意識の関係はどうなっているのであろうか。「随意運動」をサイバネティクス的な図12で見よう。この図は未熟練な随意運動のシステム図である。制御部とは皮質の連合領、運動領および感覚領を指す。ピアノを習いはじめるとき、私は各指を用心深く動かし、その動きを視覚や触覚でそのつど確かめる。つまり、

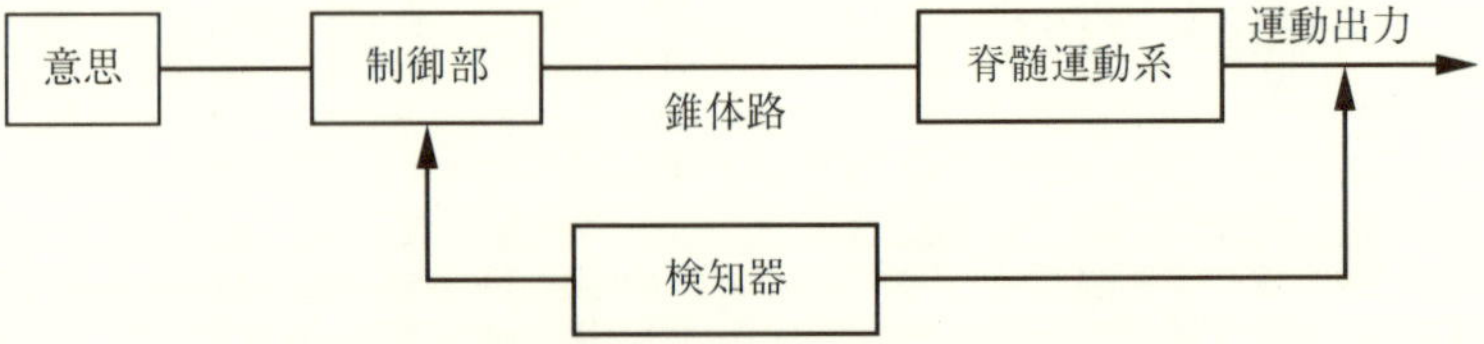

図12　未熟練の運動制御と出力とのフィードバックシステム一般図。伊藤：「小脳による運動制御」

出力の検知器は体外の視覚である。この場合でも意識されるのは意思、運動出力、検知器だけである。では、熟練した運動では意思と出力との関係はどうなるのか。

乳児は、まだ物を適確に手を延ばして取ることができない。彼が繰り返し、意識的に、苦労して、あるいは遊びとして、自分の手足や身近なものを手に取っていくことによって、これらの動作の様式が彼の神経組織の制御部に記憶されて、高次中枢からの指令がますます自動的に、滑らかに、効果的に作動するようになる。この運動様式を記憶したのは、図13が示すように、無意識下で作動する小脳の計算器と制御装置であって、自覚者としての精神ではない[28]。しかし、これらの記憶の多くはかつて意識を通してなされたのである。身体運動の準自動性は姿勢維持、歩行、スポーツ運動、器楽演奏、自動車運転等、多くの例を挙げることができる。ホモ・サピエンスの特徴とされる歩行運動をはじめ、これらの運動は訓練によって身体が獲得した運動様式によるのである。これらは意識下の制御部で自動制御されるがゆえに、まさに滑らかに、しかし合目的的であって、逆に高次中枢からのそのつどの干渉と指令を受けると、かつて訓練しはじめたときのように、よく作動しなくなるのである。

たとえば、多くのまなざしに晒されて、しっかり歩こうとすると、かえって往々にして歩行がぎごちなくなることがある。「手動」より、自動制御の方がより効果的に働くのである。目標である動作の一定の様式は、意識的な訓練によって学習され、記憶され、形成された私の身体に固有な能力（ハビトゥス）である。この

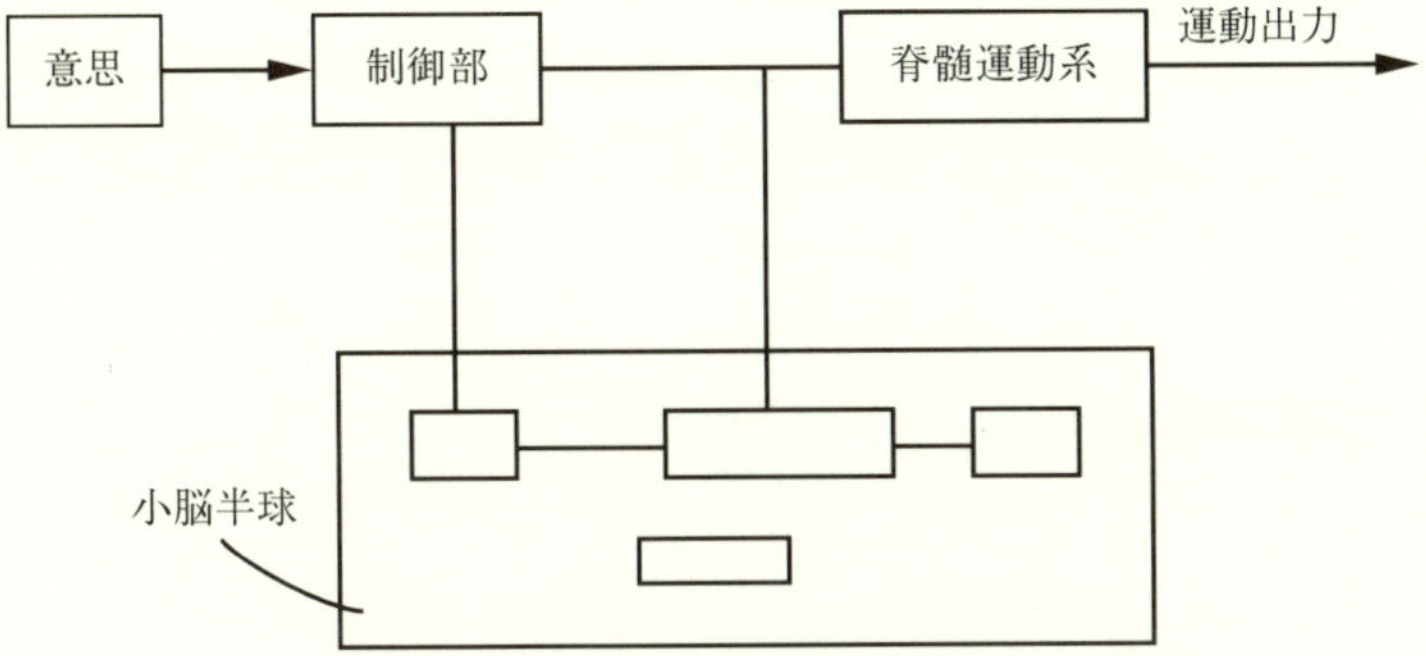

図13　熟練した随意運動の制御系，視覚等による検出に代わって小脳半球が熟練した随意運動を自動制御する。上の系が小脳半球系の中にすっぽり入り込んでいる。伊藤：「小脳による運動制御」の図式を簡略化したもの。

ような身体は、私によって作り出された私に固有な道具である。よい道具は主人の意図をそのつど聞かずとも主人の意図を察知し、主人を驚かすほどよい出来ばえで仕事を達成する。道具としての身体はなるほど、私の志向に従うものである。しかし、志向内存在であるかのごとく常に志向とともに作動するのではない。むしろ、私は私の身体の獲得された自律性に信頼し、その存在をほとんど意識しない。そのような身体は、これに対する私の信頼のうちに私を支えている。かくして、それは前志向的な支えとして自然の本質を有するに至る。最もよい道具は自然である。(29)

注

(1) ガリレオ著『黄金計量者』(Il Saggiatore, 1623) 第48。
(2) 同所。
(3) Edmund Husserl : Die Krisis der europäischen Wissenschaften und die transzendentale Phänomenologie. Husserliana Bd. Vl, p.30.
(4) 小針晛宏著『確率、統計入門』(岩波書店) §1参照。
(5) Ludwig Wittgenstein : Tractatus logico-philosophicus. 5. 6331, Suhrkamp Schriften 1. p.66f.
(6) Edmund Husserl : Idden zu reiner Phänomenalogie und phänomenologische Philogophie. II. Husserliana Bd. Ⅳ. p. 158f.
(7) カール・R・ポパー、ジョン・C・エクルズ著『自我と脳』(野村裕・西脇与作訳、思索社) とくにE7章参照。J・C・エクルズ著『脳―その構造と働き』(木村裕・小野武年訳、共立出版、第2版一九七九年) とくに6章参照。
(8) 連絡脳の一つの神経モジュールが日常的に「自発的に」興奮し得るためには、シュレディンガーの波動方程式中のプランク定数hの値が10桁以上も大きくなければならないだろう。しかしそのとき、世界は魔法の園となる。
(9) ポパー、エクルズ前掲書四二四頁、M・S・ガザニガ『分離脳による人間の知的機能の研究』、伊藤正男・酒田英夫編『脳科学の新しい展開』(岩波書店、一九八六年) 一四〇―一四三頁。杉下守弘「精神の局在」前掲書一四四―一四九頁参照。
(10) コンヒューバー (H. H. Kornhuber) らの実験による、ポパー、エクルズ前掲書四二二―三頁参照。
(11) 同所および四六八頁参照。
(12) 前掲書四三五頁参照。
(13) 前掲書四六八頁参照。

(14) 大東祥孝「身体図式」（岩波講座『精神の科学』4、岩波書店、一九八三年）二一六頁。

(15) René Descartes : Discours de la méthode. Œuvres Ⅵ, C. N. R. S. T. VRIN, p.56.

(16) 幕の向こうの何かが私の質問に有意味的に答えるとき、私はそれを人間の知能と区別できない。筆者は「機械も考えることができる」の立場を取る。T・R・サール、P・M&P・S・チャーーランド「論争－機械はものを考えるか」（『サイエンス』日経サイエンス社、一九九〇年三月号）一八－三五頁参照。

(17) 催眠術者は催眠者に言語による命令によって一定の「随意運動」を惹起させることができる。この場合、言語は、直接催眠者の言語野で処理され、運動野に運動指令となって伝達されると考えられる。催眠者の身体運動は術者の言語を媒介とする術者の単なる道具となっているのである。

(18) Cf. A. Koestler : The Act of Creation. Picador 1975. 彼はアインシュタインの例を報告している。

(19) フッサールは「自我《エゴ》は自らを自らのため言うなれば二つの歴史の統一のうちに構成する」（Cartesianische Meditationen. §37. Husserliana Bd. I. p.109）と言っているが、これに対し、われわれはゴールドシュタインとともに「有機体は一つの歴史的存在であって、時間の要因を考慮しないと理解できないのだ」と言おう。クロード・ブラン「現代の神経生物学的思想からみた意識と無意識」（大東祥孝訳）、アンリ・エー編『無意識Ⅲ、神経学と無意識』（大橋博司監訳、金剛出版、一九八七年）八六頁参照。

(20) Cf. Blakemore, C., Mitchell, D. E. : Environmental modification of the visual cortex and the neural basis of learning and memory. Nature 241, 467-8. (1973).

(21) D・H・ヒューベル、T・N・ウィーゼル「視覚の脳内機構」（『サイエンス』日経サイエンス社、一九七七年十一月号）参照。

(22) Cf. Jakob vo Uexküll : Umwelt und Innenwelt der Tiere. Berlin 1909. Theoretische Biologie. Berlin 1920.

(23) Cf. Lettvin, Maturana, MePulloch & Pitts : What the Frog's Eye tells the Frog's Brain. Proc. IRE, 47. 1940-51. ある視覚対象を他の視覚対象から区別する両者の縁の線も視覚的に強調される。これは網膜における辺縁抑制（lateral

inhibition)で説明されている。図14(1)におけるように、並ぶ視覚対象物が数値が示すように空間的に明度が異なっている場合、その接線は(2)、(3)に見るように、他とは逆の方向に強調されてコントラストが生み出される。その結果、(4)の白線の交差点が黒く視えるという錯覚が生ずる。cf. Bernhard Hassenstein : Biologische Kybernetik. 3. Auflage, Heidelberg 1970. pp.99-105.　線が線としてはっきり見えるのも、明度が異なる対象がまさに相互に区別されて見えるのも、自我の判断以前の身体的処理に負うところ大である。

1）16，16，16，16，32，32，32，32

2）16，16，16，14，31，34，32，32

3）

4）

ヘルマンの格子錯覚

図14

（24）Cf./W. Roell : Dendritic Neuron Theory and Dendrodendritic in a Simple Cortical System, in Schmitt〔1970〕. pp. 552-565.　M・F・アービップ著『人工知能と脳理論』（金子隆芳訳、サイエンス社、一九七二年）六七頁参照。

（25）Platon : Potiteia 527b.

（26）伝統的な形而上学の生産主義については拙著『愛と価値の現象学』（太陽出版、一九七九年）第一部「存在と生産―存在概念の現象学的考察」参照。

（27）トーマス・アキナス著『神学大全』第一巻第七六問題参照。

（28）伊藤正男「小脳による運動制御」（『生体の制御機構』、医学のあゆみ編、医歯薬出版）四七頁参照。

（29）われわれはかつて身体的ノエマータを肉、道具、自然に分けた。肉とはもっぱら刺激、触発されることによって自己の情態性（Befindlichkeit）を露わにするものであり、道具とはそれを使用することによって道具でないもの（究極的には自己自身）を可能にするものであり、自然とは道具のように目的論的には発見されずして発見する自己の存在を与えており、それに対する信頼において発見されるものである。拙著『身体の現象学』（世界書院、一九八六年）参照。

V　環境内存在とその責任——環境倫理の現象学的基礎づけの試み

1　人間が「自然」と調和し、「自然」に服従していたという「自然状態」における人間の問題

一八世紀に西欧で流行した「自然状態」における人間像に対する讃美は、当時の社会体制という「文明状態」がもたらす不安、葛藤から生じ、さらにその不安、葛藤をより鮮明に表現した。文明状態は、人間を自然的秩序とは異なった、道徳、政治、宗教、技術等という人間に固有な秩序のうちに置き、人間に自己の固有な運命を自覚させる。まさにこのような状態にあるという自覚は、ひとをして、自然のうちにあっていまだ人間に固有な秩序も運命も要求しない自然と調和させ、不安も葛藤もない人間の状態を夢想させる。彼らが考える自然状態とは、石器と結合した弓、矢、棒等を武器とする小集団による狩猟生活であるが[1]、それは自然に対する高度な受動性と単純な人間関係として理解されている。この受動性という理解は、自然についての表象内容がそのまま客観的実在として措定され、表象する自己をも、客観的実在である自然物の一部としてそれらの物の間を動き回るものとして受け取るところに由来する。自然との調和があり得るとすれば、それは自然現象と人間の欲望との一致としてしか成立し得ないが、そしてそのような魔術的一致は不可能であるがゆえに、自然状態論者は、以上のような素朴な自然的態度[2]を通して想像された人間の受動性と、このことに由来する欲望の弱さを象徴的に「自然との調和」と表現したのである。不安や葛藤が複雑な人間関係のうちにこそ生まれると考えられるとき、単純な人間関

係を可能にする自然状態は、不安も葛藤もない幸福な、したがって他者に害を加えぬ徳ある状態であると解釈され、これが同時に自然との調和でもあると解釈されたのである。

このような素朴な自然的態度で表象される自然は人間を欺くことはなく、したがって懐疑において観察されたり、人間の力が加えられて大きな変化を受けることもない。

2　自然から独立するということ

自己の生を首尾よく全うするためには、一貫した原理によって行動を規制しなければならない。行動の場である自然はしかし、絶えず変化し、ひとの行動の一貫性を保証しない。行動の一貫性の保証を自然に期待する者は、自然の内に隠れている恒常的なものを探し求めるが、そのとき感覚されるもの、変化するものの「非存在」に気づき、一挙に感覚される自然の彼岸に恒常的原理と存在を求めるごとき形而上学が生じる。このときも人間は自然の一部と考えられるところから、この形而上学は人間の固有の存在性を自然のそれとともに否定し去る。[3] 否定され見失われていた、人間における自然的なものと自然における霊的なものを再発見し、強調し、これらを総合しようとするロマン主義的陶酔はしかし、ひとにいかなる首尾一貫した行動基準も示すことなく、技術文明と政治に対するやり場のない不満を掻き立て、そしてそれからの逃避へと駆り立てる。

無常にして仮象とも思える自然の内に恒常的なもの、すなわち法則を見出すことは、自然の一部としての人間の存在にも確固たる基盤を与えるであろう。自然における恒常的なものは自然的なものであり、したがって観察され得るものであり、形而上学的なものであってはならない。とはいうものの、経験全体を理念化し、そこから現象のいわゆる第一次的性質という範疇を抽出し、これをもって恒常的なもの、すなわち自然法則という自然の形式とする――これが近代の自然科学の自然観である。このようにして成立した近代科学は、人間の存在に確実性を与えるという点で、かつての形而上学や神信仰に取って代わろうとするものである。しかし近代科学が示す自然は、そこに何びとも住み込むことのできない単なる数学的世界像である。にもかかわらず、科学が提供する技術は、人間の存在を支えることにおいて[4]不確かな自然を補い、人間の存在をより確実なものにし、彼のさらなる冒険を可能にし、また自然の改造をも敢行するようになる。しかし、近現代の歴史を顧みれば、科学技術は常に政治や経済のあり方と結合せざるを得ず、そのときは、科学技術によって自然としての存在、自然における人間の存在の確実性が逆によりいっそう脅かされていることも理解されるのである[5]。また近代科学の成立を促した自然の抽象的・無機的理解は、自然が生態システムでもあることを看過させ[6]、このことも科学技術が本来めざした人間の存在の確実化を裏切っている。

3　このような自然観と技術を持ち得る者は誰か

自然と調和し、自然に服従し、自然の脅威に不安と恐怖を抱き、自然を讃美し、あるいは拒絶し、観察し、理念化し、あるいは自然に対抗する者は、いったい何者であるのか。自然にこのように関わり得る者にとって第一の問題は、自己の存在の確実性である。では、それは誰であるのか。

自然とは何かという問いの性格はそのように問う者の在り方によって規定されているが、問う者の誰であるかは、実は、すでに経験的に問われている自然への問いについての理解からも解明され得る。つまり、自然の本質として理解されていることが、そのように理解している者の本質を示すのである。

自然という概念を特徴づける規定は、西洋では φύσις, natura なる語を支えている意味「自らを生み出し、自ら存立しているもの」であり、アリストテレスの表現では、神々や人間のそのつどの働き《テクネー》に依存せず、自らの内に生成消滅の原理を有する者、となる(7)。すなわち、自然はそれと対置している者である人間の意図や働きかけから独立し、これらに先立ってすでに事実的に存立しているものとして理解されている。それゆえ、自然に対置する者の存在も、その者の意図や働きかけに先立って事実的にすでに存在するものとして見出される限り、それは自然として理解され得る。すなわち人間は、自らの内なる自然と外なる自然に支えられ、自らの自然を外なる自然に対置させているのである。では、このような自然に人間なる私はどのように関わっているのか。

　私は存在している。私の存在は、その存立のために私がそのつど配慮するまでもなく自らの力で存立しており、その存立に私は信頼している。私は私の存在を自然の自存性に委ね、信頼している。ここでいう自然とは外なる大自然であり、私の内なる生ける自然である。私は、私がその上に立つ大地、呼吸する大気が自ら然るべくあることに信頼し、また自己保存《ホメオスタシス》しようとする私の身体的・心理的健常性に信頼して実存する。ここで実存するとは、次の瞬間も近い将来も、自分がこれまでのようにかくかく具体的に存在することを予期し、予期される自己の「存在することができること」に信頼し、それに向けて自己を投企することを意味している。予期は実存の根本をなす投企様式であるが、このような投企の性格は、そもそも、投企者が自己の現に事実的に存在していることを理解するという自己存在の根本了解、つまり投企の根源的な地平ともいうべき存在の自己開示に示される。

　では、私の存在は、私が予期し期待するごとく常に自己を開示し得るのか。「根本においてそうである」と形而上学と科学は答える。すなわち、それらが探し求めるものが現象の外にあって、もしくは内にあって、自らは変化せず存続するものとしてのすぐれた存在者であるからである。そのようなものをひとは神、精神、物質、自然などと呼ぶ。しかし、これはあくまでも現象の彼岸《メタ》の世界のことである。私は、私の存在を自然の自存性に完全に委ねることはできないということを知っている。私は、私の存在と世界が有限であり、私の自己投企が確実ではないことを知っている。私は自然の自壊に脅かされ、自然の自存性を懐疑し、自存性の原理を主題化して反省的に考察する。自然の自然性はこの主題化という反省的考察によって揺らぐ。反省された自然はしかし、ただちに技術と化すわけではない。ここに自然でも技術でもない環境という領域が成立する。

4　環境と環境内存在

自然は、それを見出す者の存在を自然の自存性によって支えるものとして、信頼されつつ、それゆえ自己隠蔽的なものとして非主題的に見出されるものである。(8) 自然に対する信頼の根拠はその自存性にあり、この自存性が減少もしくは消滅するとき、人間は自らの働きによってその自存性を補完しようとする。この補完をめざす人間の働きが技術であり、技術によって生み出された存在者が道具である。自然を補完する道具は人間の意図の下でまさにそのように組み立てられたのであるが、道具の力、もしくは道具を支えるものはすでに自ら然るべくあるものであり、崩れ去った自然以上に自然的でなければならない。ちょうど、折れた骨の自存性よりも人工骨たるチタン合金の自存性の方がよりいっそう信頼に値するように。チタン合金をなすチタンとその他の金属そのものは人間が生み出したものではなく、人間はそれらを組み合わせたにすぎない。それらを組み合わせた技術者はこれらの自存性を主題的に見ているがゆえに、その自然性は技術者の志向において技術性の背後に退いているが、これを自らのために使う者の志向においては、それによく慣れるにつれ、それがよく機能している限り、それに対する信頼を増し、それはついに非反省的、非主題的になる。このときそれは、彼にとって自然となったのである。より良い道具はより良い自然である。私の身体全部が誰かによって組み立てられた一つの道具（アンドロイド）であるとしても、それは、私がその自存性を信頼し、それを生きる限り、私にとって私の内なる自然である。

こうして私自身と私の身の周りは、自然であり、自然化した道具であり、そして道具であり、それらが私の志向において境目の曖昧な層をなしている領域である。この領域を環境と呼ぼう。

環境とは身の周りの領域、つまり見回しにおいて見出される世界である。見出されるものの意味は、見出す者の存在をなしている自己投企の「向かうところ」[9]である。それを見出す者はそれに関心を持ち、それは私（見出す者）の存在のある可能性に「向けて」示される。見回しにおいて見出されるものはこのように何かに「向かう」指示を持ち、この指示は究極的にはそれを見出す者の存在の多様な可能性である。この多様な可能性は、まずたいていは、私の身体の具体的な多様な能力（「私はできる」）の内に与えられ、しかも相互に指示し、ある世界はこの身体を中心に互いに一部を隠し合いつつ《パースペクティーヴィッシュ》広がっている。

かくて世界は必然的に環境として開かれ、与えられなければならないことになる。現にこの身体で住み込んでいる世界の「空間」は、常に互いに意味的に「向かい合いつつ」共に並ぶ物とともに、そして私の身体に「向かいつつ」、その環りを包むごとく開かれる。われわれは本質的に環境内存在[10]である。互いに指示し合うものは、自然とは違って、常に多かれ少なかれ主題化されて見出される。都市空間がこの意味で環境であることは当然であるが、こういった生活空間の周りのいわゆる自然、すなわち眺められ、訪ねられ、散歩され、山菜採りの場となり、伐採される森林、また釣り場となり、交通ルートとなる海や河川、そして交通ルートとなり、組成の質が気になる大気圏等も環境である。

M・シェーラーによれば、動物にはそれぞれの種に対応する「内面性」によって固有の状況と環境が与えられるが、かような有機体的内面性を超える人間には生物学的に定まった状況も環境も与えられず、無限な「世界」が開かれている。[11]人間と動物を比較するというこの自然主義的な見方を仮に承認するとしても、動物の対物的意識がシェーラーやJ・J・v・ユクスキュル[12]のいうように本能に規定されて非反省的であれば、われわれの用語法によれば、動物には自然のみがあって、環境はない。[13] そしてシェーラーのいう世界は、ハイデッガーのいう世界内存在の世界でも、われわれのいう環境でもない。環境は自由な投企に対応する存在者の多様な意味の指示の内に開かれ、人間はその自由な投企によって、そこへ歩み出すのである。一生物種としての人間の環境が種的に限定されているといっても、その限定はあまり意味を持たない。なんとなれば、自由な人間の技術によって環境が絶えず新しくつくり直されるからである。

5　環境の悪化は何に由来するか

身の周りのすべてのものは、それに固有な意味の指示をもって私と出合う。それらの自存性は、私の自由な投企においてまずたいていは不十分さを露わにし、私は常に自らの手でその不十分さを補完し、乗り越えている。環境は常にすでに乗り越えられており、したがって技術化された地平として与えられる。それゆえ、自然環境なる概念は厳密にいって形容矛盾である。こうして文明によって変容してしまった自然としての環境こそ、人間の日常的実存の場であり、人間の第二の自然と呼ばれるのは適切である。

平坦な野原を散歩するとき、私は私の運動する身体を支える大地を、まさにそのようなものとしては主題的にはほとんど意識しない。この場合の大地は自然であるが、私が車で高速度で走る道路は、私がこれをまさにそのような目的と効用を有するものとして了解し意識するがゆえに、道具である。道路はいわゆる自然の中に建設され、自然は、道路を支えつつ道路とともに私には環境として現われる。すなわち自然は、環境の内にあって技術と道具を支えるものとしてたいていは主題化されず、まさに自然としてとどまる。しかし地震や嵐といった自然の破局は、その内の道具を破壊することもあるが、そのとき恐ろしい自然を、つまりその自然の不在を通して「私を支える」という自然の本性を啓示する。このとき壊れた道具は新しい道具に置き換えられ、自然は補強され直す。こうして自然は技術と道具を支え、技術と道具も自然を支える。

ところが、道路は森林を伐採し、排ガスと振動を周辺にばらまき、自然を破壊する。こうなれば道路もその用をなさなくなり、そこが人間の生活空間として適さなくなることもある。技術や道具が自然をこのように破壊することを環境破壊という。自然の補完という技術の本質はそれを使用する者の意図の性格から導き出されたのであるが、ここで技術は使用する者の自然の補完という意図に反して自然を破壊するという平凡な事態が認識される。自然の崩壊した自存性の補完である技術は自然に割り込み、自然の残っている自存性に干渉せずにはいないからである。古代都市ハラッパ、モヘンジョダロの生活空間が塩害によって破壊され、塩害が大規模な治水によってもたらされたということは、当時は認識されていなかったであろう。しかし今われわれは、技術文明は本質的に自然を多かれ少なかれ破壊するものであるということを知っている。技術は自然の補完を意図し、自然の破壊を結果するのである。自然が技術によって破壊されるとき、自然の回復が可能であれば、そのためにそれまでの道具が技術によって取り除かれるか、自然が新たな技術によって補完されなければならなくなる。なんとなれば、それを人間の投企が必要としており、そうすること自体もまた人間の投企だからである。かくてひとはかつての自然に対する素朴な信頼を捨て自らの野心的な投企を可能にするためにより多くの条件を整えるという新たな投企にも配慮するようになる。この歩みは、たとえばおよそすべてが人工物で出来ている宇宙スペース都市における生活で極点に達する。

さて、ではそこで私は私の存在を支えるこれら「すべて」のものに主題的に関与しているだろうか。そういうことはない。そこで私の身体を支えている人工大地である床の自存性・安定性に対しては主題的・反省的にはほとんど気にせず、その信頼度に信頼し、その上を無心に歩む。この床の自存性はこれを建造した者、あるいは維持点検する者には、多くの場合、主題的・反省的に表象されるがゆえに、道具である。しかし、そうではない私にとっては、自然であるといわなければならない。道具は自然性を獲得する。しかし私は、それが他者によって配慮され、反省的に観察され、維持されている限り一定の「自存性」を有することを知っている。かくて道具に対する私の信頼は、私にとっての他者一般という私の社会性、歴史性に対する信頼となる[14]。

6　技術の自然に対する干渉は必然的である

これまで私が信頼し、私の存在を委ねていた自然の自存性が、実は、私自身や隣人、私の見知らぬ遠くの他者の「生活」という投企、つまり「社会」によって脅かされつつあることが認識されはじめる。技術は自然の自存性に対する補完者であるはずだが、技術を使用する者の意図とは逆に、実際は、同時に自然に対する破壊者でもある[15]。技術と道具である生産と消費、およびその廃棄物は、われわれの生存を支えている生態系を破壊する。生態系の破壊の結果は、限定された生活圏を超え、大陸全体や地球規模にその影響を及ぼすことがある。私のフロンガスの使用によるオゾン層の破壊は、使用者の私に対してと同様に、あるいはそれ以上に、人類全体の生存に対して間接的かつ直接的に悪影響を及ぼす。では、私の責任はどうなるのか。

伝統的な倫理観によれば、人格である私の行為の悪は、私が加害の意図をもって、作為もしくは不作為によって少数もしくは多数の特定の人間集団に加害するところに存する。ところが、右記のごとき環境内存在の人間の間および技術と自然の間の相互性は、技術の自然の広範なシステムに対する長期的・持続的働きかけを経て、ピストルの弾が当たるがごとき具体的人間関係の親密度や空間的・時間的限定性を超えている。しかも、この影響はフロンガスといった一見まったく無害な道具の使用を通して生ずるという点で、その効果は初めから認識されてはいない。自動車の運転とは根本的にその責任の性格を異にしている。私は自動車の運転と道路の交通状況から事故の可能性を容易に認識することができる。ところが、フロンガスがオゾン層を破壊し、増加した紫外線が地上の生物を傷つけるといった効果の連鎖は、その専門家の報告を通じて初めて理論的に理解されるのである。危ういものに対する信頼は、たいていの場合、隠されている危険に対する無知や無関心から生まれるが、技術と結合した環境に対する無反省な信頼も、技術の内に隠されている危険に対する無知や無関心から生まれる。危険の隠蔽性は連鎖の複雑さ、微妙さによっても強化される。このようなとき、環境に対する不信は、自然に対する不信が自然の破局を通して初めて生まれるように、環境の破壊といった災難や危険の偶然の発見を通して初めて生まれる。

この両者の類似性は、それについての責任の間にも成立している。すなわち、自然の破局に対する認識や予知能力を持たない者がその破局についての責任を持ち得ないように、環境の破局に対する認識や予知能力を持たない者はその破局についての責任を持たない。それゆえ、こうした認識や予知能力の程度に応じて、責任も生まれる。このとき自然が懐疑をもって観察されることによってその機構が認識されるように、環境も初めから懐疑をもって観察され、その機構があらためて認識されるようになる。この認識に応じて具体的な責任が生まれるが、すべての技術は自然に関係するがゆえに何らかの意味で自然を破壊するという基本的性格を認識する者は、あらゆる技術の使用、つまり人間的生活一般は常に多かれ少なかれ自然と環境を破壊し、自己および他者の存在を脅かしているに違いないことをも認識すべきであり、そこからとくに、自分が開発し、生産し、あるいは使用する技術については、初めから自然と環境を破壊する可能性を考慮に入れておかなければならない。このような認識が成立する以上、とくに専門的知識をもって技術を開発、使用する者は、自己の「無知」をもってそれによる自然と環境の破壊についての「無罪」をただちに主張することはできない。彼は常に、自然と環境の破壊に関する特定アセスメントに注目し、自己の責任を自覚する必要がある。

伝統的な倫理学は倫理主体が意思の主体として人格《ペルソナ》であることを強調するが、ここに見る環境内存在の責任の所在は、明らかに意思から認識へと移っている。しかしこのことは、道徳における主意主義から主知主義への移行に対応しているのでもなければ、刑法における主観的責任論から客観的責任論への移行に対応しているのでもない。また、刑法における道義的責任論から社会的責任論への移行を訴えているのでもない。われわれは、環境内存在は身体的存在として必然的に身の周りの物に働きかけ、この働きかけを通して他者と交わることができるという解釈から出発するのである。われわれは倫理的責任の主体であるわれわれ自身を暫定的に人間と呼んできたが、人間は、他の人間（他者）とともにあって、そして同時に物を使用して、初めてその存在論的規定を得る存在である。物との共在はその知覚、使用、占有、所有、物理的影響等、一切の関係を意味する。倫理学は対人責任と対物責任を分けるが、物という道具の人間との関係が、既述のことからも明らかなように往々にして不透明で見通しの効かないものであり、対物責任が対人責任と直結し得るのである。常識的な例としては、喫煙や有害物質の誤用が挙げられる。このように対物責任と対人責任とが相互に密接に関係し合っているのが、環境内存在の倫理性の特質である。

7　倫理的主体は誰か

ここで、環境における倫理的主体を暫定的に人間としよう。なぜなら、環境は自己の存在を支える弱い自然を自己の力で補う者の周りに開かれ与えられる世界であり、人間こそまさにそのような者だからである。それゆえ、そのような人間を離れては、定義上、自然も環境もあり得ない。しかし、ここでいう人間は、ヒトという一生物種を指すのではなく、前述のように環境内存在を指す存在者でなければならない。このような存在は、平均的な人間の知性と意思を持った人格である必要はない。それは、自他の区別を自覚し、そのように存在するため自己の周りに働きかける存在者であればよい。これが環境における倫理的主体である。次に、このような倫理的主体ではないが、単なる有用価値からではなく、単に私の環境内に存在するというだけで価値を持つものとして取り扱われるべきものを倫理的価値と呼べば、人間の幼児や多くの「高等動物」がそれに当たる。これらは、十分な帰責能力を有するいわゆる道徳的主体でも法律行為能力者でももちろんない。それゆえ、素晴らしい価値を持つが、自意識を持たない樹木や巨石は倫理的価値とはならない。樹木や昔からあった巨石や沼地は、目先の経済的効用とか古典的な所得計算上の価値はないとしても、環境的価値として高く評価されなければならない[16]。環境的価値は没意識的存在として、倫理的価値は意識的存在として、環境内存在は自己の環境を持ちその中心として、共に環境を構成する。意識を有するものであれば、私の環境の中に立ち現われる異星人でも機械でもよい。それらは私の単なる道具として扱われたり、処分されたりしてはならない[17]。それらは、私に危害を加えない限り、暴力的に排除されるべきではない。

では、当為はどこに根拠を持っているのか。それは共感である。共感は、人格相互の感情に限られるものでも、共に神の被造物であるといった信仰に基礎づけられるものでもない。幼児は、成長して意思と知性を有する人格にならなくても、私の環境の内にあって快苦を持つものとして私に共感を呼び起こす。それが人工知能であっても、共感の対象となり得る。共感を惹起する対象の性格や組成自体が共感惹起の原因となるのではない。共感する者が対象の内に快苦の核を想像することによって共感が生じ得るのであるから、いわゆるアニミズムに強く彩られた自然の表象に、たとえば霊が宿る山岳、樹木、屍体、芸術作品等に、このような表象を持つ者が倫理的価値を見出すことは十分あり得る。しかし、このようなアニミズムに基づいた「自然保護運動」がアニミズム的表象を持たない他の多数の者から承認を得るのは難しいであろう[18]。

さて、共感は当為を基礎づけはするが、当為の倫理性や道徳性が共感に還元されることはない[19]。当為は共感とともに、環境内存在の同根源的な構造に基礎を置いている。両者は、具体的な環境でのみ出合い得る他者のそのような在り方を自己の在り方の可能性として承認し、そしてそれは同時に、現在の自己の在り方とは違った将来の自己の在り方を承認し、そのような在り方に向けて自己を超越し現に自己を投企することである[20]。このような自己超越はしかし、もっぱら、自己および他者の存在を支えている具体的な環境においてのみ可能である。

注

（1）ルソーは、自然状態のもとで、「土地は自然の肥沃そのままに放置され、いまだ斧を入れたことのない広大な森におおわれ、歩を進めるごとにあらゆる種類の動物に、食物の倉と隠れ家とを提供しており」、人間が動物のあいだに分散して、動物のように、狩猟・採集している状態を想像した。ルソー『人間不平等起原論』第一部参照。この分散状態から他者との協力状態に入り、つまり農業とともに平等は消え去った、とルソーは主張する。同第二部。しかし労働である狩猟も本質的に共同的であって、ルソーの自然状態論は空想的である。

（2）この世界は私によって見られ解釈された地平であるにもかかわらず、私はこのことを忘れ、自分をその世界の一部分として捉えている。このような日常生活における態度をフッサールは「自然的態度」と呼ぶ。経験科学もこうした態度で世界を見ている。フッサール『純粋現象学および現象学的哲学』第一部参照。

（3）多様な万物の原理《アルケー》はこの多様性を否定する。こうして唯物論的な自然哲学はニヒリズムに陥る。また現象界を非存在と解釈するプラトニズムも、彼岸主義としてのニヒリズムであろう。

（4）「人間の存在を支える」とは、ここでは「人間の自己投企を可能にする」という意味である。

(5) 技術の脅威のもとで、筆者はここではまず戦争のことを考えている。

(6) ルネッサンスに始まった自然の無機的・数学的理解はプラトニズム・新プラトニズムの再受容による。これが自然を目的論的・有機体的に解釈したアリストテリズムの否定であったことは、いま思い出されてもよいだろう。

(7) アリストテレス『形而上学』一〇一五a一四。

(8) 自存的であり、人間の存在を支え、その自存性と支えゆえに信頼される自然は本質的に自己を隠蔽する。中期ハイデッガーはこの自存性と自己隠蔽性を本質とする自然を大地（die Erde）と呼ぶ。ハイデッガー『芸術作品の根源』参照。

(9) 椅子はその上に下ろされる腰を意味的に指示している。指示はそれによって可能になる事態に向かって了解される。この「事態への向き」をハイデッガーはBewandtnis（←sich wenden「自らを向ける」）と呼ぶ（ハイデッガー『存在と時間』第一八節）。ここでいう「向かう」指示は、ハイデッガーのBewandtnisの意味に近い。

(10) 「環境内存在」はハイデッガーの言う「世界内存在」に合わせた呼び名。これは、空間的な広がりとしての環境の一部を占める存在という意味ではなく、多かれ少なかれ反省的な見回しによって見出されるものへの働きかけによって自己の投企が可能になる存在という意味である。

(11) シェーラー『宇宙における人間の地位』参照。シェーラーの言う「世界」は非生命的・非知覚的・精神的領域であり、形而上学的である。

(12) J.J. von Uexküll, Umwelt und Innenwelt der Tiere. 1909. Theoretische Biologie, 1920. 参照。

(13) ハイデッガーによれば、見回しとともに開かれるのが環境（Umwelt）であり、見回しが可能なのは人間たる世界内存在である。それゆえ自由な投企としての見回しのない動物には環境はなく、あるのは周辺（Umgebungen）のみである。われわれの立場も同様である。

(14) 「自存性」とは「それに対置する私から独立している」ことであるから、私を支え、私が信頼し自らを支えている社会も自存性を持っているといえる。かくて社会も私の「自然」である。アリストテレスの言うように、人間は「自然《ピュセイ》的に」社会的動物である。

(15)　形而上学者アリストテレスでもそうであるが、ここでは技術の本質を技術についての表象に対する志向（ノエマ）から演繹したが、これは椅子のような単純な技術や道具では問題ないが、環境に重大な、しかし隠れた影響を及ぼすような巨大な、もしくはきわめて複雑な技術の「本質」を単純にそのノエマから演繹することには大いに問題がある。

(16)　幼児のごとき倫理的価値は、法廷で代理人を立て、権利の主体であることができるが、樹木のごとき環境的価値は、法廷で代理人を立てることも、権利の主体であることもできない。

(17)　われわれの立場は人間中心主義ではなく、強いていえば意識中心主義である。異星人は目下のところSFの世界だけであり、そこでは異星人はたいてい人間に敵対しているが、A・クラークの多くの作品では、異星人は道徳性や知性の高い平和愛好者として登場する。そこでは人間中心主義の克服が中心的テーマの一つである。意識中心主義の立場では自意識を有するコンピューターを単なる物体として扱うことを拒絶する。たとえば、I・アシモフのほとんど全作品に出てくるロボットや、ロバート・A・ハインラインの『月は無慈悲な夜の女王』の巨大コンピューター「マイク」、P・K・ディックの『アンドロイドは電気羊の夢を見るか？』に出てくるアンドロイドたちなど。このような状況を想像すると き、イルカ（SFでは「知性化され」ている）を食糧にできなくなる。ハーヴァード大学医学校でも試みられているように、SFは生命倫理、環境倫理の常識を克服させる絶好のゼミのテーマである。SFにおけるこれらの問題は研究されるべき領域であろう。拙論「アンドロイドにも人権を――『ブレードランナー』の場合」（『FB』第二号、行路社、一九九四年）六〇－六五頁参照。

(18)　近年、日本には、キリスト教的一神教がかつてのアニミズムの神々を殺して森を壊した、という主張があるが、これは、環境の大規模な破壊がキリスト教出現以前の古代文明に始まっていることを意図的に無視し、かつての「近代超克論」をむし返して、「多神教的な日本文明」を肯定し「一神教的な西洋文明」を否定しようとするものである。拙論「日本の多神教賛美論では世界を理解できない」（『エコノミスト』一九九〇年十二月号、毎日新聞社）八四－八七頁参照。拙著『日本はなぜ孤立するのか』（太陽出版、一九九三年）第八章「奇妙な多神教礼讃論」参照。

(19)　カントの言う崇高なるものへの畏敬の念は、われわれの言う倫理的価値に対しては生じない。シェーラーの言う同情も、どちらかというと、かなり「人格的」である。われわれの言う共感はもっと生命的、原始的である。シェーラー『同情の本質と諸形式』および『倫理学における形式主義と実質的価値倫理学』参照。

(20) 共感は、カントの言う構想力と感情を総合したようなもの。カントでは、非時間的主観がこれら時間的な諸能力を有するとされる。しかし、主観は世界の内にあって時間的・脱自的なこれらによって本質的に時間的・脱自的であると考えられるべきである。

Ⅵ　芥川龍之介の世界、その現存在分析試論
――とくに身体論の視点から――

1　日常的世界は慣れ親しんだ地平

芥川は自殺直前の作品『歯車』の中でその主人公に、「あらゆるものの譃《うそ》であることを感じ出した。政治、実業、芸術、科学、――いづれも皆かう云ふ僕にはこの恐しい人生を隠した雑色のエナメルに外ならなかつた。僕はだんだん息苦しさを感じ、タクシイの窓をあけ放つたりした。が、何か心臓をしめられる感じは去らなかつた」と言わせている。ここで「あらゆるものの譃《うそ》」「恐しい人生」「雑色のエナメル」「心臓をしめられる感じ」等の表現には誰しもが主人公の世界の異常な構造を解読するであろう。

芥川の描く世界は日常的な世界ではない。では、日常的な世界とはいかなるものであるのか。それは根本的には、くつろげる、信頼できる、慣れ親しんだ世界である。私がくつろげるのは「わが家のように」どこに何があるかよく知っており、それらが自分のものとして自分の自由な使用に供されていることを知っている状態である。それらの「何であるか」は、もちろん「何のためにあるか」によって支えられ、そして「私のためのもの」あるいは「われわれのもの」ということの自明的な了解によって、つまり「私は現にくつろいで存在できる」という

自己了解において明るんでいる。そこには「謔《うそ》であることを感じ」させるごとき疑いは生じない。またこの世界には信頼し得る他者、あるいは私には無関心な他者、少なくとも無害な他者がおり、私を支える安定した大地、天空、そして自分の健康な身体がある。私はこのような日常的な世界の中に投げ込まれ、この事実に対しそのつど一定の態度を取り、働きかけつつ存在する者である。このような「世界＝内＝存在」である私は自分の世界を他者と共通の了解地平として受け取り、それに対する態度も平均的なものであると思い込んでいる。この思い込みによって私は他者を平均的に理解し得るのである。この世界了解はくつろいだ自己了解である。

2　非日常的世界は不気味な地平

ところが、『歯車』の主人公はあの事柄にではなく「あらゆるものの謔《うそ》であることを感じ出」すのである。ここで疑わしいのは世界の日常的平均的有意義性である。疑う以上、彼は日常的有意義性を知っており、その意味づけ、すなわちその「何のために」の平均的了解に非現実性を感じ取るのである。平均的に明るんでいる世界は非現実であり、現実である「恐しい人生を隠した雑色のエナメルに外ならな」いのである。隠されている本来の世界にはくつろげるものはなく、恐ろしく、「地獄よりも地獄的である」（『侏儒の言葉』）。この「地獄」はごく初期の作品『孤独地獄』をはじめ『蜘蛛の糸』『地獄変』『杜子春』等によく出てくるテーマである。『地獄変』では地獄の黙示録的不気味さが「あの煙に咽《むせ》んで仰向《あふむ》けた顔の白さ、焰を掃《はら》ってふり乱れた髪の長さ、それから又見る間に火と変つて行く、桜の唐衣《からぎぬ》の美しさ……」という具合に延々と描かれている。

ここでいう地獄の苦しみはどこに由来するのか。それは日常的な世界の没落による。芥川はそれを一見、何の問題にもしないかのように『河童』で示している。彼はそこで「実際又河童の恋愛は我々人間の恋愛とは余程趣《おもむき》を異にしてゐます」と言っているが、それはまずもって河童の世界の構造が人間の世界の構造と「余程趣《おもむき》を異にしてゐる」からである。ここにはもはや人間的日常性は成立していない。しかも、ここへの入り口は人間にとっては穴一つであり、薄い無規定的なエナメルの下はもう河童の世界である。面白いことに、人間的に非日常的なこの世界にも日常性と非日常性の区別があり、「トック」などはここでもまた「孤独地獄」に陥っている。これに対し主人公は河童の世界に慣れ親しみ、「河童の国から帰つて来た後、暫くは我々人間の皮膚の匂に閉口しました。我々人間に比べれば河童は実に清潔なものです」と報告している。こうして非日常性は身体感覚にまで及ぶのである。

河童の世界は人間の世界とは異なる。このような世界構造の変容が、非日常性の第一の性格である。河童の世界にはしかし、そこに固有の日常的意味関係が成立している。したがって、非日常性の本質は単に、日常性との構造的相異を超えて、日常性そのものの喪失にあるのでなければならない。そこには日常性への出口はないのである。

日常性において私は他者と親しみ、平均的な彼の自己投企を私は自分の自己投企の延長ないし一適用として理解し、この自他の類比に安んじている。私は他者と共通の方向に向いている。しかしいまや、この自他の類比は消失し、他者は私にまなざしを向ける。『歯車』の主人公は「彼等に背中を向けたまま、全身に彼等の視線を感じた。それは実際電波のやうに僕の体にこたへるものだつた。彼等は確かに僕の名を知り、僕の噂をしてゐるらしかつた」。また「いつか曲り出した僕の背中に絶えず僕をつけ狙つてゐる復讐の神を感じながら」。そして「何か僕の目に見えないものはかう僕に囁いて行つた」と告白する。

確かなものは何もない。「あの飛行機は落ちはしないか?」（『歯車』）という危惧は世界の没落を暗示している。世界の有意義性である「何のために」はそれへと自己投企する「私のために」であるが、ここで世界は「私のために」はなく、私の支えであることを止めている。私は必然的に不安な私自身に注目しなければならない。しかしそこには私固有の秘められた投企は見られない。私の自己投企は他者に常に読み取られ、見破られ、先取りされ、待ち構えられている。私は彼らが誰であるかを知らない。しかし彼らは私を確かに知っているようだ。彼らは私の噂をしている。それは私についての判決だ。「le diable est mort」（『歯車』）、すなわちそれは死刑だ。芥川のどの作品にも死のテーマが現われている。しかしそれは他者の死ではない。「昔からよく自分の死ぬ事を考へると、風流の行脚をしている時でも、総身に汗の流れるやうな不気味な恐しさを経験した」（『枯野抄』）。死は事故ではない。その死は他者のまなざしを通して正体を現わす。それゆえサルトルは正当にも「他者とは私の諸可能性の隠された死である」（『存在と無』三二三頁）と言う。他者はこの世ではなく、あの世に出現する。したがって、彼は私にとって地獄となる。

3　私の身体は肉と化す

世界の目的論的構造は、周囲世界に見出されるものを「――のためのもの」、すなわち道具として登場させる。ハンマーは釘を、釘は板を、板はそれによって作られる家具を指示するという具合に、道具全体は相互的指示関係を通して意味的統一を構成し、これがまた、これらを使用する私または他者の身体を指示している。河童世界の道具が河童の身体に対応していることを考えても明らかであろう。このように道具は、ハンマーが手を、路面が足を指示するように身体を指示し、身体はこの指示によって「握るための手」、「歩くための足」として見出されて道具的構造を獲得する。

歩いているとき、私は足の歩行運動をほとんど意識しない。なぜなら運動感覚には自己感覚が少ししか伴わないからである。一定の運動に慣れるとその運動はますます自動的になり、その「何のために」という主題の背後に退く。こうして身体は良い道具として日常性において忘れ去られているのである。私は何かを他者に取らせることもできる。このとき、他者の身体は私の身体の延長となる。社会はこのように諸身体の結合によって成立するのである。

では、日常的な世界が消失したとき、身体はどのようになるであろうか。そこでそれは日常的なそれであることを止める。たとえば、樹木は樹木であることを止める。「道に沿うた公園の樹木は皆枝や葉を黒ませてゐた。のみならずどれも一本ごと丁度僕等人間のやうに前や後ろを具へてゐた。それも亦僕には不快よりも恐怖に近いものを運んで来た」(『歯車』)。ひとの「鼻の左の側に黒子《ほくろ》のあること」も気になる。「……のみならず彼の勧めた林檎はいつか黄ばんだ皮の上へ一角獣の姿を現してゐた」(『歯車』)。こうして周囲世界の道具であることを止め、無意味な即自存在か、逆に表をこちらに向け私を眺め伺うものに変容する。犬でさえ短時間に私の前を四回も横切る。「するといつか僕の影の左右に揺れてゐるのを発見した。しかも僕を照らしてゐるのは無気味にも赤い光だつた」(『歯車』)。

周囲世界が親しみ深い道具であることを止めるとき、私の身体も親しみ深い道具であることを止める。身体は眺めることを止めて眺められ、摑むことを止めて摑まれ、痛み、苦しむ肉と化す。肉の主人は私ではない。私は肉として他者のまなざしと力の前に曝される。彼のまなざしはメドゥーサのそれのように私の自由を奪い、私を石化する。こうして「しかも彼の名はストリントベルグだつた。僕は彼とすれ違ふ時、肉体的に何かこたへるのを感じた」(『歯車』)のである。

私のまなざしは他者のまなざしに反射し内省となってしまう。世界は没落した。そこでは私はなおやっと無力な肉として存在する。他者は私を眺める、なぜなら私はスキャンダラスな存在だからだ。河童世界に慣れた者にとって、人間の「目や口は兎も角も、この鼻と云ふものは妙に恐しい気を起させるものです」（『河童』）。では、「この鼻が五六寸の長さをもてばどうなるか」（『鼻』）。

身体が良い道具として機能するためには忘れられる必要がある。身体を忘れさせるのが日常的な自己投企であるがゆえに、この自己投企が妨害され不可能になれば当然、ここでどうすることもできない身体が自覚されて肉となるのである。肉とはすなわち、世界内存在の自由に処分することができない最も初源的事実性である。だが私がまず精神であれば、いかにして私自身と出会うことができるのか。精神は何ものかを認識するものとしてのみ成立する。まだ何も認識していない私には私自身をどうして発見できるのか。私はまず精神ではない。肉であることによって、私は何の理由もなしに触発されている私自身を見出すのである。かくして世界を創る精神《ロゴス》は肉と化して、初めて歴史的世界の内に己れを見出すのである。肉は「人間苦の途《みち》に」（『西方の人』）あるものマリアであり、聖霊はこの肉を「唯、〈永遠に超えんとするもの〉」（『西方の人』）である。芥川は精神か肉かの戦いの内にある。その彼はルナンと同じように「十字架の上のクリストは畢《つひ》に〈人の子〉に外ならなかつた」（『西方の人』）と考え、その受難を精神の最後の悲鳴としてとらえている。それは「光のない暗」（『歯車』）なのだ。精神であろうとして、肉でしかあり得ない。ここでは人間的存在の多義性はきっぱり否定され、「電気の両極に似てゐる」（『歯車』）アンビヴァレントな態度が明らかになる。芥川はイデアである作品を創造する純粋な精神であろうとする。「僕は野蛮な歓びの中に僕には両親もなければ妻子もない、唯僕のペンから流れ出した命だけあると云ふ気になつてゐた」（『歯車』）。しかしそうあろうとすればするほど、彼は周囲世界には何も働きかけることができず、ただ死を待つだけの玄鶴に（『玄鶴山房』）、それを見る者に嘔気をもよおさせる彼の轢死した義兄の「肉塊」に、ついには「腐つた鼹鼠《もぐら》の死骸」に過ぎなくなる。

4　無化する肉

右手で左手の甲をつねるとき、つねる右手よりつねられる左手の甲に自己をより強く感じる。つねる右手では、つねるという志向目標がテーマになってつねることに伴う運動感覚を圧倒している。それはつねるという志向目標を満足させるのであれば、つねるのは他者の手であってもかまわない。このように触発される肉こそ自己の座であり、動く道具的身体は他者の座である。かくして身体の肉性と道具性において私は私の内に他者と出会っているのであり、身体は自己と他者との交差する地平である。

さて世界が没落し、肉化の徴候がはっきりしてくるにつれて、肉は肉を摑まえる他者を想定してやまない。これは頭をぶつけた机を罰しようとする幼児のアニミズムに似ている。彼は彼の肉の原因を他者化する。すべては「他者の投企」の跡でしかなくなる。この「投企」はしかし、真実のところ反省となってしまった自分の投企に他ならないのであるから、これを具体的な他者に還元することはできない。それゆえ「何ものかの僕を狙つてゐることは一足毎に僕を不安にし出した」(『歯車』)という具合に、肉化の主人はまったく「何ものか」でしかない無規定的なものである。実は私自身こそがこの「何ものか」であり、無規定な何かなのである。肉において私は無化していく。では、己れの無化にどう対抗するか。

世界の日常的有意義性を廃止し、もっぱら美の観点からここに生きることができる。純粋な「神経」となって、好色一筋に生きる(『好色』)。官能において世界の多様な有意義性は消滅し、私は「小さな死」に没我する。「あのさつきまでは地獄の責苦に悩んでゐたやうな良秀は、今は云ひやうのない輝きを、さながら恍惚とした法悦の輝きを、皺だらけな満面に浮べながら、(中略)佇《たたず》んでゐるのでございませんか。(中略)唯美しい火焔の色、その中に苦しむ女人《にょにん》の姿とが、限りなく心を悦ばせる――」(『地獄変』)。一切はただ観られるためにある。一人娘の断末魔とてその例外ではない。この唯美主義において事物の外観《イデア》は他の何ものをも指示することなく絶対的輝きを放っている。それを眺める姿は「何故か人間とは思われない」ものであり、この世のものとも思われない。おそらくこのような非世界的、非歴史的、非日常的な耽美に自らの惨めな事実性をしばし忘却することができるであろう。唯美主義は世界にまだなお美として有意義性を見出している。三島由紀夫のように、己れの死を美的に死んでみせることもできる。しかしそれもできなければ、自分をも含めた一切に参加せず、第三者的傍観者の態度をとることはできる。「たつた一人坐りながら、長煙管《ながきせる》ですぱすぱ煙草を吸つてゐる」（『点鬼簿』）姿がそれではないか。

他者に眺められ、摑まえられ、差し押さえられた肉にまだいかなる意味があるか。眠りたい。だが眠れない。眠れない意識は崖っ縁に立っているような恐怖に襲われている。「〈サウロよ、サウロよ、何の為にわたしを苦しめるのか？　棘のある鞭を蹴ることは決して手易いものではない〉我々は唯茫々とした人生の中に佇んでゐる。我々に平和を与へるものには眠りの外にある訣《わけ》はない。（中略）しかし聖霊の子供たちはいつもかう云ふ人生の上に何か美しいものを残して行つた。何か〈永遠に超えようとするもの〉を」（『西方の人』）。

芥川も眠りの外の苦しみ（『或旧友へ送る手記』）を超えようとした。このような彼はキリストの「狐の穴あり。空の鳥は巣あり。然れども人の子は枕する所なし」の言に、くつろぎの場ではない（unheimlich）この世に生を受けた自分の運命の真相を見出す。ここで、だが「わが父よ、若し出来るものなら、この杯をわたしからお離し下さい」と願うことはできても、この後段の「けれども仕方はないと仰有るならば、どうか御心のままになつて下さい」（『西方の人』）とは祈れたであろうか。この「御心のままになるように」（fiat voluntas tua）はマリアの答えでもある。これは超える言葉（Wort）に従う答え（Antwort）であり、対話《ディアロゴス》である。ほとんど無意味な世界が単なる「涙の谷」ではないのは、「御心」が私のためのものであることを信仰することによる。芥川はルナンとともにキリストの受難を苦悩する者の無益な独言《モノローグ》と見た。それゆえ、いっそう共感することができたのである。

芥川は自分の肉と化した実存を支配する者の誰であるか、またその意図も知らない。それは無である。無に対して戦うことができるのはニーチェの想像物であり、自らを神とするツァラトゥーストラである。しかし芥川が認めるように、これも生身のニーチェ自身とは何の関係もない。いかなる意思のためにもない肉には闘う力はない。それゆえ「どう云ふ闘ひも肉体的に彼には不可能だつた」（『或阿呆の一生』）のである。ここで神を信ずる意思の有無は問題になるまい。意思の条件である世界がすでに没落しているのである。

5　還元主義に抗して

ある人物やその作品を分析するとき、われわれは、その生きざまや作品を可能にし、それらを創り出している主観、自我、観念の構造を明らかにし、これらにすべてを還元したい誘惑を覚える。あるいは逆に、すべてを彼の歴史的下部構造もしくは心理・生物的機構に還元したい誘惑を覚える。さらにあるいは、ドーパミン過剰分泌にさらされている中枢神経に帰してしまいたい。多分、芥川は少量のドーパミン拮抗薬（ハロペリドール）の投薬でいわゆる正常な人生を送ることができたかも知れない。しかしこれらの還元主義は人物論や作品論にとっては問題の完全なはぐらかしであり、人物論と作品論の意味をその論者の生理現象に還元してしまうのと同様、無意味である。

人間的実存は意思する以前にすでにいつも情況づけられており、この自己に固有な情況にある態度をとることにおいて自由であり得るのである。しかしこの自由も主観の自己表出ではなく、存在の現われとしての人間的情況、すなわち現存在の時間的構造そのものである。自由は存在が自らを現わし、また隠す「たわむれ」である。私は「あなたの御心」(voluntas tua) を信ずることはできないとしても、せめて存在の「たわむれ」に身を委ねるゆとり (Gelassenheit) を持つことはできるに違いない。

「僕は他人よりも見、愛し、且又理解した。それだけは苦しみを重ねた中にも多少僕には満足である」(『或旧友へ送る手記』)。

Ⅷ 他者のまなざし――現象学的還元の不可能性について

1 他者のまなざしは私の自己評価である

まずたいてい、私は私の身の周りの何かを手許存在として、すなわち使用に供される物として、あるいは自然もしくは人格である他者として知覚する。私はこのとき、この他者も彼の身の周りの何かを手許存在として、また私を一人格として知覚していることを知っている。人格とは、ここでは彼の身の周りの何かを手許存在として知覚する者をいう。人格は常に知覚者であり、また「自己目的」であるとは限らず、自らによって、あるいは他者によって知覚されるべき者でもあり得る。(1) 知覚される者は、知覚者のために何らかの意味で「役に立ち得る」ものという手許存在の性格を取得し得る。われわれは人格の「手許性」という構造を人間関係における役割として理解する。人格は私の前に、たとえば隣人として、警官等として登場する。手許存在の意味は、何かを何かとして知覚する者のその知覚によって規定される。つまり、私の自動車の意味はそれゆえ、当然のことながら他者の自動車の意味とは異なっている。私の前にある手許存在の意味は、他者がそれをいかに知覚しているかを私が知ることによって変容する。私と彼(自分)自身とを知覚している他者のその知覚の意味をいかに解釈するか、またそのとき、私の存在の意味と私の前の手許存在の意味がいかに変容するか、これが他者のまなざしの現象学的問題である。

他者のまなざしは、私の態度や私の考え等に関する彼（他者）の知覚、あるいは評価についての私の理解および想像である。他者はそれゆえフッサールやサルトルの主張するところとは異なり、その具体的な身体をもって私の目の前に登場する必要はないのである。[2] 私に対する私には見えないまなざしとしての他者は、戸の向う側や私の背後で私を待ち伏せしていてもよい。私が彼の気配を「感じる」限り、彼は身体を持たなくてもよい。人目につかぬところに設置されたヴィデオカメラのうちに、このような他者のまなざしを容易に想定することができよう。私には見えないまなざしとしての他者は、しかしもはや勝義の人格ではない。

彼は私を、あるときは無関心を装って、あるときは何かを請うように、あるときは私を非難するかのように、あるときは物静かに、あるときは喜びをもって、またあるときは恐れながら眺める。しかし私は、そのような彼のまなざしが私の想像についての私の一つの可能な解釈であることを知っている。つまり彼の私に対するまなざしは、私についての彼の評価についての私の評価である。

知覚されるものは手許存在、自然[3]、他者と私の身体である。これらは私に対して多かれ少なかれ、親しみ深さ(Bewandtnis)をもって互いに指示し合っている。この親しみ深さに従って私はそれらの現前に信頼し、自らを投企することができるのである。私の自由な投企を支えつつ可能にしているそれらに、私は信頼している。たとえば、私の自動車や私の腕の親しみ深さはそれらの故障後ただちに変容しなければならず、そのとき私の信頼する誰か他者の助力を得なければならない。その他者に対する信頼が失われれば、彼の影響下にある私の自動車や私の腕の親しみ深さはさらに失われる。私が必要とする私の自動車や腕を彼がどう扱うかを、私はもはや知り得ないからである。彼のまなざしの下でそれらは親しみのない (unbewandt) ものとなり、その親しみ深さは不確かになり、いまや単に蓋然的でしかなくなる。ところが、私の隣人が私に攻撃を仕掛けてくるという可能性は完全には排除できないにもかかわらず、私はまずたいていてい、それについて自問し、確かめようとは敢えてしない。

疑いについてのこの不敢行性、つまり他者と世界に対する私の信頼こそ、平均的な日常性の本質なのである。他者と世界に対する信頼を喪失するとき、私はそれらを疑うよう事実的に強制される（これに対し、自由に疑うことが科学的活動である）[4]。

2　私は身体において眺められる存在である

サルトルは、他者のまなざしの下で対自存在としての私は即自存在と化し、自由を失うと主張している。だがたとえ私が私の身体を知覚しても、すなわちサルトルのいう私における即自存在を知覚しても、不自由になることはない。私が身体的存在であることは私の自由の喪失の原因ではないのである。観念論的伝統に従ってサルトルは、自由は純粋な自己措定としての純粋自我の内にのみ存し、純粋自我は物自体のごとき非我によって規定される他性を自己から排除すると考える。フィヒテが正しく洞察しているように、自我の自己措定はそれに対する対抗的措定、すなわち受動的な触発なしには成立しないと考えるべきである。サルトルのいう対自存在としての純粋自我なるものは、一瞬たりとも世界の内には成立しない。自我はそれゆえ、即自存在を自らの内から残りなく排除する対自存在たり得ない。自らの内に自らと異なるものを持つことこそ有限的存在の根本条件であって、このことはサルトルの主張するような存在論的偽瞞（mauvaise foi）ではない。身体として、すなわち部分的に既に規定されており、かつ他者によって規定され得るものとして初めて私は自由であり得る。ところで、フィヒテも道徳性は自らの内なるこの有限性の超克への努力にあると考えるが、これも正当とはいえない。なんとなれば、身体的に存在することは存在論的にいって何ら不自由な根拠たり得ないからである。それどころか、むしろ身体的存在として初めて存在論的に自由であり得るのであり、そのときのみ経験的には自由であったり、不自由であったりすることもできるのである。経験的に自由を失ったと感じることは、存在論的にも自由を失うことを意味しない。他者のまなざしによって私の身体が言うなれば差し押さえられてしまい、私が私の身体において他者の手に完全に委ねられていると思うとき、私は経験的には自由を多かれ少なかれ失っている。差し押さえられた身体において、私は私の身体とその周りの世界をもはや自由に使用し、行動できないからであり、そのとき私は、私の身体とその周りの世界が他者のための単なる手許存在と化していることを知るからである。そしてここでいわれる経験的な自由は、私の身体と事物がそれらのそのつどの具体的な親しみ深さのうちに知覚され[5]、またそれらの使用可能性のうちに互いに指示し合う有意性において理解されることによって成立する。眺められ、取られる私の身体こそ、私の自由が可能であることの条件ではないのか。しかも私が経験的な自由を失うのは、他者によって単に眺められることによって身体が即自化するからではなく、(原因が何であれ)信頼性を失い、よそよそしくなった世界において、言い換えれば、世界の没落においてである。

3　私は他者のまなざしによって規定される

もし私が動物のように、眼前の鏡像を単なる像としてではなく、私の眼前に「実際に」ある「事物」(Ding)として知覚するならば、私は現実の事物としてのこの「事物」がそのつど私を直接制約する(bedingen)であろうことを知らなければならず、この際、自分が自由ではないことを知るであろう。猫のごとき動物と異なり、幼児は単に知覚されたもの(ノエマ)を存在として措定することなく[6]、この鏡像を自分の身体と区別して、「虚」と「現実」の間を漂い、戯れることができる。知覚されるものと現前するものの「実在性」を疑うこと、すなわち素朴な存在措定の中止こそ、思考と自由の成立する条件である。これは真に存在するものの探究としての形而上学の発端でもあった。

他者のまなざしそのものは知覚されることはない。なんとなれば、既述のように、それは他者のなす知覚についての私の単なる理解であり、想像に過ぎないからである。事物と私の身体の意味は、それに向けられた他者のまなざしについての私の志向によって変容する。ところで、私が理解できるものはその（変容した）意味のみである。その他者が私をまさにそのような者として捉えていると私が考えること、すなわち私がこのノエマを自由に変更してみることができないということは、あたかもその他者が私の存在の様式を一義的に規定しているかのように、したがってその結果、私が自分自身を一義的にしか投企（措定）しないことを意味する。他者が私をそのようにしか理解していないと私が想定するということは、私がそのように想像し、知覚したものはまさにそのように存在すると想定することである。すなわち、私は徹底的に素朴な実在論者として、私が解釈した私の像を私の現実であると考えるのである。私の鏡像を、私の、あるいは誰かの実際の身体であると考えるときのように、私はここで「虚構」と「現実」の分離を遂行できない。かくして私は、そのつど過剰な存在措定によって過大評価された「現実」から、つまり私を圧倒する「現実」から自らを防御しなければならなくなる。このとき、私はもはや「現実」から解放された想像の中で自由に戯れることはできない。

4　存在措定の中断は自己の存在への信頼によって可能になる

フッサールの現象学が回避する存在措定とは一体、何であるのか。デカルトと同様、フッサールは真理の基準を認識論的な確実性に置き、それを自己認識という事実の必然的な自明性に従属させる。では、エポケーによって救い出されるべきその自明性としての真理は、いかなる意味を持っているのか。他者のまなざしに晒される私の意識が問題になるとき、フッサールの主張するように、私が端的に意識を有するという確実性が主題となるのではなく、私がいかに存在するか、つまり私自身と世界によって規定される私の存在様式が主題となるのである。認識論的確実性についての意識は、自己の存在の意味を了解している存在者の存在様式である。フッサールが要求するごとき確実性はしかし、この探求者自身の存在のそのつどの確実性に対する信頼を前提にしている。具体例を通して考えてみよう。

映画に登場している空腹なライオンと、私の目の前にいる本物の空腹なライオンとの間に、どのような相違があるであろうか。私は前者についての表象を自由に変更することができる。しかし、後者についての私の表象をその場で実際に自由に変更できるであろうか。両者はなるほど共に「私によって構成されたノエマ」ではある。しかし前者の「自由変更」は可能であるが、後者のそれは現実的に不可能である。なんとなれば、私の眼の前の「本物の」ライオンは私の存在の終わりを意味し、それゆえ当然のことながら、私の自由や想像の不可能性を意味するからである。私の存在の終わりを指示する私の知覚内容は、自らの内に安んじる純粋自我の能作に(私が)還元する私のノエマとして権利的に（de jure）は変更され得る。私の存在の終わりを指示するノエマの現象学的還元は、純粋自我と経験的自我が形式的にも実質的にも分離可能であれば可能であろう。想像されたライオンのごときノエマの自由変更は、そのノエマが純粋自我の構成的能作に還元され得るときのみ可能である。しかしこの還元は、いかなるときに成功するのか。フッサールの言葉を用いれば、現象学的還元は自らの実存的情況に対して「無関心な傍観者であること」によって保証される自由な自己投企である。これはしかし、経験的にもその安全性が確かな情況において可能になるのである。それは一つの自由で知的な態度である。ここから、私が飢えたライオンを眼の前にして、なぜ私のこのノエマを私の純粋自我の構成的能作に事実的には自由に還元できないかが明らかになる。還元という作業は恐怖の中では事実上不可能な知的態度であり、「純粋自我を想定すること」

自体こそ、私の存在の自由と、不安のない一様式である。「還元」を可能にする現実と虚構の意識的分離は、それゆえ精神の自由な戯れであり、この自由の戯れにおける自由はもちろん、一つの経験的《オンティッシュ》カテゴリーである。そしてこのように経験的に自由であったり、不自由であったりし得るのは、私が身体的存在だからである。すなわち、身体においてこそ私は私を私と他者にとっての手許存在として捉え、このようにして私と他者を規定するのである。手許存在の有意義性は、それをそのようなものとして理解する私が置かれている情況に対応し、この情況は私の存在の被規定性を示している。私の存在の自由はノエマータの意味の理解の多様な「として構造」の内に成立しているがゆえに、私の存在の意味が他者のまなざしにおいて一義的に規定されていると私が理解するとき、私は彼によって一義的に既にそのように規定された存在様式という袋小路に入り込まなければならない。

5　メドゥーサのまなざしは私の有限性を示す

メドゥーサのまなざしは彼女を見る私を石にする。しかし私が彼女を見ない限り、また彼女を一つの鏡像として受け取るかぎり、彼女のまなざしは危険ではない。では、いかにして彼女を見ずして彼女を倒すことができるか。いかにして彼女を一つの鏡像として捉えることができるであろうか。彼女のまなざしは、実際は私の終末を指示している私の単なる想像以外の何ものでもないのだ。石と化して死んでしまわないためには、この私の想像は鏡像のごとき虚構としてとどまるべきであり、存在として措定されてはならない。しかし身体的に存在しなければならない以上、私は私の存在から解放された純粋自我でも、実存的に巻き込まれていない無関心な観察者でもあり得ない。それゆえ、私は他者のまなざし、つまり私の想像が意味するところのものの存在措定を完全に停止することはできない。現に存在するためには、逆に私はメドゥーサを前にして自分の眼を閉じてはならないのである。私の傷つきやすい身体的存在を私の必然的な存在様式として引き受け、純粋自我のように自らの姿を隠して一方的に私を眺め、規定しようとする他者、つまりメドゥーサを世界の内へと引き出し、私の眼前に晒さなければならない。彼女を少なくとも、鏡で捉えることができなければならない。これに成功すれば、メドゥーサはいまや彼女の自身のまなざしか、私のまなざしによって石化するであろう。しかし彼女の強みは、純粋なまなざしとして自らを決して反省しない対自性にある。しかし自分が「醜い」者、身体的であることを他者のまなざしが鏡を通して知れば、彼女も自分自身の自己反省を通して石化するであろう。なぜなら「醜さ」はそれを見る者の前の手許存在を指示せず、それを見る者の無力な肉、つまり事実性を指示するからである。美しいものはそれに対して、美しいナルシスが水面に映った自らの姿のみを眺め続けたように、それを眺める者を指示しない。われわれは身の周りの手許存在に対するまなざしを排除して、もっぱら自らの事実性を反省することを身体の差し押さえと呼んだ。そしてメドゥーサの神話はこれを身体の石化として物語ったのである。

他者のまなざし、すなわち他者が私を眺めていることについての私の知識は、私に、他者によって規定される私の存在性、すなわち私の事実性を思い出させる。自己意識は自らの有限性についてのこの知識から生まれるのである。なぜなら、自らの限界と可能性を知る者のみが自己を意識するからである。

注

(1)　「人格」とは、彼の意思の主体であり、私の意思をも同時に実行する者として私が発見する者である。自己目的としての「人格」はそれに対し他の人格と出合うことはできず、またそれゆえ、他の人格とはいかなる関係も持つことがない。

(2)　フッサールが考えるように、もし他者がその本質的規定性に従って「身体的にわれわれの前に現われ（leibhaft vor uns da)」(Certesianische Meditationen, I.§50)、それゆえいかなる前兆もなく「そこに(Dort)」(op.cit. §53)立ち現われるなら、私は、ちょうど魔法の園にいるように、見知らぬ者である彼の突然の登場に絶えず驚かされなければならない。「他者は私のモナドにおいて現前的に構成される」(op.cit. §52)というフッサールの解釈にもかかわらず、この他者＝身体的出現という他者はどちらかというと「自然主義的」である。サルトルによれば、他者はそのまなざしとして場所を持たない。なんとなれば、他者は眼ではなく、私の「純粋な注意(pure monition)」(L'être et le néaut. p.336)であり、また一主観である。だが私も一主観であり得るためには、サルトルによれば、他者は私の対象でなければならず、それゆえ彼の身体をもって私の前に登場しなければならない(cf. op.cit. p.280)。では、主観として私は他者のまなざしの内に晒されるのか、晒されないのか。

(3)ここで自然とは、私によって手許存在としてではなく、すなわち目的論的・道具的にではなく、隠れた「根拠」として私を支えているものとして見出されるものをいう。本書第ⅠおよびⅡ参照。

(4)懐疑はここで権利的なものと事実的なものとに分けられなければならない。前者は自由な学問的態度であり、後者は自由のない神経症的態度である。そして日常性の本質は信頼という没懐疑性にある。学問的態度は日常性によって開かれた初源的な自由の内に成立する。

(5)私を支えている私の身体の親しみ深さは、他者を含む世界の親しみ深さに対応している。前者の変容は後者の変容をもたらし、またその逆の関係も成立する。

(6)鏡像体験についてのアンリ・ヴァロンの説明はきわめて啓発的である。自分の鏡像と自分自身を区別することができるためには、幼児は自分を他者たちの中で他者たちの一人の仲間として発見できなければならない。仲間たちの身体の間で幼児によって表象される幼児の身体は、幼児の鏡像に似た想像上の身体である。このような表象された想像上の身体からは、存在性(Seinhaftigkeit)が取り除かれなければならない。彼自身の鏡像を彼の象徴として受け取るということは、いま知覚していないものの実在性を認めることを意味する。アンリ・ヴァロン著『児童における性格の起源』(久保田正人訳、明治図書)一九八頁―二〇五頁参照。

Ⅷ　食と性における共肉性

1　食事

①　食べ物

食べることは極めて日常的な行為でありながら、というよりむしろそれゆえにこそ、その意味は哲学的にほとんど考察されていない。食と性といえばいかにも陳腐に聞こえる。しかしその現象学的考察は興味深いことを教えてくれる。

私の前の皿の上にのっている一片のステーキはいかなる存在者か。私の手中にあるフォークとナイフは取り寄せる道具と切断する道具としてこのステーキを指示し、ステーキはフォークとナイフを指示する。では、ステーキはフォークとナイフの道具的帰趨（Bewandtnisse）のうちに見出されるがゆえに道具であろうか。ステーキはしかし単に切断されるべきものとしてではなく、私によって食べられるべきものとして発見される。肉牛は食のための道具であり得る。ステーキはしかし食を可能にする単なる手段である限り道具である。ステーキは食糧として、あるいはカロリーを含有する何かとして、あるいは健康によいものとして、あるいは空腹を癒す任意の何かとして発見される限りでは一つの道具である。道具がその使用の目標と使用そのもののうちに隠れているのに対し、ステーキは切迫性をもって私の前に登場する。食べる者は当然のことながらいわゆる私の道具的身体としての私の手でも口でもなく、私自身以外の何者でもない。ステーキはナイフで切断されて肉片となり、私の口の中で噛まれ、飲み込まれる。私の口と歯はその際道具であるが、私自身は味わいつつある肉的身体である。ステーキはここで切断、捕取、咀嚼、飲み込み等といった食事を通して私の肉へと変化する。おいしそうに見えるステーキは、切断されるべきである限り、私が手に持っているフォークとナイフを指示し、私がまさに食べようとする限り、あるいは少なくとも私の食欲をそそる限り、私の肉を指示する。私の目の前の一杯のワインは私の輝く肉そのものとして、私の渇く肉を露わにする。

食べ物はこのように私の食欲をそそる対肉存在として、道具と肉（的身体）の中間に位置する。ステーキやパンを食べるとき、切断し、刺し、取る、噛む、飲み込むといった手続きは重要な役割を果たすが、プリンやジェリーや刺身は口の中でその形を失って私の口腔や舌に融合しようとする。それゆえ目の前のそれらは食事という手続き以前に既にそこでそれらであることをやめ、私の肉の一部になることを強く指示する。

② 食べること

刺身は私の口の中でその弱い抵抗と味で自らを現わす。この刺身の現われはしかし私の肉の対象、つまり対肉存在ではなく、むしろ味わいの内実、私の肉の自己開示そのものである。私は私の肉的な自己開示において規定され、触発されつつある自分に出合い、私の受動的・享受的存在へと自らを積極的に投企する。この投企は被規定性の積極的受容であり、ここで私の手や私の口などは私の道具的身体、すなわち食べ物と私の身体を肉化する手続きのための道具として見出される。被規定性の受容が耽溺に至れば、私の身体とその周囲世界は道具的帰趨性を失う。そのとき私は私の身体と周囲世界にくつろぎ、信頼し、周囲世界や他者に対して無防備になる。言い換えればくつろいで初めて私は己れの肉に安んじ、よく食べることができるのである。つまり危険な場所や敵意に囲まれては食べることはできず、食べても味はなく、吐き気をもよおす。そこで私は肉であることはできず、全身道具でなければならない。よく食べることができるためには周囲世界と他者を信頼し、くつろがなければならない。食べることは本質的に「共に食べること」(companion)であり「共に飲むこと」(συμπόσιον)である。母の懐にまったく身を委ね、母の乳房を口に含む乳児において、他者と世界への信頼のうちに食べ、飲むという共肉的存在の典型が見出される。なんとなれば、乳児は母の力強い、しかし柔かい懐に安んじ、母の肉を口に含む限り自らの存在を肯定できるからである。それゆえに発達心理学が教えるように、授乳を好まない母に育てられた子は自己肯定に問題をもつことになろう。

③　拒食

食べることは自らの受容的肉であることを肯定し、近くの他者を信頼してくつろぐことを意味する。もし他者を信頼して、他者とくつろぐことができなければ、私は無防備な肉であることを拒絶しなければならない。母とくつろぐことができない少女は母のように豊満で、受容的であることを拒絶し、自己の身体が女性的に変容していくことを拒絶する。彼女は食を絶って肉であることを止め、少年のように直線的にスマートで、できれば脱肉して天使のような純粋な精神でありたい。彼女は性的に「放縦」であり得ても、無肉的でありたいがゆえに決して献身的にはなり得ない。肉のない天使にはこの世に住む場所がない。拒食症の少女もまた自己に固有な「安らぎの場」を失い、「あたしは、あたしの場所から逃げ出そうと決心しているのです。世界の中のそこではなく、世界の外のどこか、どこでもないどこか——第一にわたしは身体をなくしたいのです[1]」という。彼女は肉であることを拒絶して世界＝内＝存在であることを止めようとする。

④　食人症《カニバリズム》と吸血症《ヴァンピリズム》

世界＝内＝存在は受動的で受容的な肉として隣りの他者を信頼し、自己の内密な場所に住む者でなければならない。デカルトは世界の存在に対する懐疑を心理的強制からではなく、自由な精神の資格から遂行した。権利の行使としての懐疑はむしろ世界の事実的《レアール》な存在と自己の肉に対する信頼を前提にしている。私が他者に私の肉を委ねているとき、他者は、母が乳児を腕と懐で支えるように私を支える限り、肉ではなく道具的身体でなければならない。母は乳児をどのように眺めるだろうか。母が乳児をほとんど肉として発見し、つい「食べてしまいたいほど可愛い」とつぶやいてしまうほど乳児は弱く、無防備で可愛い。乳児は乳児を眺める者の肉を指示している。指示する者に対する配慮そのものを排除するほどこの指示が切迫的で、強いとき、ここに食人症と吸血症が成立する。食人者の犠牲者の肉はそれを眺める食人者の肉を指示するのであるが、犠牲者が犠牲者の肉を享受する食人者の志向を、犠牲者の死によってか、あるいは愛の喪失などによって拒否して無効にするとき、食人者はその犠牲者を肉として食べることによってのみ自己の志向を遂行することができる。

食人者は彼の犠牲者と共に存在することはできないがゆえに、自己の肉に対する欲望は犠牲者の死に依存している。彼は彼の犠牲の支配者、すなわちその存在の根拠とはなりえず、むしろ犠牲者の死こそ彼の肉的存在の根拠なのである。彼は自己の肉によって支配されている者である。吸血者は吸血者の血という肉を指示する生者の肉に従属している。吸血者はその犠牲者と共に存在できないばかりか、犠牲者は自己の新しい犠牲者を必要とするがゆえに犠牲者とも戦わなければならない。

2　性性

①　見る

肉であることへの投企としての性もまた、食と共通の構造を持っている。しかしここではその共他存在（das Mit-dem-Anderen-Sein）が食の場合以上に強調される。共他存在はまず性的なものの想像と知覚に始まる。その哲学的分析はしかし宗教的、また世俗的抑圧ゆえにわずかしかなされていない。

女性の裸体を表象するとき、私において何が生じるのか。私はこの表象されている女性とは何もしゃべっていない。彼女は私を刺激しつつそこに立っているだけである。私が想像している彼女の美的な対象でも、科学的観察の対象でもない、また道具的でもない体は、私が肉的であることを露わにするものであり、私の肉の反射である。たとえ私の肉において享受的であろうとしても、すなわち受動的・被規定的であろうとしても、私は私の道具的身体をこの私の志向の遂行のための道具として扱わなければならない。肉的志向（肉になろうという欲求）の遂行において主題《テーマ》化されずに留まっている道具的身体は、私が知的であれ身体的であれ「労働する」とき、つまりS・フロイトのいう「現実原則」に従うとき、主題化される。そのとき、知覚は読書における視覚のように付随的にしか主題化されない。主題的に私は同時に肉的かつ道具的ではあり得ない。私が官能的・肉的であることを志向するとき、道具的身体をもって「冷めている」ことはできない。私の肉を指示し、反射する他者の肉的身体の前で、それが知覚されたものであれ、想像されたものであれ、私はこれを認識の対象のように、あるいは技術的な処置の対象のように眺めることはできない。

言い換えれば、たとえば治療処置の対象としての患者の身体のようなこれらの対象は、医師としての私の肉を反射しない。なんとなれば、ここで私の肉は主題化されないからである。有能な産婦人科医はどのように同時に情熱的なプレイボーイであり得るか。ポルノグラフィーを享受的に眺めることは肉であることを志向することであり、肉化しつつある自己の身体の肉性を反射するものとしてポルノグラフィーを眺めることである。研究者として解剖学の書物で同様の図を見ても、この際の私の身体は道具的であり続けるがゆえにその図は私の肉を反射しない。一つの知覚像ないし表象像が官能的・肉的に現われるか否かは、この像の「性格自体」にではなく、それを眺める者が置かれている情況に依存している。それゆえ「猥褻物」についての日本の現行刑法とドイツの旧刑法の一般的解釈は不条理である。日本の判例[2]によれば、猥褻性の構成要件は、

㈠「平均人を性的に刺激し、興奮させること」

㈡「これを見た者、あるいは読んだ者の羞恥心を刺激し、嫌悪の念を起こさせること」

であり、この二つの条件を同時に充たすことである。ところで、この㈠と㈡が同時に成立することは果たして可能であろうか。私が性的に刺激され、性的に興奮するとき、私の志向は主題的に肉的・官能的になり、私の知覚像と表象像は私の肉を反射し、それを享受しようとする。

このとき強い宗教的・道徳的禁圧下に自責の念を持たない限り、この知覚像と表象像に対して嫌悪の念を持つことはない。そして嫌悪の念を持つとき、性的興奮は生じない。はっきりした、あるいは隠喩的に性的な仕草で女性が私の日常的・労働的志向を中断しようとするとき、その仕草は私に嫌悪の念を生じさせる空しい誘惑、つまり見込みのない挑発となる。ところが彼女の仕草が性的に非常に強い魅力をもって刺激的であれば、私の「現実原則」は中断し、「快楽原則」が取って代わる。そのとき、嫌悪の念と刺激は一瞬の戦いを経て刺激が勝利し、嫌悪の念は消滅する。性的に興奮する平均人が肉的志向を有しているのに対し、その状況を表象する法律家はあくまでも労働的志向の内にあり、そこで平均人も嫌悪の念を持たなければならないと断定する。

②　見られる

見られる肉は見る者の肉を反射しており、見る者の認識の対象とはなり得ない。見られている者は、見る者の視線が見られている者の肉に反射して強化した見る者の肉的志向であることを知る。そしてついに、見る者の視線の内に見られている者の肉が反射していることを知るのである。ここに露見嗜好と露出嗜好の相互関係が成立する。サルトルは見ることは超越することであると考える。なぜなら、彼にとって見ることは見られる者を即自存在的対象として構成することを意味するからである。他者を肉として見ることはしかし、そこに自己の肉の反射を見ることであり、そのとき他者を「超越する」ことではない。肉的他者は見る者の肉を映す鏡であり、そこに彼は肉化した自己を見出すのである。肉的志向を有する他者のまなざしは、労働的志向を有する見られる者に嫌悪の念を生じさせる。彼のまなざしと仕草は見られる者にとって猥褻である。しかしここで見られる者が肉的志向を有するに至れば、見られる者と見る者の志向は、向かい合う二枚の鏡が互いを映し合うように、互いに映し合い、強化し合う。

③　性行為

強い肉的志向において道具的身体はもっぱら肉的志向に奉仕し、外界に対してまったく無防備になる。また肉的志向に浸っている私を労働的志向にある者が見れば、彼は嫌悪の念を懐くであろう。労働的志向を有する彼に対し、肉的志向に浸っている私はまったく無防備である。それゆえ性行為は秘められた安全な場所でのみよく可能となる。性行為におけるこの無防備性は周囲世界の意味合いの肉化を意味し、そこで知覚されるものは、フロイトがいうように私の肉を反射し、性的な意味合いを持つようになる。性的なものはついに他者との明確な境界と重さと個性を喪失するがゆえに、肉的志向において反省的に観察され得ない。性行為中の自己を労働的・道具的まなざしで「冷静に」観察することはできない。私は自分がそこで肉的に存在していることを知るが、なぜそうなのかは知らない。肉的情態性（fleischliche Befindlichkeit）において私は受動的に存在するがままにしている自己と出会う。私はここでは孤独な主観でも他者と融合している一般者でもなく、他者と出会い、他者への途上に在る者である。

3　性性の道徳的劣等性

プラトンが最高のイデアを善のイデアとして規定して以来、伝統的形而上学では善は欲求される限りではあるが存在と第価のものと見なされてきた。ここでより善いものはより完全な存在であり、より完全なものはより恒常に現前していると考えられるとき、官能的なものは無常であるがゆえに、不完全なものとして人間の霊魂に少ししか、あるいは少しも貢献しないものと評価される。なぜなら、人間の本質的な本性は恒常的に現前している理性的魂にあるのであって、無常な感覚的魂にはないからである。この心理学（霊魂論）に基づく伝統的自然法論によれば、魂の理性的本性に従う意思や行為が善である。

こうして低位のものが上位のものに目的論的に従うという存在の規範的段階論が生じる。自然法における自然（本性）は非人間的なものとも共通する自然ではなく、人間に固有な理性的な自然を意味している。「人間にとって自然である」とは、それゆえ「目的論的に適当な」の意に等しい。官能のごときそれ自体、非理性的な能力や行為は、ドイツ人がよく「食べなさい。これは健康に良いですよ」と言うように、それが身体的な、また精神的な健康の保持に役立つ限り、道徳的価値を獲得する。この自然法論は人間の能力を動物と共通なものと人間に固有なものとに分け、食と性は動物と共通の能力によるものとし、人間の動物と共通の能力は動物の例に従うべきであると主張する。この当為の演繹も不適当であるが、事実認識にも問題がある。なんとなれば、動物は健康の保持をめざしてではなくそのつどの直接的な衝動から餌を喰っているであろうし、また生殖をめざしてではなくそのつどの直接的な衝動から交接するからである（そうでなければ動物は人間以上に「理性的」であることになる）。

自然法論はつまり、自然法は人間は健康の保持のために食べ、生殖のために性交を行うべきであると命令していると主張するのである。しかし健康の保持と生殖は動物においては食と交接の意識的目標とはなり得ず、むしろこの結果であると考えるのが妥当であろう。この自然法論の基礎づけに貢献したトーマス・アキナスは、人間の性性は動物と共通な能力であり、生殖をめざす人間の性性のみが自然的であり、それゆえ善であると考える。そして「男同士の性交は自然に反する」(3) という。なぜここで彼は女性の同性愛について語らないのか。なぜなら彼はアリストテレスに倣って、精子が生殖の唯一の起動因であるのに対し、女の性性は生殖の単なる質料因、すなわち「材料」に過ぎないと考えるからである。女の同性愛はその意向において罪となり得る。しかしそこでは生殖に必要な能力が漏失することはないので、男の性交におけるごとき「悪徳」（peccatum）とはなり得ない。トーマスにとって男の同性愛、とくにその性交は重い罪である。なぜなら生殖は男女の性交によってのみ可能になるからであり、またこれが「すべての動物にとって自然である」からである。トーマスと、彼の影響を受けて今日もなお多くの支持者を有する自然法論は、動物にも同性愛があるにもかかわらず、「動物におけるように」同性愛を拒絶すべきであると主張し、動物が生殖をめざせないにもかかわらず、「動物におけるように」性交においては生殖をめざすべきであると主張する。雨が大地を濡らすことをめざせないように、交接は生殖をめざせないのである。伝統的な自然法論における目的論的自然理解は、アリストテレスの目的論を擬人化し、歪曲しているのである。

これらの問題の背後にあって、これらを規定している伝統的な存在理解と伝統的な人間論に触れよう。では、その存在理解がどのような道徳的意識をわれわれにもたらすのか。それによれば、存在と解される恒常的に現前するものは自らにおいても他者においても「理念」として、つまり思考作用と、その内容として、あるいは存在の他の能作の所産として「認識され」得、また道徳的価値として評価され得る。食欲や性欲の充足のごとき官能自体は享受する意識の内に秘められ、外部に表現されて認識されることはない。官能そのものは子供も作品も道具も創り出さない。私の官能は他者には決して共体験され得ない。つまり、決して措定され得ないのである。措定され得ないものは非存在である。したがって無価値もしくは反価値である。

道徳と法律とが分離していない社会では官能という名の、人民の措定され得ない領域が抑圧されて、人民は権力者によって「完全に」弾圧される。ヴィルヘルム・ライヒのように人民の自由はその官能にあると考える者は、人民の自由の実現を官能の解放に求める。体制化した権力は人民に禁欲（「現実原則」）を押しつける。ライヒのいう自由は単なる反権力を意味するに過ぎない。

ところで、われわれにとっては人間は官能において自由であるか否かが問題であるのではなく、非措定的なものとしての官能が伝統的道徳論、そして逆説的であるがこの影響下にある「人民社会主義的」社会のイデオロギーによれば罪であり、反革命的であると解釈されているということが問題なのである。非措定的なもの、無常なものは認識と行為の恒常的な対象にならず、またこれを保障もしない。それを保障するものこそ善であり、価値あるものである。人民がその意識においても身体においても残りなく対象化され、全面的に統治され得ることが全体主義的政治においては善である。存在とは恒常的に現前しているものであるという存在理解に支えられている宗教、道徳、政治において、食と性はそれ自体では無価値なものとしてしか評価されない。人間には理性的本性と動物と共通の本性があるというトーマスの人間論によれば、言語と思考以外の食、歩行、性、感覚といった人間の能力のすべては動物と共通の本性に属する。生殖をめざさない性交、つまり避妊を伴う性交が不自然(contra naturam)であれば、トーマスによれば、足を用いない身体の移動、つまり技術的交通手段の使用も不自然でなければならない。ところが人間における性交は、言語や歩行と同様、人間の文化社会で適当な時期に教育されて初めて可能になるのであって、動物の交接とは本質的に異なっているのである。

人間の性性は人間における動物と共通の本性ではなく、人間に固有な文化的な行為である。ヘルムート・プレスナーやアーノルド・ゲーレンが指摘しているように、人間の能力を単に生物学的なものと文化的なものとに分けるとき、人間に固有な統一的な本質が見失われる。プレスナーによれば、その「脱中心的な定位性」(exzentrische Posisionalität)によって常に自然的中心を外れており、つまり「常軌を逸して」(exzentrisch)おり、それゆえ均衡を失っており、文化という新しい自然(本性)を人工的に創り出して初めて均衡をわがものとすることができる。[4] 人間が考え、行うことはすべて常に人間的であり、文化的である。伝統的人間論に従ってゲーレンは、人間の自然における特別な位置を人間の自然的な欠陥の人工的・知的超克によって説明している。[5] しかし見方によっては人間の「自然」は動物と比較して全然劣っていないのである。実存的均衡の喪失はその欠陥性にではなく、プレスナーがいうように人間的投企の脱中心性と節度の喪失による。どのようにしてわれわれは、われわれ自身の志向を人間的なものと、われわれには不明な動物的なものとに分類できるだろうか。これまで見てきた自然法論による行為理論は、その問題のある生物学と人間論に従って人間の肉的存在の有する存在論と現象学的に興味深い実相を看過してしまった。

注

(1) 倉橋由美子著『どこにもない場所』倉橋由美子全作品第二巻、新潮社版、一九七五年、二二六頁。

(2) 大審院判例一九一八年六月十日。

(3) Thomas Aquinas : Summa Theologiae. II, I, Q.94, art 3, rar 2.

(4) Cf. Helmuth Plessner : Die Stufen des Organischen und der Mensch, Einleitung in die philosophische Anthropologie. 3. unveränderte Auflage. Walter de Gruyter, New York 1975.

(5) Cf. Arnold Gehlen : Philosophische Anthropologie und Handlungslehre. Vittorio Klostermann, Frankfurt 1983.

IX　想像力はいかにして認知および行動を誘導するか

1　知覚を誘導する想像力

想像力はその伝統的な解釈によれば、現前していない対象を表象することを意味する。「認識」が存在者の現実に関わる精神の真の力として理解される限り、想像力はプラトン以来のファンタジアのように少なくても認識論的には低い評価を受けざるを得ない。これに対してカントにおいては超越論的構想力は感性と悟性を媒介するという積極的な役割を果たしている。もっとも、超越論的構想力はこの際、既に成立している直観と悟性を仲介することはない。直観は、超越論的構想力が既に感性と悟性を媒介してしまったもの、すなわち知覚としてのみあるからである。そして知覚はカント的意味での直観におけるように、今現に存在する対象に対して受動的・受容的なものに常に留まっているのであろうか。いかなる知覚が一体、そのつどの今において成立し得るであろうか。

まずここで、知覚は「瞬間的には」成立し得ないということを確認しておかなければならない。このことを具体的に見てみよう。知覚対象を明瞭に見分けることができる知覚が成立している視野は非常に狭い。図1が示すようにこのような視野は四度ぐらいしかなく、私の視線の対象としての、私の直ぐ前に立っている者の顔を「瞬間的に」はっきり知覚することはできない。その顔全体を見るためには、図2が示すように、私の視線を相手の一方の目から他方の目に、他方の目から鼻へ、鼻から口へという具合に時間的経過の内に移動させなければなら

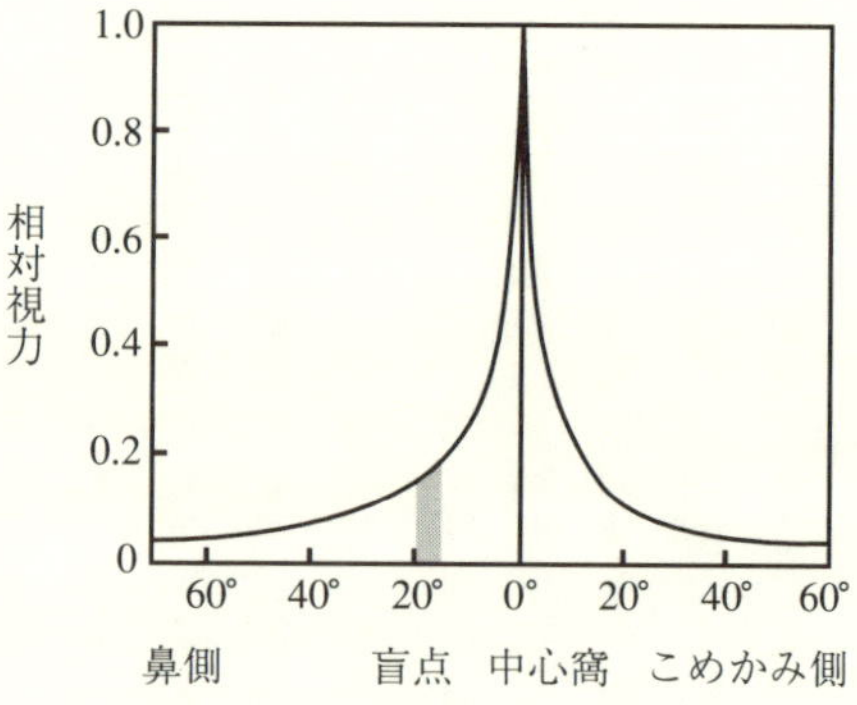

図１　網膜上の中心窩を離れると視力は急速に減少する。瞬間の視野は意外に狭い。
出典＝ホッホバーグ「知覚」（岩波書店1966）

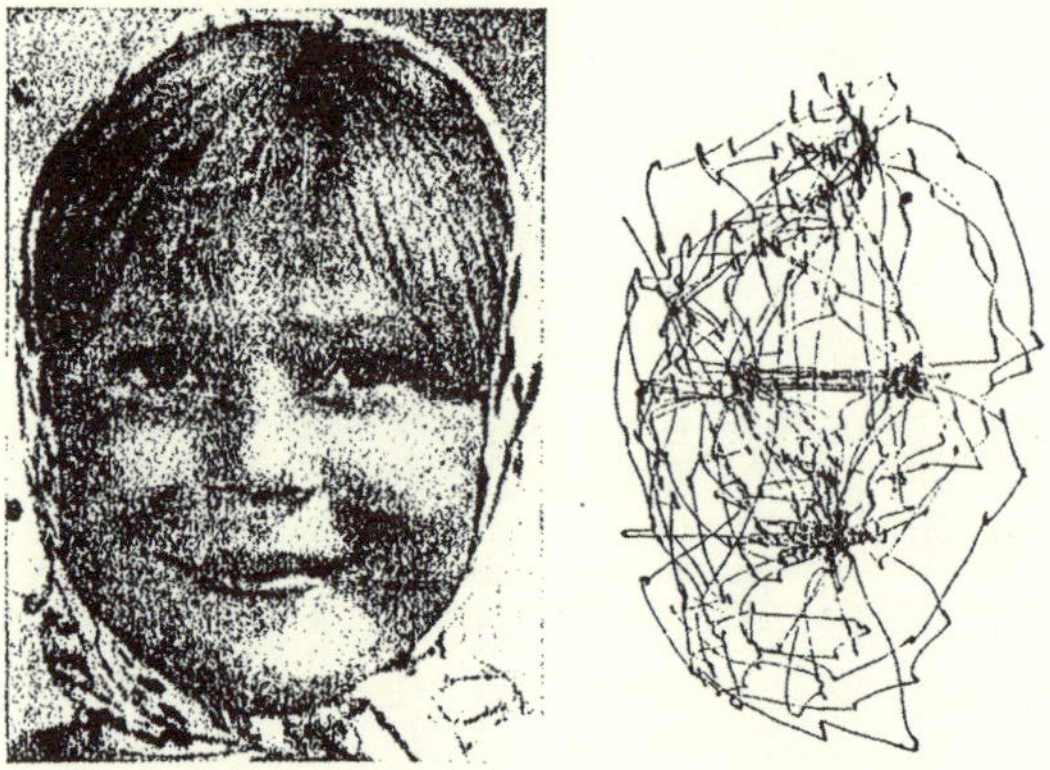

図２　右は左の児童の顔に対する３分間の視線の移動の軌跡
出典＝A.L.Yorbus：Eye movement and vision. (trans.by.L.Riggs). Plesman Press 1967

ない。私は、ある長さの文を読むときのように、一定の視角をもって現われる相手の顔をモザイク風に、また継続的に眺める。では一体、私はその顔全体をいつ視るのであろうか。私は顔全体を一定の時間的広がりのうちに知覚する。言い換えれば、顔全体の知覚は一定の時間を必要とするということである。すなわちこの知覚は、顔の一部のちょうどいまの知覚像と、顔の他の部分の既に知覚した、いま想起される想像的な像と、顔の他の部分のこれから知覚すべき想像的な像との統一として成立する。また、これらの想像的な像自身も瞬間的には成立することはなく、対象であるその顔のいままさに表象しつつある想像的な部分像と、既に表象した想像的な部分像と、これから表象すべき想像的な部分の統一として成立するのである。なんとなれば、一定以上の視角を、つまり約四度以上の視角を占める像を瞬間的には想像的にも表象できず、眼を閉じて想像的な視野に対する私の想像的な視線をあちこち移動させ、そのような想像的な像を表象しなければならない。私は一定以上の視角を占める対象を瞬間的には夢の中でさえ「視る」ことはできないのであり、それゆえ何かを夢見るためには私の眼（球）を動かさなければなるまい。要するに、知覚も想像も瞬間的には成立し得ないということである。

私がまさにいま表象している想像的な像は明瞭であり、これから表象するであろう想像的な像はそれに対して多少なりともまだ不明瞭であるが、空虚ではない。フッサールは、これから表象するか、知覚する想像的な像を表象することを「プロテンツィオーン」（予期把持）と名づけ、既に表象し、もしくは知覚した、いま想起される想像的な像を表象することを「レテンツィオーン」（再把持）と名づける。[1] 知覚されている側が知覚されていない側の様相を指示することによって成立する共知を、フッサールは「対象の知覚的射映」[2] と名づける。まさに知覚されている側についての知とともに与えられる隠れている側についての知は、概念的なものでも記号的なものでもなく、想像力そのものである。知覚的射映はしかし、フッサールの考えるように知覚対象のまだ知覚されていない他の側にばかりではなく、知覚されているこちら側にあるまだ知覚されていない部分にも当てはまる。こちら側の他の部分を私はいま視る。こんどはその他の部分が隠れる（射映の内にある）。相手の右眼を私はいま視る。このとき左眼はまだ視ておらず、隠れており、想像的な像として予想されている。もっとも、右眼を視ているとき、図１からも分かるように左眼は周辺視によってぼんやりとは把えられている。それゆえ想像的な像はこの周辺視と重なっている場合が多い。

私がいままさに知覚している像はかつてはまだ想像的であったし、当時の知覚像によって指示されていた。いまの知覚像は次の瞬間に知覚されるべきである想像的な像をいま指示している。知覚像はこうして想像的な像を

図3

伴い、この想像的な像は次の瞬間には知覚像となる。この指示という機構をO・ゼルツは予期図式（das antizipierende Schema）[3]と名づけたが、これをわれわれはここでは予期把持的《プロテンツィオナール》な想像力と呼ぼう。志向の一種である知覚は常に予期把持であるこの図式を伴っている。このようにしてフッサールのいう再把持、志向《インテンツィオーン》、予期把持は相互に指示し、支持し合い、「共存の諸統一」（die Einheiten der Koexistenz）[4]を成している。というよりむしろ、これらは志向において総合されているといわれるべきだろう。そしてそのつどの知覚において、「不明瞭」ながら再把持的想像力と予期把持的想像力が統一されている。

触覚と聴覚が一定の時間において継続的にのみ、すなわちそのつどの感覚と、想像的・再把持的表象および想像的・予期把持的表象とから成立することは自明の事柄である。一つの壺についての触覚は、以前に触った想像的部分、私がまさにいま手に支え、触れているまさにいま成立しつつある知覚的部分、およびこれから触る想像的部分の時間的に総合された像である。知覚の想像的性格は聴覚においてより一層はっきりする。なんとなれば、聴覚の「最小の要素」（W・ヴント）のごとき聴覚的に瞬間の部分なるものはそもそも決して与えられ得ないからである。すなわち一つのメロディーや一つの語句は常に全体として一つの想像的に総合された像である。図3に示されているこのメロディーを私は一定の時間においてのみ知覚する。もしここで第二番目の八分音符なる一つの音がまさに「一つの音」として一つの意味ある知覚像であれば、そのとき、このメロディーの他の部分は私が既に聴いた、あるいはまだ聴いてはいないがいま直ぐ聴くであろう想像的な音である。つまり私は次の瞬間に聴くであろう音をかの予期図式によって想像的な音として「聴く」のである。慣れや才能によって想像的な音として「聴く」のである。慣れや才能によって予期図式が強化拡張すれば、一曲全部（あるいは何曲でも）を想像する（「暗符する」）こともできる。空間的認知である視角では予期図式と周辺視覚は共存し得たが、時間的認知である聴覚では予期図式は働くが、周辺聴覚というものはない。

さてところで、この八分音符は聴覚的に最小の要素であろうか。そういうことはない。これさえも一定の時間に与えられ、それゆえ想像的な部分とともに成立するのである。音というものは短いものであっても常に「連続するもの（Kontinuum）」（フッサール）であり、一つの知覚的・想像的統一として与えられる。

知覚ないし直観は外の世界に対して機械的・受容的であり、想像力はそれに対し外の世界から自由であり、それだけ能動的であるという伝統的な理解は心理学的・哲学的虚構である。知覚と想像力は共に多かれ少なかれ受動的かつ能動的であり、また常に総合の内に、しかも時間的・脱自的総合の内に与えられる。

2　行動を誘導する想像力

視たり、聴いたり、触れたりする際、常に事前と事後に、想像的・予期把持的な、また想像的・再把持的な世界が与えられるがゆえに、私は私が次の瞬間、何をいかに視、聴き、触れるかおよそ知っている。この想像的な世界なしに知覚そのものの基礎は与えられない。なぜなら世界は受動的にかくかくあるがままに知覚されるごとき事実としては与えられず、再把持と予期把持においてかくかく指示された、可能な、それゆえ私の興味をかくかくそそる、配慮されるべき想像的な世界として常に既に与えられているからである。

この想像的な世界の枠をわれわれは「世界図式」と名づける。世界図式はつまり常に既に「現実的な」知覚に先立って与えられており、知覚にその成立根拠を与えているものである。最も基礎的な図式は当然カントが問題にする超越論的図式であり、これが経験的図式と知覚の可能性の条件をなすのであろうが、そうでない大半の図式は、後述のように、それらに先立つ知覚を通して作られるものである。この図式を欠く私の感覚は死んだ写真機や録音機のように何も語らない。私は視ることなしに、私の机の引き出しの中のもの、本や家具の位置、私には馴染み深い都市の様子などを想像的に表象することができる。ではこの世界図式に障害が生じれば、世界は一体どのようになるであろうか。真暗な、しかしよく慣れた空間にある階段を私はどのように降りるだろうか。私はこの際、この階段が幾段からなるかをよく知っているので、段を数えながら降りる。このようにして私はまだ何段残っているかを知り、落ち着いて降り、最後の段でつまずくことはない。明るい大地を歩くとき、歩くことのできる大地の存在については前もって「知っている」ので、これを目でそのつど確かめることなく気楽に歩くことができる。この予知は想像的像を伴う。将来についての知であり、期待であり、信頼である。つまり予期把持である。このように私の行動は私の予期把持的世界を前提としている。私は行動し、各瞬間、多分、次の瞬間も存在しているであろう新しい想像的な世界の中へと踏み込む。それは視ることはできないが、既に知られ、信頼されている、つまり予期把持的・想像的な世界、世界図式によって開かれた世界である。

次に世界構造の変容と名づけるべき若干の奇妙な「病理学的」事象について調べてみよう。たとえば半側視空間失認症の患者は視覚そのものには障害は認められないにもかかわらず、彼の視野の片側（左もしくは右）の対象の存在を無視する。彼は彼の前にある皿の（無視していない）片側の上にある食物にのみ手をつけ、廊下や道路の片側のみに沿って歩く。神経医はこの障害を視覚刺激を空間的に総合することの障害として説明している。この患者は正常な感覚、正常な運動能力を有しながらそれらを意味ある行動へと統合できない。では、これは空間的総合の障害によるものか。神経医は空間的総合が何を意味するかは説明しない[5]。

有意義に行動し得るためには、私は自分の身体そのものを常に「知覚し」ていなければならない。たとえば私の左耳を私の左手で摑むことができるためには、私は私の左耳と左手がどこにあるかまず「知って」いなければならない。それらを見つけ出すことができるためには私はそれらに対して前もって方向を定めていなければならない。自己の身体に対するこの内的方向付けは身体の想像的図式に基づいて遂行される。ここでわれわれはこの図式を身体図式と名づける。(6)私の左の腕を「視ること」なしにそれをどうして挙げることができるのか。私は前もってそれの想像的図式を持っているがゆえに、それらを視ることなしにピアノを弾くことができる。望めば彼はそれらを正確に表象することもできる。彼はしかし、それらを表象することなく弾くのである。

行動するため私は普通、自分の身体をほとんど表象することはない。一定の行動に慣れてくるとこれの身体図式はそれだけ堅固に、そして目立たなくなって志向の底に根を下ろす。義肢体や道具も自分の身体によく馴染み、その機能を発揮し、その存在が目立つことなく、ほとんど気にならなくなれば身体図式に統合されることがある。道具が自己の身体に統合するという現象を物の受肉と名づけてもよい。(7)かくて自己の身体図式と世界図式に対する信頼の内に日常世界が開かれる。

では、身体図式に障害が生じれば世界はどうなるであろうか。身体図式の欠陥に原因する症状に関する神経医学の報告は極めて興味深い。身体否認の患者は感覚および運動器官には障害がないにもかかわらず、医者に指摘された自分の身体の部分を（障害の程度に応じて）指し示したり、動かしたりできない。半側身体否認の患者は該当する自分の身体の部位（多くの場合は左半側上半身）の存在を無視（もしくは否認）し、その部位があたかも存在しないかのように振舞う。彼は衣服の左側を正しく着ず（左の腕を左の袖に通さない）、顔面の左半分の髭を剃らない。彼の左腕をさして、「これは何ですか」と医者が尋ねると、「これはUさん（軍隊時代の部下）の手を借りているんです[8]」と言い張る。この患者はつまり自分の左腕を視ようと思えば視ることができるのである。医師がそこを刺激すれば痛がる。彼はしかし彼の左側の上半身が何を「意味する」か理解しない。彼は左側上半身なしに生きている。たいていの場合、半側身体否認は半側視空間否認を伴う。こうして彼の身体と視野の左半分は魔法にかけられたかのように消滅している。これは単なる感覚に「高次の意味」を賦与している総合的機能の障害によるものである、と神経医は主張する。これに対して、これは世界図式と身体図式の一部喪失、すなわち想像力の喪失によるとわれわれは言おう。

3　幾何学を誘導する想像力

私は算盤《そろばん》を実際に手にすることなくそれを「頭の中に」はっきり表象し、その想像的な算盤を想像上で素速く操作することができる。この際、算盤の珠の配置具合を実物のようにはっきり表象する。これらの想像的な珠は一定の数を示すべき象徴でも記号でもなく(デジタル表示ではなく)、私の想像の明瞭な対象として私に対置している想像的像(アナログ表示)である。私はどの瞬間でもこれらの想像的な珠の動きを止めて、それらの配置を読み取ることができる。このような想像的な像は練達の将棋士にも与えられる。将棋士は外界から「解放された」将棋の想像的な像によって将棋をさすこともできる。この自由な像はしかし規則を持った明瞭な対象として想像力のうちに与えられるのである。

「純粋直観」の対象としての空間の表面積の測定や計算のごとき幾何学的計算それ自体は、カントによれば悟性の働きである。幾何学の「代数化」においてはとくにこのことが当てはまるであろう。たしかに一定空間の表面積は権利的《デ・ユーレ》には(理想的には)幾何学的法則に従って計算され得るであろうが、[9] 実際《デ・ファクト》には空間的形態についての視覚との共同、とくにこれらについての想像力との共同が必要である。

たとえば図4で示されている図形の面積を私はどのように計算するか。そのためにまず図5に示されるような想像的な三角A'B'C'を表象し、その面積を計算し、これを基にして図4の図形からこれを取り除いた部分に、これを加える。これが答えである。さて、ここで直線A'B'およびA'C'はこの問題では表象されるべきものとしては直接与えられていない補助線である。これらは想像的なものであり、私が計算手続きのため想像力を持ち込んだのである。

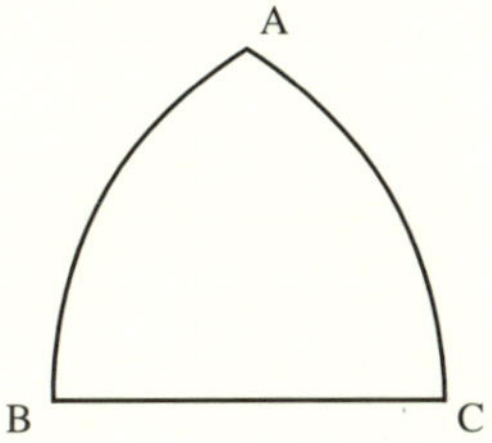

図4

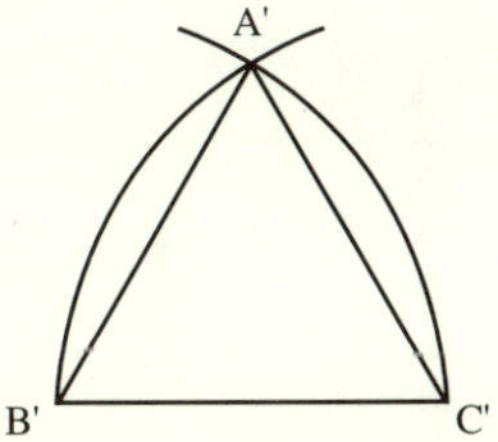

図5

当然のことながら知覚と想像力との間にどのような違いがあるのかという素朴な疑問が生じるであろう。想像的な像はどこに与えられるのか。想像的な空間にか。この空間は認識と関係があるのか。

私は、いま図4を一つの知覚されるべき像として捉えているが、この像が本来数学者の想像にのみ与えられて、知覚されることのない幾何学的・想像的像の一つの単なる投影された模写にすぎないということを知っている。本来なら一つの想像的図形である図4の面積を求めるため、私はここにさらにより想像的な図形である三角形A'B'C'を表象するのであろうか。そして、この図形の地としてこれよりさらに想像的な空間が想定されるのであろうか。それとも、これは「純粋直観」に与えられる「純粋空間」なのであろうか。カントによれば、純粋直観の純粋形式こそ幾何学の正当な対象である。それに対し私は一定の図形、一つの想像的な図形を表象し、この図形によって計算手続きを実行するのであり、純粋直観の一形式によって幾何学を始めることはできない。幾何学の作業に際し、私は課題の対象をなしている定まった具体的な図形を表象し、次に私の想像力に従って有用な補助線を引くことによって課題解決に必要な想像的図形を表象する。

すべてのこれらの図式や補助線は想像的であり、「経験的」である。いかにして私は一つの三角形の「一つの純粋形式」、すなわち任意の大きさを有する一つの純粋三角形を表象し、このような純粋形式で幾何学を遂行できるであろうか。私が幾何学を遂行できるのは、想像的図形が感性的直観の対象として知覚される図形にも、また純粋直観の対象としてのその純粋形式にも妥当すべきであると考えているからなのか。純粋直観とは何であるのか。われわれはここで単に、「純粋形式」の幾何学的認識のための手続きにとって想像的な空間が表象されなければならない、と言っておこう。ここで問われているのは、想像力と認識手続きの関係[10]についてであって、幾何学の手続き一般の可能性のアプリオリな条件の何であるかについてではない。

4　知覚と想像力を形づくる図式

物は一体、なぜ一定の形象をもった個物として知覚されるのであろうか。一つの三角形はなぜここに与えられている諸線分の単なる集合としてではなく、まさに一つの三角形として知覚されるのであろうか。図6に示されている図形は一見してなぜ一つの円形と、これに一部重なっている一つの三角形として知覚され、図7に示されている二つの図形の接合図形としては知覚されないのか。これに対する答えは、以下のようになる。

(1)　円形および三角形は各々固有のイデアによって成立しており、主観はこのイデアを認識する。
(2)　対象世界それ自体はカオスであり、主観はこれに円形および三角形なる概念を押し付ける。
(3)　知覚は「よい《プレグナント》ゲシュタルト」において成立し、円形および三角形はまさにそれであり、図７に示されている図形はそれでない。
(4)　「よいゲシュタルト」が知覚される根拠は自然そのものの内にある。

さて(1)についていえば、図７に示されている図形を成立させているイデアもあり得るのに、これらはなぜ「認識」されないのか。(2)では立法者たる主観がなぜ一定概念を対象に押し付けなければならないか不明である。主観はむしろ一定概念を押し付けられているのではないか。(3)では良いゲシュタルトと悪いゲシュタルトの区別が不明である。(4)ではこの主客同型説は(1)におけるイデア的主客一致説と同様、ほとんど何も説明していない。もちろん、これらすべてが完全に誤っているわけでもない。

曲線と直線を知覚的に区別できなければ、線分をそれより短い線分の寄せ集めとしてではなく、一つの統一的

図６

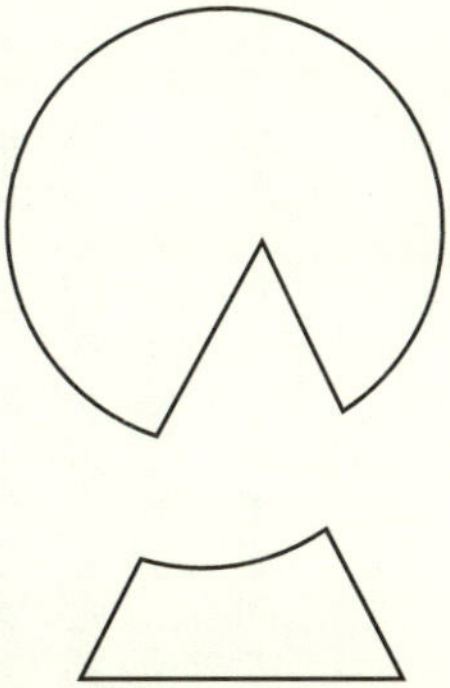
図７

図8

な線分、つまり一つのゲシュタルトとして知覚できなければ、さらに図3中の三連音（図8）が一つのゲシュタルトとして知覚されなければ、物を摑むことも、文字を読むことも、ひとの顔を見分けることも、言葉をしゃべることも、音楽を聴くこともできない。

まずここで強調しておくべきことは、これらの区別やゲシュタルト知覚はそれらについての概念を何ら必要としないということである。知覚するということはその対象について意識し、かつそのような自らを意識することであるが、基本的なゲシュタルトは知覚が成立すると同時に既に知覚に押し付けられており、したがってゲシュタルトの成立は知覚という志向の分析を通しては説明されない。これまでの考察は、日常生活におけるあれやこれやの具体的な様式は習熟によって獲得され[11]、これらを想像させる諸図式も習熟によって形成されることを示していた。つまりほとんどの世界図式も身体図式も習熟によって形成されたものである。この習熟には言語が大きな役割を果たすこともここで指摘しておきたい。では、習熟という日常的経験を可能にするであろうような基本的ゲシュタルト図式の押し付けはいかに生ずるのか。志向に押し付けられるというこのアプリオリをどう解釈するべきか。神経生理学者は、神経組織に一定の時期に加えられる一定の刺激が基本的な知覚図式を形成する、と言う[12]。それゆえ、この時期を逸して初めて視覚を獲得した者にとっての視覚世界はカオスであるという。これらよりさらに基本的な図式はもちろん私の存在の事実性として与えられており、この事実性を土台にして、次に基本的な図式は世界の内にあって私の歴史として生成するのである。

5　結論

構想力と感性的直観の相違についての伝統的な考えおよびカントの考えによれば、構想力は感覚には与えられていない像を表象する力を有するが、感性的直観はそのような力を有さず、存在するものについての感覚の内に受動的に与えられる。すなわち、構想力は外的世界の因果関係から解放された心の能力である。では、実際にも構想力はそのように自由で、感性的直観はそのように受動的なのであろうか。感性的直観は外的世界が示すものを本当にそのように受動的に、拘束力をもって告げるのであろうか。われわれはこれまで知覚ないし感性的直観がいかに外的世界によってのみならず、想像力および図式によっても規定され、誘導されるかを見てきた。

次にわれわれは、ここで想像力はいかに「自由」であるかという問いにぶつかる。私が私の眼前の顔をまさに顔として知覚できるのは、私は常に顔の像の図式を持ち、多くの場合、そのつど前もってこの顔に対して想像的な視線を走らせているからである。あたかも世界の外に立ち、世界から自由な向う側から世界を見下ろすかのように、私のこの想像的な視線が無条件に走り回ることはない。顔の像から加えられる刺激（網膜上の像といってもよい）が直ちに（すなわち図式の関与なしに）顔の表象をつくることはない。言い換えれば、私の感覚が私の表象を一方的に規定することはない。私は表象すべき何かを最初の瞬間にか、あるいは前もって一つの顔として受け取り、私のこの想像的な視線をこの受け取りに基づいて顔として表象されるべきものの上に走らせる。想像的な視線の軌跡は多かれ少なかれ自由な、また「悟性」によって制御可能な「先駆的な」受け取りによっても規定され、その結果、対象は想像的な視線の軌跡の構造によっては異なって知覚される。このことはゲシュタルト心理学的実験が雄弁に示すところのものであり、またわれわれの図7に示されるごとき図形としても知覚し得る根拠でもある。[13]

私の先駆的受け取りは、私が今かように理解された世界へと自らを投企し、かように存在し得るということを意味する。世界はしかし、常に私の存在の事実性と既に成立している私の世界了解とによって規定されつつ開示される。そしてこの事実性と世界了解は私の環境世界の意味をほとんど一義的に規定している。この「ほとんど一義的に」とは何を意味しているのか。なぜ私の世界了解は一義的で恒常的であり、他者のそれと同様であり得るのであろうか。そしてその結果、なぜ私は私と他者がほとんどの場合、一つの共通の環境世界を視ているように受け取っているのであろうか。私が知覚する環境世界と私の想像力は、私がかような世界の内に事実的に存在するがゆえに規定されている。そしてこの規定性は、私が自らを「常に一貫して」投企し、他者と「同じように」投企しようとするがゆえに「不変性」と「一般性」を有する。環境世界の「恒常性」と「客観的本質性」といった世界了解は、ひとと同じように考え、しゃべり[14]、ひとと同じようにあろうとする私の自己投企の一般性（という自己了解）にその基礎を有する。それゆえ、私に固有な自己投企というものが考えられるとき、あるものについての私の受け取りと私の想像力の構造は、私に固有な規定性をもった様式を示し得るであろう。そのとき、世界は私に固有な意味合いをもって開かれるであろう。

注

（1）Edmund Husserl: Logische Untersuchungen. I. Bd. I. Teil. Max Niemeyer Verlag, Tübingen, p.358. Ideen. I. Husserliana Bd. 3, p.145, 149f, 236.　想像的な像はプロテンツィオーンやレテンツィオーンの一種で、これらに含まれる。

（2）Logische Untersuchungen. II. Bd. II. Teil. p.58.

（3）Otto Selz : Über die Gesetze des geordneten Denkverlaufs, Eine Experimentelle Untersuchung. Erster Teil. Stuttgart, 1913. p.114ff, 128.　ゼルツによれば、知覚されるべき複合体全体は予期図式に基づいて前もって産出しようとする傾向を有する。たとえば、私は「メロ…」と聴けば、この時点で次に聴くであろう「ディー」を想像的に聴くのである。この図式論は今日の認知心理学で自明のこととして承認されている。cf. Ulrich Neisser : Cognition and Reality, Principles and Implications of Cognitive Psychology. San Francisco, 1976.　これに対し、カントにおいて知覚の予取（Antizipation）は、経験的に認識され得るものが前もって先験的に認識されることを意味する。Kritik der reinen Vernunft. A 166.　ここでわれわれは先験的なものには触れない。カントは感性のすべての対象の純粋像（das reine Bild）は時間であるというが（Kr. V. A 142.）、感性の時間性はしかしこの予見においてより一層はっきりするであろう。ハイデッガーはこれを図式のVorblick（予見）と呼ぶ。cf. Martin Heidegger : Kant und das Problem der Metaphysik. 3. Aufl. Frankfurt am Main 1965. §20f.

（4）Edmund Husserl : ibid. I. Bd. I. Teil, p.358.

（5）久保浩一「視空間失認」精神科　MOOK No.1.　失語・失行・失認、金原出版、一九八二年、八三―九一頁参照。

（6）神経医P・シルダーが身体図式という言葉を使用した。cf. P. Schilder : Das Körperschema, ein Beitrag zur Lehre vom Bewußtsein des eigenen Körpers. Berlin, 1923.　メルロ＝ポンティはこの概念を身体的現存在の「世界に向かう存在」（L'être au monde）、すなわち身体と世界の親密な相互関係性を強調するためによく用いる。cf. Maurice Merleau-Ponty : Phénoménologie de la perception. Paris, 1945.　とくに p.268ff.

（7）物の受肉とはここでは、道具的な物が道具的によく働く身体に統合することを意味する。これに対しサルトルの言う受肉は道具的身体が肉的・官能的身体に変容することを意味している。cf. Jean-Paul Sartre : L'être et le néant. Paris, 1948. とくにp.464ff.

（8）久保浩一「半側身体失認」前掲書、一一五―一一九頁参照。

（9）このことは空間のこのような形式が存在するか否かに関係がないとカントは言う。cf. A223f.

(10) 想像力が新しい科学的発見や技術上の発明のきっかけになるといった想像力の「創造的役割」については多くの報告がある。たとえば、ガウスは寝床の中で正十三角形の作図法を編み出した。フレミングのペニシリンの発見やワトソンとクリックのDNAの二重螺旋構造の発見は有名である。「パターン認知」は多くの科学分野や技術分野でなされている診断、判断、分析等に必須である。たとえば、EEG、EKG、腫瘍による組織の変化を直ちに鑑定するためには、医者はそれらの図を前もって「頭の中で」想像できなければならない。近代天文物理学の発展に果たした想像力の役割については、cf. Michael Polany : Schöpferische Einbiedungskraft. in : Zeitschrift für Philosophische Forschung. Bd. 22. 1968.

(11) 随意運動図式の獲得については、本書IV参照。

(12) ブレイクモアとクーパーの仔ネコを使った実験（一九七〇年）では、垂直方向の線だけで構成された視覚環境で飼育された仔ネコは、その後、そうではない視覚環境でも垂直方向の線にだけ反応した。cf. C. Blakemore, D. E. Mitchell : Environmental modification of the visual cortex and the neural basis of learning and memory. Nature 241, 467-8 (1973). 本稿図6に示されるような一定方向の傾きを持つ線状刺激によく反応する細胞が哺乳動物の知覚受容野にはあるという。cf. D. H. Hubel : The visual cortex of normal and deprived monkeys. American sciense 67 : 532, 1979. われわれの神経細胞には直線にはとくに強く興奮するものがあり、これがないと曲線と区別ができなくなる。このことを認識の生物学的アプリオリというべきであろう。生物学的アプリオリである直線という知覚図式は、図式の中でも最も基本的なものである。

(13) 図6を隠し絵として眺め、三角形と円形の他に「隠れている図形はないか」という概念的命令に従い、直接的な知覚所与に抗うこともできる。図7は受け取りの意識的変更によるものである。つまり知覚するという行動は、瞬間的に予期する図式のみならず、目標を実現しようとする意図ないし見込みをも必要とすることもある。この意図や見込みがどれだけ「概念的」でなければならないか疑問である。なんとなれば、かなり進行した失語症の患者も（概念を持っていないのか?）、人間的に意味ある行動を示すからである。この意図、見込み、受け取りは「前論理的」（メルロ=ポンティ）

でもあり得るのである。受け取りは図に対する視線の偶然的な軌跡パターンによって定まることもある。たとえば「ルービンの図形」および「若妻と義母の図形」に対する視線の軌跡のパターンによって、図形は違って見える。cf. N. Sakano : The role of eye movements in various forms of perception. Psychologia. 6, 215-227. 1963.

(14) 言語と想像力の関係はそれ自体、一つの大きな、そして興味深い問題である。私は言語共同体に投げ入れられ、これが与える一定の、一般的な世界了解を強制される。私の思考と想像力は言語によって自らを開示し、また隠蔽する世界に根を下ろし、また漂う。

X　確実性——哲学の仮象の問題

1　形而上学の根本的動機——真なる存在者の探求

ニワトリは自分の鏡像を自分の仲間として知覚する。自分の属する集団で最下位のニホンザルは自分の鏡像を自分の仲間として知覚し、これにマウンティングされるため自分の尻部を鏡像に向けて押しつける。彼らにとって鏡中に発見される対象は「実物」と同様の現実性を有する。これに対し、一歳足らずの人間の赤ん坊は鏡像の非現実性を、知覚された「実物」の現実性から区別できる。しかし自分の鏡像を「実物」として受け取る赤ん坊は、彼の前の鏡が取り去られると、鏡中のこの「実物」が突然消滅してしまうと考えるだろう。生後六カ月頃のこの赤ん坊は、眼の前の玩具に布が被せられて隠されると、これが消滅してしまうと「考える」ように思われ、これを発見するため布を動かそうとはしない(1)。彼はいわば魔法の園の中にいるのである。

鏡像を実物から区別できる赤ん坊は、たとえば戸の向う側に隠れている彼の母親の見えない存在を認めることができる。現に見えている鏡像の現実性を中和化することは、見えていない、単に考えられ得る存在の現実性を承認することに対応している。鏡像を鏡像として認識することは、H・ヴァロンの指摘するように、感覚的印象を象徴視することである。象徴視するということは、知覚の対象から「現実性」という性格を取り去り、それを単なる像と見なすことを意味する。人間の精神はこのような感覚的印象から像を抽象し、これを象徴として、あるいは観念として「人間的世界[2]」に統合できなければならない。人間的世界は人間にとって自由の「地平」を意味する。なぜなら、人間は「現実」ではない観念の世界の内に「自由に」遊ぶことができるからである。この自由は人間に対して人間的な日常的世界を開き与える初源的な自由である。われわれのこの日常的世界で、われわれは感覚的印象の現実性の否認を意図的に、すなわち反省的に実行しているわけではない。この否認を意識的に実行するとき、科学が始まる。そしてそれは知識の追求である。こうして精神のより自由な働き、すなわち科学は日常的世界の初源的な自由から生まれるのである。

古代の哲学者はたいていの場合、感覚の信憑性に対する自由な反省的懐疑をもって知識の追求を開始した。まずここで疑われたものは感覚的知識の信憑性である。信憑性にとって最も重要なことは知覚もしくは思考された対象が存在するということである。一般的な懐疑を通して求められるものは真正な存在一般である。真正な存在一般についての知識をギリシャ人はエピステーメ、すなわち確実な知識と考えた。彼は、知識の確実性は知識を獲得する方法が有する性格にではなく、知識の対象自体が有する特殊な性格に依存すると考えた。では、その性格とはどのようなものであるのか。

プラトンによれば、存在することの信憑性は変化消滅しなければならぬ可感的存在の内には発見され得ない。あの特殊な性格はむしろ可知的存在の不変性の内にこそ見出され、自然哲学者が追求した万物の根源《アルケー》のようなものである。たとえばヘラクレイトスの火は水や地から区別されるあれやこれやの具体的な火ではなく、変化消滅するこれら個物の原理としての不可視的火でなければならない。可視的火や可視的地はこの形而上学的・根源的火から「生産される」(produced)のである。根源はすなわちすべての可変的存在を生産する不可変的存在である。生産の源としての真正な存在の意味はプラトン哲学において展開されたイデアの概念で非常に明瞭になる。それによれば、バラのイデアは感覚的ではないが、バラの種子、バラの苗、バラの幹、バラの葉、バラの花等といった可感的な現象の「上の」永遠に不変の存在として存在する。こうしてバラのイデアはその消滅ではなく、生成の「原因」と考えられた(「起動因」の意味ではないが)。

イデアはすなわち単なる思考の非時間的対象ではなく、現象の「生産」の恒常的な源である。今日、われわれはバラのイデアの代わりにバラのDNAについて語る。しかしDNA理解にもイデア的性格が残留している。バラのDNAの性質を決定しているものは顕微鏡で観察され得るであろうその「可視的形式」ではなく、その不可視的・論理的下部構造であることを知っている。構造とはエネルギーの空間的・時間的配置である。この配置そのものはしかし感覚によっては捉えられるものではなく、数学的に記述され得るとしてもただ考えられ得るものである。そしてこの「考えられ得るもの」こそ、自己を種の仲間として「生産する」ものである。

ではこの自己生産とは何であるのか。生産(producing, Herstellen)とは何かを対象化する者の前にそれを定立することを意味する。自己生産はそれゆえ自己を自己の前に創設すること(instituting-oneself-before-one's-own-self, das Sich-zu-sick-selbst-her-stellen)を意味する。これは自己の前に現在することとしての恒常的自己同一化である。可感的存在はその変化のうちに消滅して恒常的には現在できないが、プラトン的な意味でのイデアは自己に不変的に存在するものとして現在する。それは可感的存在の原因であり、ヒュポケイメノンの意味するところのものである。ヒュポケイメノンはスブイェクトゥム(subjectum)とラテン訳されるもの、すなわち多かれ少なかれ自己の同一性をすべての変化の「下に」保つものである。これは自己を恒常的に投企する(project)ものである。これは主観(subject)、つまり自己の内に自己の目的を有するもの(エンテレケイア)である。かくて自己生産者は可感的存在の間にあって自己の内にある自己の目的に向けて自己を投企するものである。[3]

自己を投企するものは伝統的には理性的存在といわれるものであり、またギリシャ的な意味での理性によって捉えられるものである。このような存在こそ、真正な存在と解された。自己生産は自己投企を意味する。一切は存在する限り、多かれ少なかれ自己を投企するものである。私の前の一切の自己生産者、すなわち私の志向の対象のすべて、なかんずく「生きる存在」は自己生産者としての私自身の類比である。この真正な存在についての知識こそ実に絶対的に確実である。なぜなら真正な存在は不変に、それゆえ定言的に存在し、自己の内に自己を直接的に露わにするからである。このことはすべて、この自己存在の自己投企の肯定に由来し、理念的自己投企としての自己認識の優位性をもたらす。これが観念論の道である。これが形而上学的確実性の実存的動機である。

2　存在の保証者としての神とその死

Si enim follor, sum[4]（もし私が欺されるとすれば、私は存在する）。このようにアウグスティヌスは疑わしい諸存在の間にあって自己自身の存在は疑い得ないと考える。彼にとって疑うことのできないこと、すなわち確実性こそが問題なのであるが、確実性は思惟する主観としてではなく、明白な真理そのものの内に成立しているのである。自意識が成立しているという確実性は「私は存在する」という事実をのみ示すのであって、その基礎づけは示さないからである。真理の究極的な確実性は、アウグスティヌスにとっても、意識の必然性として与えられなければならない。しかしここでは確実性は普遍性、合理性、必然性と同一視されているのである[5]。このように絶対的な真理は、そしてその事実的な確実性の基礎は永遠にして、普遍、絶対、すなわち神でなければならなくなり、事実的な主観ではあり得なくなる。神のこの概念は、トーマスが後に述べるように絶対的確実性（certitudo absotuta）[6]の保証者となるのである。神のスコラ的概念においてこのこと以上に重要になるものは真理の規準としての神ではなく、われわれ有限な存在の創造主であり究極的な存在としての神である。なんとなれば、神は真理の基準を創るからである。スコラ神学によれば、神は世界を必然的に創造した者ではなく、自己自身の原因

(causa sui) であり、また他の存在は彼の本質に依存する。[7] かくして彼は不断の自己創生[8] (self-generation) である。それゆえ世界の創造 (creatio mundi) は彼の自己創生 (generatio Dei) に由来する。そして創造主とその被造物の関係は神の自己創生という存在論的活動においてのみ理解されなければならないのであり、ここでは世界の救済は世界が父なる神の養子になること (filius adoptivus)[9] によって父に帰還することを意味する。神の啓示された真理は神の自己生産という自己投企に由来する。ここに存在の「生産主義的」・ギリシャ的理解の一つの徹底化が見られよう。

アウグスティヌスに劣らずトーマスにおいても、真理と存在の基準は基本的には並行している。なんとなれば、トーマスによれば、有限的で、誤り得る、条件付きの確実性 (certifudo conditionata) は、有限的存在 (ens conditionatum) より生じ、絶対的確実性 (certitudo absoluta) は絶対的存在 (ens absolutum) より生ずるからである。[10] もし創造主と被造物、神に由来する超自然の光と人間的理性に由来する自然の光が今ここで鋭く互いに対立し、分離すれば、さらに神への信仰の基礎が不確かになれば、被造物の存在の保証は今や自然の光への信仰に依存しなければならなくなる。自己の存在を確かなものにしようとする者はしかも、自己の存在の不確実性を多かれ少なかれ自覚する者のみである。

その有効性が条件付きではあるがトーマスによって肯定されていた自然の光は、今や超自然の光の本質をも明らかにするという資格を自らの内に獲得し、ついには超自然の光から独立し、自律性を主張するに至る。

一七世紀の合理主義的法学者フーゴー・グロティウスは、自然法である人間理性の法の法源と有効性は人間の本性自体 (ipsa natura humana) にあると考え、「たとえ神が存在しなくても、たとえ神が人間に何の関心も持たなくても、自然法は有効であろう[11]」と明言した。彼は神は死んだとは言わないが、人間の理性の有効性は神の生死とは関係ないと考えるのである。この法学者にとって人間の理性こそ、平和的な人間的共存の唯一にして十分な基礎なのである。神への信仰を失った近代人は、自己の存在の確実性の基礎を人間の合理性にのみ探さなければならなくなった。

3　思惟する自我、すなわち思惟するものという名の絶対確実な基盤の発見

デカルトは確実性の基準を真理の基準の内に、つまり認識の明晰性と判明性の内に捉える。彼はここで伝統に従って真理の基準を存在の基準の確実性の内に見出そうとする。すなわち明晰で判明な存在の基準は、疑わしいもののすべてに関して意識的に疑った後にこれ以上疑い得ないものとして残るものの内にあると考える。では疑わしいものの内で何が疑えないものとして残るのか。デカルトによれば、疑わしいものは、私自身の身体をも含め思惟されるもの（cogitatum）すべてがそうであるように、消滅もしくは変化するものの存在である。つまり確かに変化し、消滅し得るものの中には非常に明晰で印象深い「思惟されたもの」（cogitata）、たとえばある夢の体験もある。しかしデカルトによれば、明晰で判明な「思惟されたもの」はそれがもたらす印象の強さに依存しておらず、また他のものから独立して成立し、変化もしくは消滅することがない。それはすなわち不断にその自己同一性を維持している。しかしこれは勝義の存在としての実体の伝統的解釈である。

デカルトはでは一体、なぜ世界についての存在命題を保留したのだろうか。それは私自身の身体も含めて「思惟されたもの」一般は他の「思惟されたもの」との関係で変化し、消滅するからであり、私の「思惟」（cogitatio）の様相によってそうなるからである。デカルトの存在概念は既に見たように伝統的なものである。すなわち彼は実体を「存在するために自己以外の何ものも必要としない存在[12]」、それゆえ「常に存在を〈性質として〉有するもの[13]」と定義する。デカルトは最も厳密な意味でこの条件を満たす存在は神であり[14]、被造物としてこの条件を最もよく

満たすものは人間の「思惟する自我」であると考える。こうして彼は「思惟する自我」がまず明晰で判明であり、それゆえに確実であり、この確実性のために、不確かな「思惟されたもの」の存在と現象の様相の持つ信頼性についての判断は中止されるべきであると主張する。しかし彼は、神ならぬ「私は思惟する」(cogito) そのものの存在措定も中止されるべきであるとは考えない。なぜならこれこそ「思惟されたもの」の不確実性を発見するところのものだからである。彼は、この包括的な懐疑を通して、しかし西洋の形而上学的伝統にほとんど盲目的に従って、偶有的な、とくに世界的《ムンダーン》な、感覚的な「思惟されたもの」の存在措定を保留しようとしたのである。

確実性に至るデカルトの方法は、それ自体偶有的ではあるが、直接性、明晰性、判明性を自己認識の内に持つ「思惟する自我」から出発する。彼はスピノザのように神から出発しない。デカルトにおいても神は真正な存在、すなわち無限の完全性を有する実体の概念が要求するものを論理的に充たしている。しかし、ここでは認識論的な基準が存在論的な基準に優先するのである。なんとなれば、デカルトの関心はここでは真理の基準としての意識的な人間の自己存在をいかにして確保するかという問題にあるのであって、⒂ 絶対的・超越的存在によって人間の自己存在をいかにして救済するかという問題にはないからである。

判断中止、すなわち世界について「思惟されたもの」の存在措定のエポケーの後にもなお残っているものは「思惟する自我」である。「思惟する自我」は常に「思惟」(cogitatio) を伴って、これの様相と「思惟されたもの」から独立して成立している。そして「思惟する自我」の疑い得ない存在は十分に明晰で判明でなければならないという要請を充たしている。この要請は、自我が自己自身に明晰で判明なものとして知られるとき、自我自身において充たされ得る。自我は世界について「思惟されたもの」の妥当性の基礎であり、そのときも自己意識の存在、すなわち自己を意識しつつあることは否定されることはなく、常に「思惟」であることを免れることはできない。それゆえ、もし思惟する自我と他の思惟されたものとが区別されるべきであるとすれば、自我についての思惟と「思惟されたもの」についてのさまざまな思惟も厳しく区別されなければならない。フッサールは、「純粋な妥当根拠」としての自我を、妥当性を有する現象としての世界についての思惟されたものから区別する。(16) 自我自身についての思惟を純粋思惟と呼ぶ（フィヒテのいう「知的直観」に当たるだろう）。これに対して、世界について「思惟されたもの」についての思惟は経験的思惟と呼ばれるだろう。これには世界的な現象としての心理的現象も含まれる。この二つの思惟は互いにまったく異なっているにもかかわらず、互いに区別せず、「純粋自我」のみならずその対象である経験的《ムンダーン》自我をも魂として捉えたデカルトを、フッサールは批判する。

この自我は他の世界的《ムンダーン》な現象とともに世界の内に見出されるのであり、現にデカルトも魂が情念《パッション》によって触発され、規定されることを認めている。(17) プラトンの霊魂論からの直接的な影響をここに容易に見出すことができよう。プラトンに従って、デカルトは認識する能動的な魂と感情的で受動的な魂を区別する。しかしプラトンにとってもデカルトにとっても、それらは共に本物の魂である。フッサールによれば、究極的な確実性を追求する限りデカルトは思惟する自我を魂と見なすべきではなく、この思惟する自我ならぬ魂の存在に対してはエポケーを適用すべきであったのである。エポケーが不徹底であったがゆえにデカルトは魂の妥当性に基礎を与える純粋自我を発見しそこなった、とフッサールは考えるのである。

フッサールが指摘するように、デカルトが純粋自我を魂から区別しそこなったのは確実性の彼の探求が不徹底であったからなのか。デカルトは確実性の彼の探求が「我れ有り《エゴスム》」で終わることを直ちに認める。彼の探求の行き着くところは認識一般の基礎としての彼自身の主観的存在であり、これは先に述べたように、伝統的な存在解釈である。この伝統に従う限り、彼は探求の意図に反して、結論の過激な響きにもかかわらず、かの真正な存在に到達するのである。だがフッサールはこの存在論そのものを批判しない。デカルトやカントのいう純粋自我とは異なっているとフッサールが考える純粋主観、つまり純粋自我をフッサールは承認する。それにもかかわらず、純粋主観のフッサールの概念は存在の伝統的概念に規定されたままになっている。すなわち純粋自我が恒常的にその自己同一性を保持し、すべての志向（すること）に妥当性を与えるものの基礎である限り、純粋主観は自己の内にすべての存在者の形相《エイドス》を作り出し（poein）、ある意味ですべてになる（gignesthai）というアリストテレスの魂の概念の持つ性格を継承している。[18] フッサールはもちろん、アリストテレスにおける「作り出す」を、「構成する」と解釈する。フッサールがすべてのものになるものを「魂」と呼ばないのは当然ではあるが。しかしフッサールは伝統が説く魂の受動的・情緒的・感覚的側面を括弧に入れ、デカルトとともにその能動的・理性的側面について詳論する。

世界について「思惟されたもの」は明晰でも判明でもないので、その存在措定はデカルト的懐疑によって中止される。この「思惟されたもの」はしかし自我の構成的な作業の産物へと還元されないがゆえに、世界の存在が魂の内で惹起して生ずるわけではない。デカルトによれば、自我には構成的な、つまり「生産的な」能力が備わってはいない。世界の存在措定はまず中止されるがゆえに、今や世界の存在は神の作業に帰せられる。世界の存在はこうして保証され、確実なものとして承認される。世界の存在の確実性を神を通して手に入れるこの手法は、確実性の追求の不徹底性を示しているのであろうか。

われわれが真理を求め自らの経験の疑わしさに気がつくのは、「われわれは常に思い違いをするほど不完全である」[19]からだとデカルトは言う。また彼は、欺き、欺かれる存在（有限的な人間）は不完全であり、欺くことも欺かれることもない存在は完全であると考える。われわれは、ここに存在と真理の平行論のアウグスティヌスの解釈がそのまま踏襲されていることに気づく。デカルトにとって完全な存在である神が必然であり、それゆえ実在するということが論理的に自明、明晰、判明であり、そして絶対的に確実である。（「神の完全性はその存在を含む」という）アンセルムに由来する今日では評判の悪い論証は、まず神の存在を論理的「真理」から導き出し、次に後者を前者から導き出すという循環論に陥っているように思われるのだが、ここでわれわれにとってもっと重要なことは、デカルトにとって人間的存在は偶有的であり、偶有的存在は必然的存在にとって創造されたという真実は証明する必要もないほど自明であるということである。この自明性こそ彼の日常的な生活世界の基本的要素である。まさに彼自身の生活世界のこの自明性こそが彼の論理主義を支えているのである。

デカルトはまた、すべての観念と表象はその原理を有し、原理の原型はそれらの完全性と広大さに対応して完全であることが自明であると考える[20]。世界の存在の観念はしかるに最も完全で広大なものの一つである。世界が存在するという完全で広大な観念と表象が完全な神から生じ、世界はそれゆえに実際にも存在するということはこのように「証明」される。今日のわれわれにとって、神の存在の確実性が世界の存在の確実性に優先するという考えはいささか異様に思われるが、このことは生活世界の自明性というものはその妥当性を歴史的に、文化的に、そして個人的に特殊な地平の内に有するということをわれわれに教えている。

4　純粋自我の確実性は「我れは我れである」という自己同一性の自明性

フッサールによれば、デカルトは自分の存在論に従って現象の妥当性の純粋な基礎であるべき自我と、一定の妥当性を有する単なる現象にすぎない魂とを同一視している。かくして彼は真に確実な基礎としての自我を見失うのである。魂もまた世界における存在者一般とともに普遍的エポケーによって括弧に入れられる（außer-Aktion-gesetzt）べきであり、究極的な残留者としてここに残るものは妥当性の純粋な基盤であるべき純粋自我である。何のためのエポケーか。もちろん、普遍的エポケーは思惟の最高の確実性を手に入れる徹底《ラディカール》した手続きである。

では、そのような確実性はどのように獲得され得るのか。世界の存在は不確かであるがゆえに世界が存在するか存在しないかという議論も、われわれが見えぬ岸辺を空しく求めて大海をさ迷うのと同様に不確かである、とフッサールは主張する。ではフッサールは括弧に入れられるべき「存在」の意味をどのように理解しているのか。彼は、私が私自身と世界の中の事物を共に現実に、また実際に存在しているものとして経験するごとき了解様式を「自然的態度」と規定する。基本的には同様に、私は世界の内にあって、私の身の周りの事物に関心を持ち、たいていの場合それらに規定されている私自身を見出す。私自身の被規定性を承認するこのような自己解釈はまさに自己を存在として措定することであり、存在の一般的定立の基礎をなすものである。

ここで問題にしている存在が括弧に入れられるか否か、ということは一体、何を意味しているのか。もしある具体的な存在者（Dasein）がヘーゲルの論理学におけるように一定の被規定性を有する何かとして捉えられるなら、純粋存在あるいは存在者一般はその無規定性によって無と同等にならなければならない。ヘーゲルのようにフッサールも存在を被規定性に従って理解し、この被規定性を妥当性を有する現象と呼ぶ。フッサールはこれに対し、純粋自我は「存在」ではないと考える。なぜなら、何らかの被規定性に妥当性を与える根拠そのものとして純粋自我は世界の内に見出される他の存在者と並列するという被規定性を持たないからである。それはまた純粋存在と呼ばれるべきなのか。それはヘーゲル的な意味での無と同じものではないのか。もし存在（者）が措定された存在の被規定性を有する意識内容となるものとして理解され、自我が比類のない、措定されることのない措定者として理解されるなら、そのとき自我はサルトルの自我論におけるように無と呼ばれるべきである。[21]

右に見たように、フッサール的な意味での純粋自我は知覚的・世界的・志向的内容を伴って措定されることはなく（not positional）、デカルトの言う神ないし「精神的存在」といった内容をもって統覚的・能動的に措定され得る（positional）。フッサールはこのような措定（position, Setzung）を「超越論的」（transcendental）と呼ぶであろうが、統覚的に措定される存在（being apperceptively positional）は精神的実体、すなわち伝統的な意味での精神的に超越的な者に外ならない。措定されるものを措定する主観としての純粋自我という概念は伝統的存在に忠実に従っている。

　純粋自我が最も自明的で確実であるということは何を意味しているのであろうか。純粋自我の確実性は「純粋性」と等価である。世界的《ムンダーン》なものについての志向は世界的なもの自身と同様に多様であるが、純粋自我はそれに対して志向がそもそも何らかの妥当性を伴って機能している限り「純粋に」成立している。「純粋性」は志向のあれやこれやの対象に関わることはなく、厳密に「私が志向していること」における「こと」（that）を意味している。われわれはここで、カントがある志向を、すなわち存在しているであろう何かについていかなる述語もしくは被規定をまったく欠く何かについての志向を絶対的措定と呼び、「存在」[22]こそ絶対的措定であると考えたことを想い出す。志向することの事実は、志向者AはAが志向している限り存在しているということを意味する。純粋自己の確実性は我れ＝我れ、A＝Aという同一性の論理というトートロジーの自明性に由来する。私が志向する限り私が私であるがゆえに私は常に志向する。興味深いことに、これこそ確実性を追求する近代哲学の頂点に立つフィヒテの知識学の、最後のではなく、最初のステップである。

　フッサールはこの確実性を論理的自明性に求めているのではないだろうか。存在が被規定において理解されるとき、その基礎としての純粋自我は非規定的・非時間的無でなければならない。それとも純粋自我はフッサールの主張するように時間の源泉そのものなのか。そのような純粋自我はいかなる意味を持っているのであろうか。

　超越論的現象学が求める確実性は、超越論的自我の自己同一性と呼ばれる非時間的「自明性」である。私が次の瞬間どうあるか、過ぎ去った最後の瞬間どうあったかの確実性あるいは不確実性はここでは問題にされない。志向がいわゆるプロテンツィオーンとレテンツィオーンを通して可能になるにもかかわらず、プロテンツィオーンとレテンツィオーンが、超越論的現象学の結論によれば、厳しく今ここのモナド的志向の内側に留まるからである。たとえプロテンツィオーンが私の早死にを示しても、このプロテンツィオーンを持つ私の純粋自我の自己同一性は、これから生ずるであろう変化とは何の関わりも持たない。私の超越論的自我の確実性は私が被るいかなる実存的不確かさによっても、たとえば崖っ淵で怖れ震えようとも、決して脅かされることはない。超越論的自我は永遠の現在にあって「不死」であり、世界の外にある。これが絶対的主観性の哲学の信条《クレド》である。なんとなれば、主観はそれ自体現われない領域であり、どの現われのもとにも成立しており、少なくとも現われ(cogitata)の意味を構成し、恒常的に自己自身と同一性を保っているからである。これはまた西洋の伝統的形而上学が追求する真正な存在でもある。ここにわれわれは西洋哲学の主流を見る。

超越論的自我はこの構成的能作なくしては与えられない。しかしこの構成的能作はどのように可能であろうか。われわれは、この自我によって構成された世界について「思惟されたもの」において、換言すれば、存在者の間にあっては、絶対的な自己同一性というものは発見され得ず、これらの存在者は自我の確実性を示すことはないと考える。プロテンツィオーンは私の存在の可能性のみを示すからである。プロテンツィオーンについてのわれわれの考察は、非時間的な超越論的自我には何の意味もないことを教える。こうしてわれわれは自己(存在)は自己自身の存在を措定するというわれわれの出発点である哲学的考察に戻る。

自己存在は常に自己を措定(投企)し、自己の存在の未来の可能性を先取りし、この可能性に向けて実存する(ek-sist)。このように私の存在は本質的に不確かである。というよりむしろ、厳密に私の存在の不確実性ゆえにのみ私は実存できるというべきである。有限的存在のすべての志向は本質的にあれやこれやのテーマへと規定されており、またそれはフッサールが言うように射映(Abschatten)を伴って与えられているがゆえに、志向の対象もまた一定の何かとして一定の射映を伴い、ある被規定のうちにのみ現われる。「として構造」においてのみ与えられる現象は無条件で、普遍的で、「確実な」「条件」というものは成立し得ないということを教える。これがデカルトの哲学に対するフッサールの批判に対する、われわれの批判である。

実証主義的科学論における認識の確実性は認識のいわゆる客観性と等価であり、私の認識と他者の認識の一致を意味する。ではこの他者とは一体、誰なのか。他者とは受動的に私の志向の対象にはなり得ず、逆に他者の志向の対象となって私はその志向において規定される。そして私は私の被規定性を先取りできないのである。私は常に他者の「志向」に応じて私の態度をそのつど修正しなければならない。とくに他者の恣意に直面して私の存在は蓋然的になり、また不可能にもなり得る。

私の志向によって構成され得ない存在としての他者は世界の内で私に立ち向かってくる。世界を、とくに他者を構成することはできないのだということを知り、それらを「現実《レアール》」として受け入れて初めて、私はそれらを恐れ、戦い、愛するのであり、それらにおいて、そしてそれらによって規定されることを受け入れるのである。たしかにフッサールに従えば、これは「自然的態度」の典型である。では、どこから自然的態度はやって来るのか。自然的態度は幻想なのか。

仏教は現象世界、つまり生活世界は業《カールマ》の結果であると説く。生活世界の克服こそ仏教の主要な課題である。仏教によれば、こういった自然的態度は愛着と無知より生じる。龍樹によれば愛着と無知はしかし非現実でも幻想でもない。それゆえわれわれはこれから解放されることはなく、自分が世界へと受動的に投げ入れられていることを認めなければならない。では、愛着は何を意味しているのか。存在的《オンティック》命題は興味づけられていることであるとフッサールは指摘している。存在的措定を行わないことはこれゆえ興味づけられていないことを意味する。現象学的自我はこうして何にも巻き込まれず、興味を持たない観察者でなければならない[23]。私は現象学者としていかなる世界の現象にも、いかなる心理的現象にも関与せず、私を「巻き込まれない[24]」(Nicht-Machen) ようにするのである。ここにフッサールの超越論的現象学と小乗仏教との類似性を見つけることは興味深い。

西洋の伝統的形而上学と超越論的現象学に従えば、自我の絶対的確実性は自我の世界からの解放を通して可能になる。そしてこの解放が「自由」である。自我の世界からの解放は世界の自我の能作への現象学的「還元」を通して、つまり世界の自我による構成を通して成就され得る、とフッサールは考える。しかし自我はいかにして完全に無関与の(disinterested)世界を構成し得るのか。自己が世界を構成できるのは、自己が常に既に世界に巻き込まれているときに限る。その存在はそれゆえ世界的存在でなければならない。あるものにいかなる興味も持たず、それを「志向する」ことは実際上不可能である。たとえば、いわゆる離人症の患者はあたかも世界の外側にいるかのように、彼自身の存在を含めて世界に無関心であるように見える。彼が世界と自分自身を眺めることができるのは、彼がまだわずかながらも世界と自分自身に関心を持っているからである、とわれわれは考える。世界に関心を持たないアリストテレスの神はそれゆえ、自己自身についてのみ考えるのである。

純粋自我はこの伝統的な概念から浄化されているであろうか。そういうことはない。なぜなら自我は現象の真理の究極的基礎であり、多様な現象に恒常的に妥当性を与えるXであるからである。現象を伴って常に妥当しているこのXが現象に妥当性を与える根底であると考えられ、思考に与えられると考えられている。思考に与えられるものは伝統的な意味での理念的・可知的存在である。可知的で、反省可能なものをわれわれは存在と呼んでいる。自我の内側で反省する自己と反省されたあるものは互いに区別され得ないが、それでも反省する自己は純粋自我と呼ばれる。しかし純粋自我もまた右の意味での「存在」であることを免れない。なぜなら、反省は常に反省可能なものと反省されるものを伴うからである。両者を何としても区別したいサルトルはそれゆえ反省され得ないで、もっぱら反省する自己を無と名づけるのである。自我の本質、より良くいえば、意識する自己の本質は「自己を措定する措定者[25]」である。自己は措定を遂行する自我を自己の遂行の対象として持つことである。かくして反省され得ない自我はもはや自我たり得ない。

5　生活世界の発見、必然的確実性のための現象学的エポケーの徹底化――ガリレイの物理主義に対するフッサールの批判に対する批判

フッサールは『危機』論文で超越論的現象学を放棄したという抗議もある。われわれは哲学史の正確な記述を意図してはいないが、この抗議に若干触れようと思う。

純粋に物理的な世界像を求めてガリレオ・ガリレイは、フッサールが指摘するように、物理現象を厳密な、すなわち数学的な指数に還元する。こうすることによって物理学は真正な確実性を得るのだ、とガリレイは考えた。彼は物理的現象について、「私は大きさ、数、遅い運動、速い運動以外のものが必要であるとは考えない[26]」と言う。なぜなら嗅、色、熱、冷等はその知覚者の心理的条件に依存し、大きさ、数、運動はそうではないと彼は考えるからである。それゆえ彼は「味、嗅、色等は主観から見て存在するように思われるが、単なる名前であって感覚的主観のうちに成立しているに過ぎない[27]」と言う。味はむずかゆさと同様「単にわれわれが感じる」ものであり、その物やその手に属する性質ではない。

ガリレイにとっては幾何学的な性質のみが物質自体のアプリオリな性質であり、知覚する主観を超越しているのである。これに対し、いわゆる第二次性質（ロック）は主観の働きに還元され、物理学からは排除される。物理学的な世界のみが「現実」であると考えられるべきであり、そしてこの「現実」の存在の確実性は幾何学的・数学的性質においてのみ見出され得るのである。ガリレイはこの数学的・物理学的還元主義において第一次性質、すなわちここでは幾何学的性質のみを主観を超越するものと考えているが、フッサールはこの還元主義を批判す

る。この還元主義でエポケーの対象になるものは何と主観的存在の意味である！　この主観はもちろん、最後まで経験的主観である。それゆえ、第二次性質に関する感覚では多くの相違が生じる。主観が第一次性質を志向する限り、この主観は主観である限り私にとっては誰でもかまわぬ「万人」(everyone) であってもかまわず、まさに他者である。

フッサールによれば志向の主体は万人ではあるが、その志向の対象は決して主観を超越するようにはならないのである。物理主義は「万人」と客観性を同一視しているとフッサールは考える。経験的主観の志向内容(intentum) が万人にもそのようであるとき、万人もこの志向内容であり得る。万人を客観性と同一視するという問題をはらんだこの置換こそ、近代西洋の科学の「危機」の始まりである。そして問題のあるこの客観主義は物理学に代表される科学一般の「問題のある」性格を規定して、現代に至っている。

では万人と客観性との同一視はいかにして「可能」であろうか。「万人にとってもそうである」という志向性はどこからやって来るのか。フッサールはこれは忘却に由来すると考える。ではどのような忘却に、客観性と確実性についての近代科学の主張は由来しているのか。ガリレイが主張する数学的指数、つまり大きさ、数、運動等という第一次性質はその基礎を、「前科学的・直観的環境[28]」で数えるとか、比較する等といった初源的「方法」によって既に遂行されているより自明な志向性に持っている。フッサールは前科学的「方法」を可能にしている地平を「生活世界」と呼び、それぞれの科学に固有な概念的再構成 (das Ideenkleid) によって可能になる正確さは生活世界における初源的・認識的遂行の一つの抽象である、と言う[29]。

生活世界におけるある者の初源的な遂行は、常に多かれ少なかれ他者の初源的な遂行とともに成立する。これは、一定の方法を適用するとき私が常に任意のひとりの他者、つまり誰かに置き代えられ得るときに生じる。「誰にとってもそうである」はまさに前科学的遂行における志向性の一様式である。物理学者は現象の再発性と反復性を物理的現象の客観性の重要な特徴であるとよく言うが、これもまた「誰にとってもそうである」という志向性において可能なのである。こうしてこの生活世界が「客観性」の獲得を可能にするのであるが、このことは忘れられ、あるいは無視されている。科学それ自体は主張されている正確さと客観性の直接的基礎を自らの内には持っていないのである。

　このような事態からフッサールは哲学において確実性の探求を放棄してしまったのであろうか。まったくそういうことはない。フッサールは今や「生活世界」の考え、すなわち「科学的・客観的」認識の根拠としての前科学的・前叙述的経験の考えから出発する。数学的に理解された空間的・時間的自明性が幅をきかせているが、それは生活世界の前叙述的性格ゆえに生活世界における遂行の初源的方法が容易に、無反省のまま括弧に入れられ、忘れ去られ得るからである。前叙述的生活世界の経験はいかに発見され、叙述され得るのか。フッサールによれば、それは現象学的調査によって可能となる。フッサールの現象学においてもっとも重要な研究の一つは知覚の身体的・運動感覚的《キネステーティシュ》局在性に関する考察である。たとえば、ガリレイのいう意味での物理的性質としての「大きさ」という概念は、私自身の身体的広がりに対する前叙述的直観において与えられる。この「始源的な」限定は、点Aと点Bの間隔を計るといった他の反省的・運動感覚的直観についての意識を伴って(mitbewust)常に既に前叙述的に与えられているように見える。

　では運動感覚的局在性は常に私の意識に、すなわちフッサールの考えるように自我の内に与えられるのか。そういうことはない。それどころか、この局在性は常に既に「身体図式」の前意識的使用によって、すなわち私自身の身体の各部位における前意識的局在性の内に与えられているのである。たとえば私の鼻を私の右手の指で正確につまむといった身体図式の使用に損傷が生ずれば、私の身体部位の局在性（たとえばどこに私の右手があるかという見当）や外界への私の見当にも損傷が生ずる。通常、私は私の前意識に働く身体図式を完全に信頼しており、私は私の特定の身体部位に「自動的に」見当をつけることができるのである。そして私の身体図式が損傷を受けて初めて、私の不能（したがって能力「私は出来る」も）に気づく。

かくして運動感覚についての自我の意識は、前意識的・身体図式的局在性に支えられて成立する。これは前意識的に与えられている。それゆえ「私自身の内なる自然」と呼ばれ得よう。これは私の存在の事実性である。数える、計る、比較する等のために、より初発的な、時間・空間的見渡し、時間的志向性、つまりいわゆるプロテンツィオーンとレテンツィオーンは既に与えられていなければならない。「既に」は「ほとんど前反省的に」と等価である。カントのいう先験的悟性概念（範疇）もここで前反省的・生活世界的志向性から解釈されるべきである。フッサールは、これらの初発的な志向性（Ur-intentionen）には一つの本質的に普遍的な中核があり、これは生活世界の様式の自由な（想像上の）変容を貫いて働いており、必然的な自明性と初発的確実性をもって現われると考えている。そしてそれはその初発的確実性ゆえにこそ前反省的であり、かくして歴史的人類のアプリオリとして現象の基礎を構成する。[30] しかしいまわれわれは、この「初発的な」志向性は意識的志向性の内には完全には与えられてはおらず、それゆえ「現象」一般の構成者たる自我の能作には還元され得ないということを知っている。それは自我的身体図式に先立ち、これによっては基礎づけられないからである。

実証主義的・科学的「客観性」という志向性を可能にするものは「誰にでもそうである」という間主観的志向性である。間主観性とは何か。まずフッサールは私の面前に事実的に、身体的に登場する者を他者と認め、[31] そして他者が登場するという事実がそこにあるという様式で与えられており、私が感情移入する一つの身体を通して可能になると、説明する。[32] 次に「誰でも（万人）」という統覚はいかにして可能なのか。フッサールは「モナド的共同体の私の構成」[33] という事実を指摘している。しかしこれは循環論である。なぜならフッサールによれば、私の自我と他者の自我の共同体化（Vergemeinschaftung）としての私の普遍化は現実に、そして潜在的に私の面前に登場する他者への感情移入を通して可能になるからである。これに対し他者はむしろ、私自身の身体における他者性と自己性の「交叉」という存在論的事実から理解されるべきである。[34] これと同じようにわれわれは、自己と他者が、「内在的交叉」という意味で「互いに入り込み合っていること」(Ineinandersein)が一つの「初発的事実[35]」(Urtatsache) であると言うフッサールの表現を理解してもよいであろうか。

彼は「すべての非我は自我自身の内にある」と言う。しかしこの自我は超越論的自我でなければならず、他者によって他者化されることなく、常にその自己同一性を保っていなければならない。この超越論的自我は自己の経験的自我や他者の経験的自我と交叉することなく、この二つの自我が同時に自己の内で交叉するのを外から眺めるのであろうか。超越論的自我とその経験的自我のどちらの自我が他者の自我（他我）と交叉するのか。経験的自我と経験的他我は超越論的自我の内に、あるいは外にあるのか。フッサールの超越論はいかなる他我とも交叉することはできない。超越論的自我にとって、これが無宇宙論的・論理的自己同一性を意味する限り、他我と関わる（交叉する）ことは無意味である。フッサールは、論理的自己同一性としての超越論的自我と、超越論的な態度《アスペクト》そのもの、ないし現象学を遂行する反省しつつある「自我」とを同一視している。超越論的自我にとって、他者は、その能作に還元されるのであるから、ノエマータの一つにすぎない。ノエマ、すなわち世界の一部は私の志向と同様に初発的な志向を生み出すような初発的独自性を持っていない。世界と区別される他者の初発的独自性は一体、何であるのか。

他者とは前述のように私の限界であり、私の被規定性であり、私の不在であり、私にとって超越できないものである。「万人」(everyone) についての志向性は世界における私の存在の被規定性を指示しているが、このことは私の被規定性を私（自我）が単に承認することを意味しない。私自身の被規定性を承認することは「自然的態度」のなす業であり、これについての私の論議は現象学的態度のなす業である。では、現象学的態度にとって私の存在の被規定性は何を意味しているのか。私の存在の被規定性は他者をエポケーすることによって他者を自我の構成的能作に還元することを拒絶する。この考察は、フッサールの追求する絶対的確実性が唯我論的・超越論的自我の自己同一性の内にのみ成立するかも知れないことを示している。しかしこの自己同一性からは何も生じない。フッサールによれば、生活世界は科学的・反省的自明性を生み出すより初発的で、より自明な前反省的領域である。しかし日常的な領域は自然的・人格主義的態度において開かれる。この自明な日常的世界よりさらに自明な領域を獲得するため、生活世界における存在措定は超越論的自我の構成的能作へとより反省的に還元されなければならない、とフッサールは考える。

このようなわけで生活世界の発見と導入は現象学的還元のさらなる徹底を要求するのであり、そうすることによって、要求される自我は「自己反省的意識」すなわち「理性(36)」として説明される。かくて後期フッサールの場合でも確実性はまだ科学の目標として生きながらえ続けるのである。ここでフッサールは観想的な理性哲学の伝統に帰る。「自己反省的意識」は自然的世界から解放されることを要求する。しかしフッサールにとってのこの解放は禁欲や瞑想の実践といった道徳的実践によっては達成されない。解放は自己考究である。この自己考究は実在《リアル》命題の遮断(Ausschaltung)を通して与えられ、また完全に自我論的なものである。しかし、そのような解放は可能であろうか。

6　世界＝内＝存在の不確実性

もし人間の理性が自らを世界からたとえ観念的にであれ分離することができるのであれば、それも確かに可能であろう。しかし世界を離れる有限的な人間の自我は必然的に消散する。人間は、サルトルが言うように、それが無益であろうとも、自らと世界の究局的な根拠として自らと世界を支配する神になろうとする情熱を持っている。世界を離れる情熱はまた死への情熱でもある。フッサールによれば、世界＝内＝存在としての人間存在は世界の子（Weltkind）である。なぜならその存在の特殊な性格は常に既に世界に関心を持つ存在に由来するからである。ハイデッガーの存在論が呈示する人間の存在は「自然的態度」の中を動く。しかしフッサールとハイデッガーは、存在措定は措定されたものとしての世界に関心を持っている措定者の存在様式を規定することを意味している、と考える。フッサールの現象学は存在措定に巻き込まれないことによって、理性的人間を最大限度確実にして自由なものにしようとする。それに対してハイデッガーは、現象学的な常に世界の内に巻き込まれている不確実な人間的実存の根本的事実性を承認することから開始する。[37]

なぜ確実性はわれわれの日常生活において、そして技術《テクノロジー》や科学において追求されるのか。それはわれわれに自らの存在の確実な基礎と認識の基礎が欠けていることをわれわれが知っているからである。われわれ自身の存在の基礎を操縦することは存在論的に不可能である。いわゆる遮断は自我が世界を本当に「構成する」のであれば（そしてそのとき世界は括孤に入れられ得るのだが）、それも可能であろう。しかし存在の一般的定立を中断しようとする試み自体が、括孤入れそのものを不可能にするのである。その括孤入れはニルヴァーナでのみ可能であろう。しかしニルヴァーナは無への消滅であり、そこでの確実性は無意味である。[38]自らの根拠から切り離されている無底たるわれわれは大洋の波のように漂う。われわれの存在は無底の起生であり、耐え難かろうとも基底に根をおろす確実性を持ってはいないのである。

注

(1) Cf. Charlotte Bühler : Die Ersten Sozialen Verhaltungsweisen des Kindes. Quellen und Studien zur Jugende. Hefte 5. Jena, 1927.　参照。ビューラーによれば生後八カ月の幼児は布を取り去る。

(2) アンリ・ワロン著『児童における性格の起源――人格意識が成立するまで』（久保田正人訳、明治図書）第二部第四章C参照。

(3) 自己生産とは自己を自己の前に絶えず新たに押し出し、立てること、すなわち自己を産むことを意味する。これは伝統的な意味での実体概念、とくに自己反省する「自我」の概念に当てはまる。存在のこのような解釈は、時間は流れ、存在はこの時間の流れに抗って常に「実体的に」(hypostatically) 立つという時間の存在的《オンティック》な理解に由来する。では時間はどのように流れるのか。イデア、精神、自我、物質、神といったものは存在のこの生産主義的解釈の中を動いている。拙著『愛と価値の現象学――生産主義的存在論を超えて』（太陽出版、一九七九年）参照。

(4) Augustinus, De civitate Dei. X, 26.

(5) Cf. De libero arbitrio. II, 21.

(6) Thomas Aquinas, De veritate. 6, sad. 2.

(7) Thomas Aquinas, Summa Theologica. I. qu. 27 et 28.

(8) ヨハネ福音書第八章四十二節。

(9) Thomas Aquinas, Summa Theologica. I. qu. 33 art. 3.

(10) op. cit. I. qu. 16 art. 6.

(11) Hugo Grotius, De jure belli ac pacis. Prolegomena, §§11.

(12) René Descartes, Principes de la philosophie. I, 51, Œvres IX-2, L. P. Vrin. p.46.　この概念はプラトンに由来する。cf. Sophist. 259b.

(13) René Descartes, op. cit. I.11.

(14) op. cit. I.51.

(15) デカルトにおけるグノーシス的背景を探ることは興味深いことであろう。

(16) Cf. Edmund Husserl, Cartesianische Meditationen. Husserliana Bd. I, p.65. Philosophie als strenge Wissenschaft. Vittorio Klostermann, 1971, pp.19. Die Krisis der europäischen Wissenschaft und die transzendentale Phänomenologie. Husserliana Bd. VI, p.8. Ideen zu einer reinen Phänomenologie und phänomenologischen Philosophie. I. Husserliana Bd. III, pp.66.

(17) René Descartes, Des passions de l'ame. I, art. 2 et 25ff. Œvr. X, p.328, 355ff.

(18) Aristoteles, De anima. 430a 13ff, 431b 20f.

(19) René Descartes, Principes. I. 5.

(20) op. cit. I. 18.

(21) Cf. Jean-Paul Sartre, L'être et le nêant. Librairie Gallimard, Paris, 1948. pp.315.

(22) Immanuel Kant, Der einzig mögliche Beweisgrund zu einer Demonstration des Daseins Gottes. Erste Abt. 1 und 2. Kants Gesammelte Schriften, Hrsg. von der königlich Preußischen Akademie der Wissenschaften. Bd. II. pp.73.

(23) Edmund Husserl, Cartesianische Meditationen. p.75.

(24) op. cit.

(25) ここで筆者はJ・G・フィヒテにおける自我を考えている。フィヒテは自我をまず「自己を措定する者（ein sich-Setzendes）」（一七九四年）と規定し、次に「措定する者として自己を措定すること（ein sich-Setzen-als-setzend）」（一七九七・九八）と規定し直す。彼のいう自我は世界たる非我によって措定されている者として自己を措定する者である。このような自我は「自己についての知」という知的直観である点ではフッサールのいう純粋自我に似ているが、この自己の知は非我である衝動や感情に規定されていることを知っている者であるばかりでなく、このように規定されていることから逃れようとする行為者でもある。この自我はハイデッガーにおける「現存在」に近い。しかし「現象の背後に常に留まっている」主観である点で、既述のごとく伝統的時間論の内にある。

(26) Galileo Galilei, Il Saggiatore. 48. Le Opere di Galileo Galilei, nouva Ristampa Editione Nationale, Firenze, G. Barbera Editione, 1968. VI. 後にロックが第一次性質と名づけたものだが、興味深いことにこれらはアリストテレスのいう共通感覚にあたるものである。つまりすべての感覚にあてはまり得るものとして「客観的」である。

(27) op. cit.

(28) Edmund Husserl, Die Krisis. p.24.

(29) op. cit. p.29, 43ff, Beilage III.

(30) op. cit. Beilage III, p.383.

(31) Edmund Husserl, Cartesianische Meditationen. p.139.

(32) op. cit. p.146.

(33) op. cit. p.137.

(34) Cf. Maurice Merleau-Ponty, Phénoménologie de la perception. Gallimard 1945, p.97, 109. メルロ＝ポンティによれば身体は世界＝内＝存在の乗り物であり、世界と交わるための道具である。これに対して身体は私と世界の交わりそのものであり、それはいわゆる折衷的システムをなしているとわれわれは主張したい。

(35) Cf. Edmund Husserl, Zur Phänomenologie der Intersubjektivität. III. Husserliana Bd. XV. p.366.

(36) Edmund Husserl, Die Krisis. §73.

(37) 身体的存在として私は世界におけるパースペクティヴの中心ではなく、私と他者の間の両義的な交叉として常にここやそこに漂っている。メルロ＝ポンティにおける両義性の概念はここで注目に値する。ところがこの概念自体、両義的である。彼によれば、対象を受け取る身体は「純粋な物体」でも「純粋な観念」でもない。cf. La structure du comportment, Presses Universitaires de France, Paris, 1942. Chap. II, 2-1. いかなる科学も現実の世界に根をおろしているわけではなく、その根拠を「知覚的経験」の内に、すなわち科学の世界を構成している（世界に住み込んでいる）「生きている知覚」の内に持っている。op. cit. Chap. Ⅳ.「知覚的経験」は概念的にはフッサールの「生活世界」という概念に似ており、メルロ＝ポンティによれば遠近法的にのみ与えられる両義的構造を持っている。op. cit.　そして自らの世界のこの両義性を引き受ける能力こそ人間的成熟を示すものである。cf. Les rélations avec autrui chez l'enfant. Les cours de Sorbonne, Centre de documentation universitaire. Chap. Ⅰ.　人間的成熟とは「可能なものや間接的なものへの方向を定める能力である」。op. cit. Chap. Ⅲ, 2. メルロ＝ポンティはデカルト的二元論を拒絶するが、またはっきりした一元論を承認するわけでもない。彼の思考が両義的である第一の根拠はその領域的存在論の持つ両義性にあり、第二の根拠は認識の基礎である知覚が遠近法的にのみ与えられるという彼の認識論的不確実性にある。世界を一方的に構成する純粋自我はここでは考えられない。自己は世界に住み込み、世界を受け入れ、この限られた地平の内でのみ自らを規定する。メルロ＝ポンティのこの考えは結論においてはわれわれの立場に近いが、精神でも物でもない「身体」(corps) ないし「肉」(chair) なる第三の存在を持ち込むところは、ベルグソンが精神でも物体でもないイマージュ (image) を持ち込んだところに似て (Matière et mémoir)、共に独特の領域的存在論の内に留まっている点でわれわれの立場と離れている。

(38)　仏教もまた真正の、確実な洞察と知識を、人間存在の全面的保証のためでも超越論的立場の獲得のためでもなく、ただ苦のない無への消滅のためにのみ強調する。

XI ハイデッガーと芸術の問題

訳＝石黒義昭

第一章　問題への導入

1　ハイデッガーの芸術哲学がもつ固有の問題性はどこにあるのか

ハイデッガーが芸術の問題を主題として扱った論文は、一九五〇年にヴィットーリオ・クロスターマン社から出版された『杣途』(Holzwege) に収められている「芸術作品の根源」[1] (Der Ursprung des Kunstwerkes) である。だが、「芸術作品の根源」自体はもともと一九三五年にフライブルクで講演されたものであって、それゆえ彼の思想におけるいわゆる転回 (Kehre) の時期に当たっている。もっとも、転回といってもそれは、『存在と時間』で容貌が明らかに示されたそれまでの基礎的存在論の中断あるいは放棄を意味するのではなく、基礎的存在論に新しい容貌、すなわちある一つの解釈の可能性を付与するものであった。存在の意味への問いの内に根本的な立場が連続しているわけだが、転回はこの問いの方向に対する異議を意味しているのだ。敷衍するなら、現存在の分析論を通じて、つまり人間の現存在の存在の意味を存在論的－現象学的に解釈することを通じて存在一般の意味を問うことから、要するに、端的に存在の呼び声に耳を傾けることによる熟慮を通じて、つまり存在の明け開け (Lichtung) への投－企 (Ent-wurf) を通じて、現存在の存在一般の意味を問うことへの転回がなされたのである。それに加えて、転回は人間の意志に沿うように実存的に完遂されるのではなく、存在そのものの歴運(Ge-schick)として生起する（sich ereignet）ということが強調されるべきであろう。

では、どのような思惟の領域において芸術の問題が取り上げられるのであろうか。伝統的な芸術論、とりわけ美学の理論に従えば、芸術は、真、善、美という三つの超越的なもの（Transzendentalien）の一つに属するものとして扱われる。この三つの超越的なものはそれぞれ、人間精神の三つの主要な働きである知性、意思、心情に対応している。ここで人間は、世界における特別な存在者として解釈される。すなわち人間は、その精神的な能力と完全性とを通じて「存在」に関与するのである。それゆえここでは、芸術とは優れた人間によって作り出された何かであり、優れた精神において理解され享受されなくてはならないのである。ハイデッガーによると、このような人間像は、「精神をもった生物[2]」としての伝統的、形而上学的な人間像をめぐって展開している。かかる存在論的解釈は確かに完全に間違ってはいないにせよ、不十分なものである。というのも、この人間像の持つ権能を通じては、存在に対する人間の特別な相属性が、ほとんど理解され得ないからである。人間の精神的能力とは何だろう。この場合、人間と呼ばれるのは誰なのか。ハイデッガーは、古代ギリシャに端を発する伝統的な西欧の哲学における存在の意味についての古い解釈を存在論的に解釈することによって、従来の先入観に彩られた人間解釈がもつ性格を明らかにしている。

芸術とは、ハイデッガーによれば、美的能力を有する人間のなす作品ではなく、存在そのものの真理、すなわち存在の卓抜なる生起(Ereignis)なのであるからして、芸術の問題は存在の意味への問いの内で思惟されなければならないこととなる。それゆえ、ハイデッガーの芸術哲学への導入は、ハイデッガーの基礎的存在論への導入とともに始められなくてはならない。

2　存在の意味への問いとは何か

今日の諸学や技術に影響を及ぼし、ポストモダンを超えてなお影響力を失わない伝統的な哲学は、存在者の真の存在という名において、真の存在者性(Seiendheit)を求めている。それによれば、存在者というものは、ときにはこう現出し、ときにはああ現出するといった具合にその存在の仕方を変え、そして存在することをやめる。それはつまり、その内に無が含まれているということであって、それゆえもはや存在者として卓越した意味で受け取られることが許されない。したがって、現出（Erscheinug）としての存在者はメ・オン［非存在性、現象］である。だが、無を含まない存在者には、右でいわれたような、ときには存在するとか、ときには存在しないとかいった仕方は許されず、それはむしろ常に去り行く時間の経過の間中、ずっと存在していなければならない。このような存在が、「常に―諸々の現出―の―下に―横たわっている―何か」という意味での基体(Substanz　ヒュポケイメノン)である。このものは、理念、精神、神、物質などと名づけられている。これらは、右で名指しされた意味での真なる存在者性の位階に対応して完全である。そして人間は、精神を備えているということに従って、またこのことに対応して完全なのであり、それゆえ確かに能力があることになる。このような伝統に従えば、美とは存在の完全性（トーマスの perfectio）の現出であって、精神のおかげで存在の完全性に与っている人間もまた、美を創り出し享受することが可能なのである。ところで、ヘーゲルによれば、美とは人間の精神の表現、すなわち精神そのものの表現である。自然美は人間によって創り出された美の支配下にあるが、それは、ヘーゲルでは自然はその理念（精神）を自分の外に持つからである。

ここで再び、存在の解釈へと戻ることにしよう。さて、存在者の真の存在者性とは、常に時間の経過を越えて持続するものを意味する。ここで看過できないことだが、伝統的な存在観は、何と「常に時間の経過を越えて」

という具合に時間から理解されてきたのである。それゆえ、神学者が神を永遠なる存在と同じものとしたところで驚くには及ばない。これに従えば、神の美とは完全な美にして永遠である。しかし、存在の概念が時間概念に由来することは気づかれないままであり、よって、時間の意味を分析することを通じて存在の概念を概念把持するという着想に至ることはなく、現前するものの恒常性を単純にその完全性と同一視することで、諸々の存在者を「完全性の様相から」という流儀で分類することが試みられる。ここに成立するのは、いまだ領域的な存在論にすぎない。つまり、そこで個々の存在者は、その性状との関連において、すなわち完全性の様相において扱われ、そして範疇に従って認識され得るのである。人間の理性的な完全性に応じて、倫理学と美学が、理念の学として、つまり人間の理性が追及できる自由と美についての学が成立する。

伝統的な存在の概念は、伝統的な時間概念によって規定されている。では、時間は一体どのように思惟されているのか。アリストテレスからフッサールに至るまで、時間は、存在の可変性、つまりその不完全性として、あるいは主観の活動の形式として考察されている。したがって、「存在そのもの」、要するに完全な実体あるいは絶対的な主観そのものには、時間がなく、それゆえに世界がないとされるのである。

これに対して、存在の意味への存在論的な問いは、時間についての存在論的な考察を通じて成立する。これはどういうことかというと、時間は、有限な存在の持つ不完全性のしるしではなく、その本質的な構造なのである。この構造に従って現存在は、開示された世界へと自らを開示的に投企する。すなわち、自分の存在を配慮しつつ(besorgend)実存する(existiert)。つまり、現存在は、常にすでに自分の存在の意味を理解しており、その意味を配慮するという風にして実存しているのだ。それゆえ、このような問題性を存在的－理論的に考察することを目指す道は、かかる前理論的－前反省的な存在理解の内に与えられているのであり、またそのような理解によって導かれるのである。意識的な考察を通じて求められた目標は、常にすでにその考察を基礎づける始まりとして与えられているのであって、そのために到達点と出発点とがある一つの循環をなす。ハイデッガーはその基礎的存在論をこのような解釈学的循環とともに始めている。存在の開性（Offenheit）という先所与性とともに始めるというやり方はまさに現象学を意味するが、ハイデッガーは「芸術作品の根源」において厳密にその現象学に従ってその芸術哲学を遂行している。この理由から、われわれは、ハイデッガーの芸術哲学の解釈を、芸術、芸術作品、および芸術家に関する解釈学的循環から始めることになる。

3　芸術、芸術作品、および芸術家に関する解釈学の解釈学的循環について

芸術作品の根源はどこにあるのか。芸術作品は「自明のことながら」芸術家によって創り出される。というのは、作品は芸術家の作品以外の何ものでもないからである。これは、芸術作品の根源を従来のように、とりわけ近代的に主観的に見ることであるが、このような見方に抗してハイデッガーは立ち向かわんとする。右で言われた主観的な見方に従うと、芸術は芸術作品の内で現出することになるが、芸術作品とは、人間が芸術的な才能によって創り出した作品である。芸術を創造することは、ここではヘーゲルの意味での精神の自己外化として理解することができる。カントにおけるような、とりわけある一人の天才によるところの、悟性と構想力の自由な遊動に関する見解は、やはり、人間あるいは精神の諸々の力を通じて創造を扱う理論の範囲内で展開されている。では、芸術作品の根源としての精神とは何なのか。そして創造的な力とは何なのか。芸術の本質について思惟する道はここで、精神的な、しかしながら世界のない精神を求めている間に消え去ってしまうのである。

芸術作品は芸術家によって創り出されるから存在するのであろうか。ここでわれわれは逆に考えなければならない。作品を通じて芸術家は芸術家であるという風に。この「を通じて」とは何なのか。「を通じて」とは、「に

「基づいている」あるいは「に—土台を置いている」ということを意味する。芸術家が存在していることは、第一義的にその作品に基づいている。だが、たとえ作品が歴史上の芸術家を現象として指示できるにしても、芸術家が「基づいて存在していること」(das Gründetsein) は、作品が芸術家を指示することを単純に意味するわけではない。当然のことながら、作品は芸術家の創造にお陰をこうむっているわけだから、芸術家と芸術作品の根源の点から見れば、両者は互いに基礎づけ合っているのであり、互いにお陰をこうむり合っているのである。では、いかにして芸術作品一般は芸術的に存在し得るのか。

ハイデッガーは「芸術家と作品は各々、それ自身において、そしてその相互関連において、第三のものを通じて存在する。この第三のものとは第一のものである」(Holzwege 七頁=以下同書)と言うが、この第三のものがすなわち芸術なのである。芸術家と芸術作品は、芸術「を通じて」初めて存在する。しかし、芸術は芸術家と芸術作品を通じて存在するのではない。というのも、ここで芸術家と芸術作品の双方は、芸術なしでは、換言するなら芸術の本質についての理解なしには、決して視野に入ってこないからである。かくして、これら三者の由来関係は次のようになる。すなわち、芸術が芸術家と芸術作品の二つを基礎づけ、芸術作品は芸術家を基礎づけるのである。

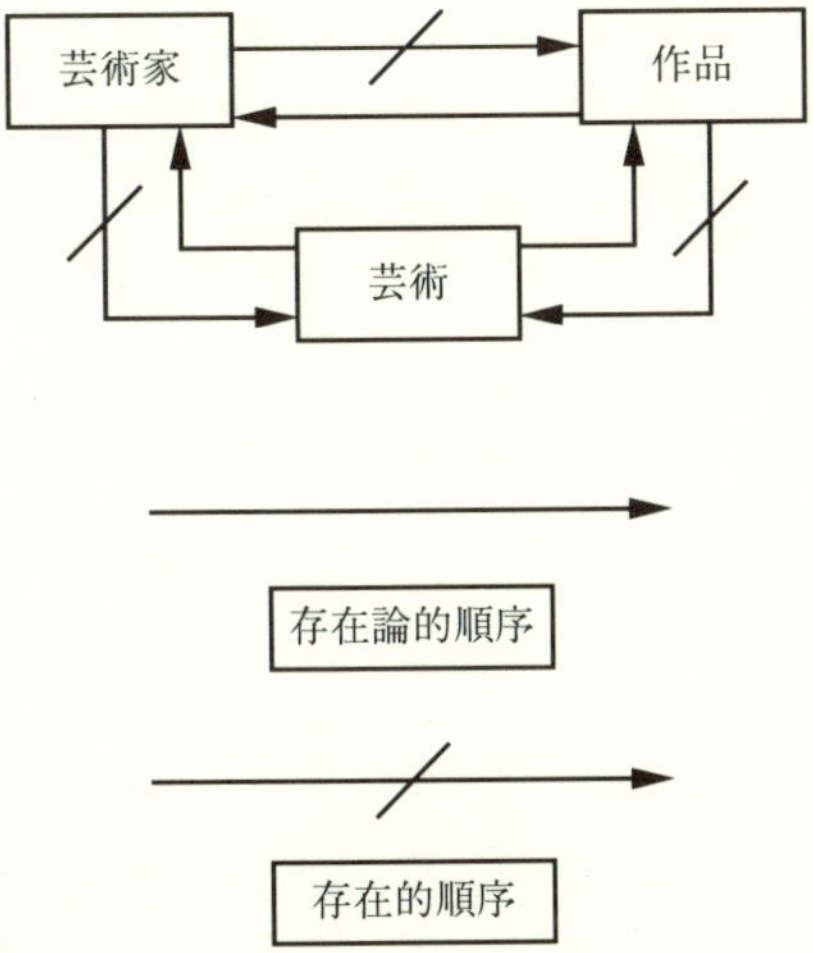

芸術家と芸術作品の由来関係自体が芸術に基づいているのである。なぜなら、まさしく芸術の本質についての根源的な先理解が、われわれをして芸術家と芸術作品に出合わしめるからである。それゆえ、芸術作品の根源への問いは芸術の本質への問いに変わらなければな

らない。たしかに芸術は芸術家によって創り出された芸術作品において本質現成する（west）ものの、しかし芸術が芸術家と芸術作品を主宰する（walten）のであって、その逆ではない。存在的にいえば、まず芸術家があって次に芸術作品、最後に芸術がくる。けれども存在論的に考察するなら、まず芸術があり、そのとき芸術作品と芸術家があるのである。

何が芸術であり、何が芸術ではないのか。われわれはこのことをどのように理解しているのだろう。美術史家や、美術館を訪れる人びとは、芸術作品を美術館の入口の扉とか備えつけの消火器とかいったものから区別している。しかし、このような区別はどこから生じてくるのか。何か理論的な手ほどきを受けているとでもいうのだろうか。そんなことはない。何らかの「芸術への理論的な導入」そのものが、すでに芸術の本質についての先理解を前提としているではないか。芸術を探求するわれわれは、常にすでに芸術の本質についての前理論的で根源的な理解を有しているのである。そうでなければ、そもそも芸術の本質について何か理論的な研究など始められるわけがない。かくして、芸術の本質への問いは、先理解に根ざしているところの解釈学的循環において展開するのである。先理解とは、伝統的な意味における概念的な理解と認識を、そして意志を存在論的に根拠づけている地平であるが、一方で認識あるいは意志はやはり人間の精神の働きという能力として解釈されてしまっている。

ところで、アリストテレスは認識に対して、認識されるべき対象の形相（Form　モルフェー）は己れの形相的で知的な魂に受け取られる、という資格を与えている。アリストテレスの言葉によれば、「魂はあらゆるものを認識するのだから、魂はあらゆるものの根源から成って」いるのであり[3]、これに従ってトーマス・アクィナスは、「魂はすべてである」（anima est omnia）[4]と言う。アリストテレスとトーマスは、認識する魂という「すべての―存在」はそれ自身において、まさに認識するべき世界の開示性の内で開示されているということを、ほとんど言いかけていたのかもしれない。二人の質料形相論に従った認識論は、独断論的にあらかじめ受け取られるべきものとして確定されているところの形相を知性が受け取る能力を確認することの内にある。大アルベルトゥスの伝統的な真理概念「真理とは事物と知性の同等化である」(veritas est adaequatio rerum et intellectus) は、このことを雄弁に示している。

自分自身とつき合うこと、あるいは世界とつき合うことは、まずもって先理解の地平において可能となる。このような地平は、心的主体と形相的客体が合致するための中立の場ではなく、世界という明け開けである。定式的にいえば、それは現存在の存在の可能性であって、その内で現存在が自分を自分自身の存在のために投企する場である。右でいわれたその内での「の内で」とは、次のことを意味している。

すなわち、現存在が自分を投企する先である世界は、そのつどすでに開けているので現存在の理解の対象ではなく、そこへと現存在がそのつどすでに投げ込まれている、現存在の存在の開性そのものなのだということを意味している。そしてそれゆえにこそ、人間の現存在は確かに世界－内－存在 (das In-der-Welt-sein) として規定され得るのである。要するに、現存在は、その精神や意志あるいは何かその他の力の内ではなく、世界という開性の内で内世界的な諸々の物に出合うことができるのである。ここにおいて、諸々の物が、現存在の気遣い (Sorge) の内で自分を投企する現存在の存在を可能にするものとして発見されるという具合に、現存在の前で現出するということは、すでに明らかである。

さて、諸々の物、すなわち内世界的な存在者は、有意義な (bedeutsam) 地平を形づくるのだが、それらはそこで特定の帰趨性 (Bewandtnis) とともに指示される。したがって、諸々の物は、ただ現存在のための一定の帰趨性を備えたものとしてのみ登場することができる。しかし、諸々の物の持つ帰趨性という様相は、現存在が自分を投企するそのつどの状況に応じて常に具体的かつ多義的であり、それは帰趨性の全体、すなわち有意義性の統一を構成している。そしてこのような統一は、現存在の自己投企が持つ〈それのために〉(Wormwillen) の各自性（Je-Meinigkeit）において基礎づけられている。なお各自性はここで、決して自己中心的あるいは自己的なものといった具合に実存的に解釈されてはならない。それはむしろ、現存在の固有の存在の仕方が存在論的－内構造的に配慮する（besorgen）ということを意味している。現存在は常に、すでにその固有の存在の配慮性に引き渡されているわけである。

なるほど自分の存在は、そのつど－一時的に(temporal)、差し当たって－の可能性をめぐって配慮されているので、気遣いは、先保持（Vorhabe）あるいは先視（Vorsicht）、そして最終的には先把握（Vorgriff）といった存在論的な規定を得るのである。気遣いは現存在の事実性(Faktizität)として、すなわち現存在の第一義的な開示性として、先保持的、先視的、脱自的(ekstatisch)なるがゆえに、かの先理解もまた脱自的な構造を持っていなければならないことになる。

現象学的な意味での事象そのものとは、いかなる理論や世界観にも先立つこのような根源的な存在を理解することであり、われわれ現象学に携わる者は、常にかの存在の理解へと立ち戻らなければならず、それを通じて研究を開始しなければならないということを、かのモットー「事象そのものへ」(zu den Sachen selbst!) は意味しているのである。このような立ち戻りおよび開始は解釈学的循環なのだが、この循環は現象学を始める者としてのわれわれを束縛するものであり、また、ハイデッガーのかの転回をあらかじめ規定しているものなのである。

4 芸術作品の物性としての差しあたりの現実について

芸術作品と単なる手工業的産物あるいは物質が、芸術の本質についての先理解に従って区別され得ることは、すでに明らかである。さてここで、われわれは、最終的に芸術の本質に対する思惟に至る前に、芸術作品そのものが何なのか、すなわち芸術作品の持つ現実とは何なのか、ということを問わねばならない。

ここでハイデッガーは芸術作品の物的性質に関して熟考することから始めている。というのは、彼の言うように「諸々の作品は、諸々の物もまたいつもそうであるように、当然のことに眼前に存在している」（一九頁）からである。物としての絵画は、なるほど猟銃や帽子と同じく壁に掛かっている。「石の性質を持つものが建築作品の内にある。木の性質を持つものが木彫作品の内にある。色彩的なものが油絵の内にある。音声的なものが言語芸術の内にある。音響的なものが音の作品の内にある」（同所）。

日常における通常の判断あるいは美学理論に従えば、絵画、彫塑、詩、音楽などのあらゆる芸術作品は素材的な物によって支えられている。素材的な物としての芸術作品は、石膏、紙、木材、石、椅子、器具、騒音などと完全に共通している。これらはまったくもって単なる物質的な物である。では、芸術作品とこのような単なる物との間にはどのような違いがあるのだろうか。よく引き合いに出される「美的体験」を代表する者は、このようなとき、芸術作品においては素材的なものを超えて何か美的なものが体験されるのだ、と力説する。つまり美的体験は、確かに物質的な物と常に結びついているものの、しかしそれ自体は何か観念上のものから成り立っているのであって、それゆえさらに高い次元にあるというわけである。これが、素材的な物としての物質の持つ形式である。素材—形式についての美学理論はアリストテレスの質料形相論の内で展開されているが、ここでは質料形相論が手工業的な制作についての解釈に由来しているというのが余分なことではないことを指摘しておくにとどめる。伝統的な物論については後で詳しく解釈する。

さて、存在者とは素材と理念の合成されたものである。そして、たとえば芸術作品もまた、素材および芸術家の持っている美的理念から成る合成された何かなのである。ハイデッガーは、この素材—形式の理論に対して寓意と象徴についての典型的な例をいくつか持ち出してくる。寓意と象徴とは、その意味が公であるか、もしくは特定の集団において周知であるところのものを別様に示す様式である。これは情報理論でいわれる記号の定義ではないだろうか。それに従えば、記号とはある一定の物理的な素材に担われた有意味なものであって、他者も共通してそれを知っているのである。芸術とは「情報」なのか。寓意あるいは象徴、そして情報において、素材の様態についての思惟は本来的には「余分」である。芸術作品における「情報」そのものと美的理念そのものとが、ここでは問題となる。ということは、芸術作品における物的なもの（Dinghaftes）は芸術作品の直接的な、つまり最も差し迫った現実ではない。物の本質が、質料形相論から影響を受けた素材―形式の理論に従って解釈されるにとどまる限り、芸術の理念が芸術作品の最も差し迫った現実として考察されることとなる。これに対して芸術作品の物的なものは、無ではないものの、ほとんど瑣末なものである。しかしわれわれはいまや、伝統的な見解が物の本質をどう捉えているのか、を瞥見しなければならない。ここでのわれわれの出発点は、物の物的存在についてのまたもや根源的な先理解なのである。

第二章　物と芸術作品

5　一つ目の伝統的な物概念とその不十分さ

作品は物なのか。とりあえずそう仮定しよう。そうしておいてから、作品の本質を概念把握するために、物が真に一体、何なのかを問わなければならない。ここでハイデッガーは、諸々の物を異なったやり方で列挙している。ハイデッガーによって立てられ列挙された例を一瞥するだけで、物の様態に関する伝統的な分類に気づかされる。

一　生きていない自然の物で、土くれ、雲、水など。
二　生きている自然の物で、ミルク、葉っぱ、タカなど。
三　使用される物で、壺、飛行機、ラジオ受信機など。

このような名指しされた物は、哲学以前の日常において物として考察される存在者である。伝統的な哲学の思惟によれば、あらゆる存在者は、それらがそもそも存在する限り、物として考察される。それゆえ、人間や神さえも物として考察されるのである。ところで、ここでハイデッガーが、天空、大地、神々、死すべきものから成る、かの四方域（Geviert）に属するものを物として列挙していたことに留意するのは、早まったことではあるまい。

さて、しかしハイデッガーによれば、自明にして身近な日常の理解においては、神や人間あるいは少女を物と呼ぶのは、どういうわけかはばかられる。このような躊躇は「単なる物という狭い領域へと」（一一頁）われわれを誘うことになる。ここで「単なる」といわれるのは、それが、人間によって制作されたものではなく、純粋に現出するものだという意味であり、それゆえ、人間、物自体（Ding an sich）、神はここから締め出されることとなる。「単なる物とは、たとえばこの御影石の塊である」（一一頁）。われわれがある一つの御影石を手がかりに表象するとは、ハイデッガーが列挙したように、まずもって、どのくらい堅いのかとか、どのくらい重いのかとか、どのくらい延長しているのかとか、どのくらいかさばっているのかという、異なった目印や特徴を集めることである。

しかし、この御影石についての表象の全体は、目印や特徴の集積や蓄積によって汲み尽くされることはなく、それは、物の核心、つまり諸特徴を担っている何かを伴っている。これが最初の伝統的な物概念である。ハイデッガーによれば物のこの核心的なものが存在しなければならないが、これはギリシャ人たちによって「ト・ヒュポケイメノン」と名づけられた。この「しなければならない」というのは、語の意味においてト・ヒュポケイメノンが本来的に諸々の現出の下に投げ込まれた何かを意味した限りは、物の核心もまた、異なった特徴を持つ諸々の現出に対してはやはりそのような意味を持つべきだということである。

ハイデッガーは、ギリシャ人たちにとっての物の核心を、根底に、しかも常にすでに眼前に横たわっているもの（das Vorliegende）として解釈する。「常に－すでに」とは、カントにおけるような存在者の可能性を条件づけるものとしての単なる「ア・プリオリ」のことではなく、「いかなる変転を通じても恒常的なもの」のことである。このようなヒュポケイメノンについての時間的な規定は、しかし、アリストテレスにおいてと同様に、適切にいうなら、とくにローマに受け継がれる際に顧みられることがなく、完全に忘れ去られた。

かくして、ヒュポケイメノンは基体（subjectum）となり、ヒュポスタシスは実体（substantia）となり、特徴的なことに、タ・シュムベベーコタは偶有性（accidentia）となってしまった。その後の伝統によれば、基体あるいは実体は、可変的で非自立的である諸特徴とは区別されて、「それにおいて－それのために－存続する」諸特徴を意味している。そして、その後の基準となったデカルトの定義とは次のようなものである。「それにおいて存在し、それ自身を通じて概念把握される何ものか[5]」。自分の内に存在するもの（perseitas）は、中世では、完全にして神のごとき存在者と解釈された。

ハイデッガーによると、たとえば右で述べられたように、ギリシャ人たちが思惟した根源的な意味は、ヒュポケイメノンがラテン世界へと移植されたときに根こそぎにされたのであって、そのために、その後の西欧の思惟には土台がないのである。どういうことかというと、ハイデッガーに従うなら、ギリシャ人たちにとっての物の核心とは、根底にあって、かつ常にすでに眼前に横たわっているものであった。言い換えれば、主宰するものの諸特徴であり、常にすでに人間の前に横たわっているもの、すなわちいかなる「いま」においても現前しているもの（das Anwesende）なのであった。[6]「いま－現前しているもの」は人間に対して現在的であるが、しかし、このことは人間自身がそれに対して現在的であることによって、初めて可能となる。現在的なもの、厳密にいうと恒常的に現在的なものとは、アウグスティヌスやヘーゲルの言うような、何か時間のないものや何か永遠なるものを意味するのではない。そうではなくて、開示された世界の内で現存在の存在が自らを投－企しながら開示されているということなのである。しかし、右で見たように、現前するものとしてのト・ヒュポケイメノンは存在論的に思惟されたわけではない。だから、ヒュポケイメノンが完全に自分の内で存在するものといった意味に従って変位させられたとき、開性のような、根源的な意味について思惟することを目指す道は、ほとんど隙間なく閉ざされてしまう。

西欧の思惟の持つこのような閉ざされた状況から逃れんがために、ハイデッガーは、ギリシャの根源的な思惟に立ち戻ろうとし、そしてそれをも越えてさらに根源的に、ギリシャ人たちが自分たちの間で語ってはいたものの、正確には思惟していなかったようなことを思惟しようとするのである。そのようにすれば、われわれは、西欧の哲学の歴史においては、やはり至るところで、根源的な思惟を指示してくれるであろう存在論的な諸々の遺物（Fund）を発掘できるかもしれないのである。

さて、主題に戻ろう。物の物的なものを物の核心とその固有の諸々の目印から構成されたものとする規定は、命題文における主語（Subjekt）と述語の結合に対応しているであろうか。ここで思い出されるのは、実体に関する先のデカルトの定義にあった「それ自身を通じて概念把握される」という部分と、スピノザによるこれと似通った定義である。[7]物の規定と言明すること（命題的に）との奇妙な関係の土台はどこにあるのか。物の規定にあるのか、それとも言表の（des Apophantischen）性格にあるのか。とすると、アリストテレスの存在論もまた、たとえばギリシャ語の文法に規定されているのだろうか。ハイデッガーは、物と命題との間の根本的な関係は相互に基礎づけられている、と思惟する。では、どこで共に基礎づけているのか。物と言表すべきことは、それらが発見されたものであるという共通の源泉を、両者の露わであること（Enthülltheit　露開性）という点に持っている。ハイデッガーは言う。「これら受け取られた生成が発見されたものとして、つまり諸物に関して発せられる言表の発見された対象としてある限り、真理は諸物の内にある[8]」と。そしてさらに次のように続ける。「私が『AはBである』と言うならば、私はAという〈B－存在〉のみならず、露わなものとしてのAという〈B－存在〉を思念しているのである[9]」。これはすなわち、単純にそれ自体で眼前的なものとして存在しているのではなくて、言表によってそこから発見されたものとして存在している、ということである[10]。

しかしこれは、実体（主語）と属性によって構成されたものが、事象そのものにではなく言表という仕方に根づいているのだということではない。そうではなくて、むしろ言表の仕方、および被発見性（Entdecktheit）の仕方が、存在者の存在が露わであることとしての、「ある共通の根源的な源泉」（一四頁）という、かのもの（事象そのもの）から生ずるということなのである。長い間の習慣によって自明のこととして確立された、実体と属性についての西欧の思惟は、いま挙げた「源泉」を忘れ、さらには覆い隠してしまった。このような仕方で忘れられ覆い隠されてしまった物概念についての思惟は、「内発的なものであり、かつその内で安らうもの」であるが、この思惟は、ハイデッガーによると、「物の周囲における覚醒した滞在」において物の物性として経験される。なぜなら、主語と属性に関連づけられた範疇的－概念的な思惟の仕方と物の規定は、このように物を経験することを素朴でロマン主義的だとして排除するからである。しかし、確立された理論的な思惟の仕方の根源へとまなざしを送りはじめるなら、「思惟すること」としての現存在が持つ、さらに根源的な滞在することという存在の仕方が見出されるだろう。

すなわち、感情（Gefühl）がそれである。そしてその際われわれは、「悟性」という概念的な思惟がずっと以前から物の物性に暴力を加えてきたことを見るだろう。なぜハイデッガーは感情を持ち出してくるのであろうか。概念的な思惟の持つ不十分さを示さんがためにか。ここでハイデッガーは、感情という語を気分(Stimmung)とほとんど同じ意味で用いている。気分とは、ハイデッガーによれば、現存在の存在の第一義的な開性、すなわち、そこにおいて現存在が有限な存在者として常にすでに気分づけられて投げられている開性である。概念的な思惟そのものもまた現存在の自己投企の仕方であるが、それは気分とともに開示せられた世界の内で初めて可能になるのである。この意味で気分は「理性」よりもさらに認取的（vernehmender）なのだからして、われわれは、さらに真剣に気分の元の声（Urstimme）に耳を傾けるべきではないだろうか。

6　二つ目の伝統的な物概念

われわれは、諸々の特徴の担い手としての物に関する伝統的な概念が、物の物的なものという前理論的で直接的な理解を攻撃しているのを見た。では、どうすればこのような攻撃を阻止することができるだろうか。ところで、私は自分が直接に感性的に感じることによって本来的な物的なものに出合っているのか。見かけの上では確かにそうである。けれども、私は直接、そしてまずもって自分自身の身体において見たり、聞いたり、触れたり、匂いを嗅いだり、味わったりしてはいないのか。しかし私の感覚的な身体というものは、果たして私と諸々の物とが出合う最初の地平なのだろうか。さて、カントの規定によれば、物とは、感性的に受け取られたもの、すなわちアイステートンである。これに従えば、物とは多様に感じられたものの統一、つまり感性と悟性、そして構想力から成る綜合という統一なのだが、これはまた、統覚による統一化を通じて私の経験になるのである。だが、そしてどうなるのか。悟性は、空間と時間において感じられたものから何を受け取るのだろう。

私は「純粋な」騒音や、あるいは嵐の「純粋な」うなり声を聞いているのか。いや、私は単なる音響上の刺激を感じているのではなく、最初は物の音を、もっと適切にいうなら、音を立てている物そのものを聞いているのだ。「古池や蛙とびこむ水の音」(芭蕉)。そう、私は古池の音、蛙の音、水の音を聞くのだ。要するに、諸物はあらゆる感覚よりもわれわれに近いのである。諸物はその諸々の帰趨性において私に出合われてくる。帰趨性は有意義な地平において開示されるが、この地平は、地平をめぐって自分を投企しつつ常にすでに自分に先行している現存在に先んじている。物の持つかかる帰趨性において、ようやく、感じられたものが私に対して音となる。諸物は常にすでに一定の帰趨性の内で与えられ、そしてただ使用される物である限り、われわれに出合われてくる。確かに帰趨性の内ではまずもって使用される物が現出するが、しかし同様に、風とか素粒子とかいった自然物も現出してくる。

なぜなら、それらは、日常の実存的な状況においてであれ、あるいは物理学的に操作された状況、つまり一定の数学的な連関においてであれ、「手許的なもの」(das Zuhandene) としてのみ登場することができるからである。感覚的に感じている身体に与えられたものとしての物についての概念におけると同じく、諸々の特徴の担い手としての物についての概念においてもまた、物は消え去っている(一六頁)。それというのも、両方の概念が物の根源的な物性を覆い隠しているからである。

7　三つ目の物の概念について—質料と形相という一対の概念はどこに由来しているか

色彩、音を立てていること、堅さ、かさばっていることといった感覚的な質の持つ諸特徴は、物の質料的なものを構成している。質料 (Stoff) は、恒常的なものであり、かつ物の核心をなすものであるが、ひとりそれ自体で与えられることはなく、常に形相化された質料である。それゆえ、恒常的でそれ自身の内に安らっているものは、質料的なものそれ自体ではなくて、質料と形相から構成されたものである。それにもかかわらず、われわれの目に映るのは、プラトン以来伝統的にそれに依存しているところの、物の特定の外観（エイドス）なのである。このように、質料と形相という一対の概念は物の概念全体を支配しているわけだが、なかんずく、ほとんどすべての芸術理論と美学を強力に支配している。古代に由来する質料形相理論の優勢に鑑みて、ハイデッガーは、言及しているように、この概念を彼の求める物の物的なものへ至る道としては信用しない。もっとも、ここで質料形相理論による物の理解を簡単に誤謬として拒否することは許されておらず、その存在論的な根源を追及することが求められているのである。

ハイデッガーは御影石の塊を再び例に持ち出してくるが、これは自然物である。かたち［形相］はここでは、素材［質料］の部分の空間的で場所的な配分あるいは配置、すなわち素材［質料］が全体においてそのつど規定させられた形態である。これに対して使用される物のかたちは、人間によって与えられたかたちなのであり、つまりそのつどあらかじめ定められた〈何のために〉（Wozu）によって、すなわち制作されるべき使用される物の有用性（Dienlichkeit）によって規定されている。それゆえ、素材は使用される物の持つ、〈のために〉（Um-zu）に従って選び出され、かたちづくられているのだ。壺の素材、たとえば粘土は、水を汲み置くための存在者として選び出され、そしてそれを目がけてかたちづくられる。そして、素材をこのように選択し構成することは制作と称されている。したがって、ここで最初に与えられているのは壺の素材ではなくて、壺についての理解である。そしてしかる後に素材というものが、壺の持つ〈何のために〉という先行的な理解のパースペクティヴに対して与えられるのである。

このような理解は、私を取り巻いて帰趨的な物の帰趨性全体を構成している物が持つ、有意義性の連関についての理解である。ハイデッガーは使用される物－存在の帰趨性に注目してその存在論的な構造を詳細に分析するに至るわけだが、このような使用される物－存在を「道具」（Zeug）と名づけている。道具は、配慮において出合われる限り、たとえば御影石のような自然物と共通の規定を受けるが、しかし人間によって産み出される限りは、芸術作品と共通の規定を受ける[11]。道具は配慮された有用性をめぐって人間に出合われるのに対して、自然物と芸術作品は自らの内で自己充足しつつ現前する。後で立ち入って見ることになるが、芸術作品は、毫も他の存在者を指示することなく、自らに内で「輝いている」のだ[12]。「道具は（それゆえ）、物と作品の間という独特の中間位置を占めている」（一八頁）。自然物、道具、そして作品の共通性と違いは、次のように示すことができる。

	単なる物（自然物）	道具	作品
内発性	○	×	×
自らの内で安らうこと	○	○	○
自己充足性	○	×	○
有用性	×	○	×
被制作性	×	○	○

8　なぜ存在者は質料と形相の連関で把捉されるのか－この理論の動機

すでに言及したように、質料という概念は本質上、質料の形成［形相化］という概念を前提にしている。形成という現出は、自然物を知覚するときのような対象ではない。それはまずもって、自然物を道具へ形成するという人間の行為についての反省をその内容としている。人間は自然物を自分の前に立て（vorstellen　表象する）[13]、自然物を自分の前あるいは自分に向かってこちらへと立てる（herstellen　制作する）。もっとラディカルにいうと、人間（現存在）は、自分や存在者一般を自分へ向けてこちらへと立てるものとして、自分を理解しているのである。前へ引くこと（productio）といったような制作は、「自分を－自分－へ向けて－こちらへと－立てること」、すなわち自己－投企である。内世界的な存在者、たとえば自然物が人間あるいは誰か他の者によってこちらへともたらせられたものとして理解されている限り、自明なことだが、あらゆる存在者は制作という概念において、すなわち質料の形成という概念において理解されることになる。

さて、ハイデッガーが紹介する二つ目の質料－形相理論の動機は、存在論的に見ると右でいわれた一つ目のものに基づいているが、これを強化し、神の創造的な働きに帰せしめる。キリスト教の信仰によれば、世界は確かに無から創造されたのであって、それゆえ質料から創造されたのではないが、しかし、創造された世界そのものは、たとえばトーマスの哲学におけるように、アリストテレスの質料形相論に従って、質料と形相から構成されたものとして説明された。信仰はこの哲学によって規定されながら、その後も引き続きスコラ哲学、近代の哲学、さらにはマルクスの唯物論哲学をさえも連続して規定している。ところで、カントの哲学によれば、存在者とは経験の対象である。かかる対象は、感覚において与えられた感性的な材料、時間と空間からなる直観形式、そして悟性の形式的範疇から成立している。カントにおけるこの質料－形相－接合は、ヘーゲルの弁証法においてであれ、マルクスの弁証法においてであれ、カント以後のドイツ観念論そのものとその後の発展においてほとんど自明なものとなった。

このようにして、質料－形相－接合から物を解釈することが、哲学におけると同じくその他の領域でも「無制限」で普遍的なものになったために、物の本来的な物性についての真の理解が妨げられることになったのである。

三つの伝統的な解釈によって物の本質を説明する試みが水泡に帰したことが、ここでまたもや明らかになる。物についての伝統的な見かけだけの自明さはわれわれを圧倒し、それ以上、思惟しないよう強いるのだ。伝統的な思惟の仕方という先把握から解放されるためには、その襲撃の性格を明らかにせねばならない。そして、伝統というこの襲撃の前で、われわれは、物を、まさしく物を存在させなくてはならず、また物にその本質に語らせなければならない。そのとき、われわれは、作品を、まさしく作品を存在させ得るようになるのであり、また作品にその本質に語らせることができるようになるのである。

9　道具の道具存在の新しい解釈

a　不幸にも質料と形相の接合の影響をこうむった物の規定は、道具の道具存在に関する伝統的な解釈に由来している。ここでは、道具の本質についての伝統的な哲学に語らせることは避けなければならない。むしろ、すでに知っているいかなる道具であっても、それについての直接の経験を忠実に記述し、かかる経験を現象学的に厳密に分析することが肝要となる。すでに見たように、道具は物と作品の間という独特の中間位置を占めている。このように存在論的に深く考えることを通じて、作品と道具の違いと共通性が明らかにされるであろうこと、それとともに作品の本質も把捉されるであろうことは期待されてもよい。

ハイデッガーは、巧妙にも、道具の存在の仕方をまず記述し、それを用いてファン・ゴッホの油絵に描かれた道具としての一足の農民靴を現象学的に記述することを通じて、芸術作品の存在の仕方を解明しようとする。現象学は、誰もがよく知っているが、まずは隠されている先理解を明らかにすることに基づいている。誰もが農民靴を知っているがゆえに農民靴に関する考察は普遍妥当的であり得るのだから、それを記述することは誰にでもとっつきやすいものとなる。さて、履具(Schuhzeug)とは何か。靴は足を覆うのに役立っている。それゆえ、道具の道具存在という本質動向（Wesenszug）はその有用性にある。だが、有用性とはそもそも何なのか。有用性とは、（AではないB）存在者Bを可能にする存在者Aの指示である（これはアリストテレスの道具についての定義である）が、この場に即していえば、靴が農婦の歩みを可能にするということである。しかし、靴が持つ有用な存在の仕方の根拠は、まずは靴そのものの特定の性状にあるのではなく、農婦の気遣い（Sorge)、あるいは自分自身もしくは誰か足を使って歩く者の気遣いの内にある。

現存在が配慮しながら周囲を見回すこと（besorgende Umschau）の内で、靴というものはまさしく靴として初めて発見されるのだ。この油絵を見る者は農婦と一緒になってその世界へと入り込むが、それは農婦あるいは見る者の気遣いを通じて、農民に特有な日常の有意義性において開示される世界である。この配慮された世界の内で、またそういう世界とともに、靴、耕地、鋤で掘り起こされた土くれ、野の道、地面、風、大地、そして農婦の畑仕事がそのつどの意味を伴って登場してくる。そして、これらすべては、その帰趨性において相互に指示し合い、帰趨性の全体、すなわち農婦が現に存在している世界を形づくっているのである。それゆえ、道具は手許的なものである。(14) そのかたわらで、世界－内－存在は新たな可能性へと自分の存在を投企する。かくして、道具は人間によって作り出された手許的なものである。

耕地、土くれ、野の道、地面、風、大地、これら作り出されたのではない諸物は道具ではない。もし靴が農婦の足にピッタリ合うなら、農婦は靴のことなどほとんど考えることなく、静かに野の道を行くことだろう。道具の持つ道具性が純正であればあるほど、その道具は、それを使っている者の意識の内では目立たなくなるのである。足にピッタリと合ったよい靴が農婦の頭をかすめることは少ない。というのも、靴は農婦の足の一部になっているのだから。有用性は、確かに道具が持つ道具性の本質動向であるにせよ、道具が有用である間は目立たなく隠された（verborgen）までいなければならない。農婦の靴、そして靴にこびりついている鋤で掘り起こされた土くれは、農婦がゆっくりと歩む野の道を指示している。労働の足取りとは、つらくて融通の効かないものに違いない。湿った豊かな地面は、農婦に対して自らを秘匿している。農婦とともに進む靴のその靴底の下には、大地が静かにそして確固としてあり、その大地の上には厳しい風が吹いている。

これらすべては、静けさと孤独の内に現出するが、それらの世界を開示し、そして守っている（behüten）。世界は開示しながら、これらすべてを、多かれ少なかれ、目立たない形で閉ざしている（verschießt）。これらすべてとは自然である。自然は自らに基づき、かつ自らの内に安らっている。その第一のものが大地である。大地は、道具とそれを使う人間を守り支えている。そして大地は自分自身を隠している。

b　ハイデッガーは、「労働の足取りのつらさ」、「ゆっくりとした足取りのもつ融通の効かなさ」、「不平をいわずに案ずること」、そして「歓び」などを指示することによって、何を思念していたのだろうか。彼は、シュヴァルツヴァルトの様々な場面を思い浮かべ、感情移入の能力と構想力とをもって詩人のようにそれらについて瞑想することを企てているのだろうか。断じてそのようなことはない。ここで記述され、持ち出されたことは、心理学的にいえば、感情（Gefühl）である。ハイデッガーはそれらを気分（Stimmung）として存在論的に規定している。まずもって、気分の内で世界と現存在自身の実存は全体として開示されているのであって、感性的に感じることや、先取的な認識の内で開示されているのではない。それらは、気分という開示性において基礎づけられているのである。

農婦は、耕地の常と変わらぬ畝間に、ゆっくりとした、つらい歩みを進める。ものさみしい夕刻、子らの待つ家へ戻ろうと重い靴を引きずっている。農婦は日々の糧を案じて嘆いたりはしない。顔には歓びと満足を浮かべている。なぜなら、困窮を安定に変えるための大変な仕事を終えたからだ。気遣いとは、存在できること（Sein-können）へと至る現存在の持つ根源的で全体的な「傾向」である。一足の靴が指示する世界と自然は、ここではとくに、農婦自身の実存、そして家族の実存が安定するかどうかという心配、また、大変な農作業を通じて困窮をまたも切り抜けたという農婦の歓びを示している。

人間についての伝統的な見方では、感情は人間の不完全な所見として片付けられている。なぜなら、感情は認識という能力も客観性も有していないからである。哲学が永遠なるもの、それゆえ完全なものとしての真の存在者を求める限り、感情のごとき気分性（Gestimmtheit）は、人間存在にとって何か消極的で不完全なものとして格下げされることとなる。では、悟性の認識は、感情に比べて、人間存在のより完全なメルクマールなのだろうか。認識とは、カントにおけるように、認識するべき対象の規定性（Gestimmtheit）を把捉することではないだろうか。確かにそうなのであって、人間の持ついわゆる能力とは、自分の存在の気分性が現出することなのである。それゆえ、気分性は、決して不完全なことなどではなくて、現存在の実存の根本可能性なのである。しかし、現存在の気分性は、伝統的な哲学におけるように人間存在の有限性から理論的に導き出されるのではない。それはむしろ、情態的な事実性（befindliche Faktizität）に関する現象学的な考察を通じて、初めてその存在論的な規定を得る。

情態的な事実性とは、現存在が、そのつど自分自身へと自己構成的な関わり合いを遂行していることにおいて、また自分の環境世界（Umwelt）において、そして自分自身の死に向かって歩んでいることにおいて規定されているということである。現存在の存在がその死によって不可能になるということは、理論的に認識されるのではなく、不安（Angst）という気分の内で常にすでに明らかにされるのである。ハイデッガーによれば、実存とは本質的に死に向かう存在である。であるから、あらゆる気分は、自分の実存が持つ無への不安という原気分（Urstimmung）に基づいている。

現存在は自分の原初へと戻ることも、自分の最期を追い越すこともできない。現存在は自分がどこから来たのか知らないし、どこへ行くのかも知らない。現存在は、自分がこのように存在しなければならないことを知っているに過ぎない。現存在は、自分の誕生と死の間の「存在していること」(Daß-sein) へと投げ出されているに過ぎない。現存在は「死という包括的な脅威の内で」おののきつつも、困窮をいままた切り抜けることを喜び期待することができる。そして、道具としての靴、世界と大地に属してこれらを保管するものとしての靴は、自分のそのつどすでに気分づけられた存在の可能性へと自分を投企している農婦自身によって出合われることができる。大地は、農婦の存在を支えている限り、安らい、沈黙している。農婦は、大地の支えを信用し信頼している。大地が揺らぐと、大地の信頼性と親密さはそれらが消え去ることによって露わとなる。信頼を寄せている大地あるいは土壌の上で、道具としての道具、すなわち、自らの内で安らうもの、あれやこれやという風に役立つ物が発見され得るのだ。この意味で、道具は大地に属している。

自らを隠している信頼性は、すでに見たように、道具という道具存在の本質動向ではないだろうか。さよう。道具は、それを使う者に役立てば役立つほど、その信頼性において、使う者にとって目立たなくなる。それゆえ、自らを閉ざす信頼性は、道具の道具存在の持つ有用性という存在論的な本質に属する。よい道具は自らを閉ざしながら、他の道具を指示している。要するに、世界－内－存在という存在の可能性を指示しているのである。農婦の一足の靴が、靴それ自体ではなく、農婦の行くべき野の道を指示しているように。

大地は制作されてはいない。道具は制作されている。しかし、両者は、自分を閉ざす信頼性という共通の本質動向を有している。信頼性とは、道具の性状についての単なるメルクマールではなくて、道具を使う者の習慣を通じて生じる被発見性（Entdecktheit）である。したがって、その道具に慣れている使用者にとって、道具という道具存在の有用性は自明のものであり、主題になることはない。有用性は自らを本質的に習慣の内に、すなわち日常の内に隠す。逆にいえば、それは、自らを日常の内で、つまり見かけ上の自明さの内で隠すものであり、そしてまた現存在の日常的な存在の仕方に備わる本質的な構造を隠すものである。まさにそれゆえ、伝統を通じて思惟の習慣に従って見かけ上は自明となっていることが、明らかにされねばならないのだ。その際、現象学的な所見はどこから得られるのだろうか。われわれは、実在している一足の靴を観察しているのではないし、またその靴を使っているのでもない。われわれは、ファン・ゴッホの油絵の中に描かれた一足の靴を、すなわち芸術作品を考察しているのである。何が道具の本質なのかをわれわれに示すのは、目の前の道具ではなく、ある一つの芸術作品なのである。芸術作品が道具の本質、そして大地を露わにしてくれた。

大地に属しながら道具は自らの内に安らっているが、この安らいは信頼性に依拠している。右に言及された道具の本質は、芸術作品において独自の仕方で露わにされる。芸術作品において道具が露わになるとはどういうことか。それに関してハイデッガーはこのように言っている。「芸術作品は、靴という道具が真に何であるかを知らしめた」（二四頁）と。つまり、芸術作品が、靴という道具が何であるのかを、われわれに教えてくれたのである。それでは、本質を知ることが認識なのだろうか。伝統的な思惟に従えば、われわれは、芸術作品を通じて靴という道具の本質が認識されたと思念することになろう。そして、真理とは事柄と知性との合致だとされる（大アルベルトゥス）のだから、芸術作品が現実の靴という道具を正確に描いている限り、確かに芸術作品は真理を示していることになるだろう。芸術作品を物の模像として把捉したいのであれば、芸術作品は「論理的に」考察されるべきではないだろうか。

事物と知性との一致としての真理に関する伝統的な見方もまた、物、すなわち道具を質料－形相－接合とするかの思惟に基づいている。アリストテレスによれば、認識とは、形相に適うものである知性が認識すべき対象の形相を自らへと受け入れることを意味する。そうだからこそ、正しい認識、すなわち認識の真理は、対象の形と知性によって受け取られた形との合致を意味しなければならないのである。(15)

ハイデッガーによると、真理とは、正しい認識というようなある主観的な行為の一定の状態ではなく、存在者が真に何であるのかが空け開かれていること（Eröffnung　空け開け）である。真理とは、ギリシャ人たちがアレーテイア（Unverborgenheit　隠れなさ）と呼んだように、何か存在するものの空け開けなのである。われわれが芸術作品において道具について知るに至ったということは、芸術作品を通じて道具の本質が認識されたことを意味するのではない。そうではなくて、それは真理が作品に即してわれわれの目の前で生起したことを意味している。芸術作品以外でもまた、存在者の意味がいかようにか理解される限り、存在者は空け開かれる。ここで芸術作品が真に意味しているのは、そのような独特の仕方によって、芸術作品が自らを存在者の本質の空け開けという卓越した場として示すということである。真理の生起とは、存在者が自らの存在の明るみ（Licht）へと立ち来たることである。そしてハイデッガーは、作品において「明るみ－へと－立ち－来たること」を輝くことと名づけている。輝くこととはすなわち、芸術作品独特の存在の仕方である。

道具がその有用性に隠れるのにひきかえ、芸術作品はその本質に従って自らを示し、自らに安らいながら光り輝くのである。それゆえ、芸術作品が光り輝くのは「目的から自由な美的形式」を持っているからではない。「目的から自由な美的形式」の根拠は、芸術作品の光り輝く安らぎに基づいているのである。では、芸術そのものは何なのか。芸術は、芸術作品の内に自らを置き、芸術作品の内で光り輝く。それゆえ、ハイデッガーにとって芸術の本質は「存在者の真理が自らを－作品－へと－置くこと」（das Sich-ins-Werk-Setzen der Wahrheit des Seienden）（二五頁）である。ところで、伝統的な思惟によるなら、芸術は真理にではなく美に関わるものである。したがって、手仕事的な術と区別されて、美しいものを産出する術、つまり美しい術は、芸術と名づけられているのである。ハイデッガーは、芸術は美しいものと関係がないと言っているのではない。というのもつまり、美しいものは眼前で目立って輝くからである。ファン・ゴッホのかの農婦靴もまた目の前で目立つように輝いているのは、それが美しいからであろうか。美を芸術の本質として考察してきた美学の伝統では、美の根拠が求められるだろう。

それはたとえば、バウムガルテンなどのように、部分が左右対照であること、大きさや色彩、つまり芸術作品の形式に還元されたり、あるいはまた、シャフツベリらのように、心的状況へと還元されたりするであろう。ハイデッガーによると、このような存在的－美学的な学説はまったく間違っているというわけではないが、不十分なのである。というのは、美および美に対応した心的状況は、存在の開示性としての真理において初めて産出されることができるからである。美しいものは真理の内で美しいのである。それゆえ、真理は、美あるいは心的状況を締め出すものではなく、包み込むものである。ファン・ゴッホが農婦靴を描いた油絵は、それが美しいか美しくないかは別として、その内で光り輝きながら物の本来的な物性を開示している限り、芸術作品なのである。

第三章　芸術作品と真理

10　芸術作品がそれ自身の内に立っていること、および芸術作品の世界脱去

われわれは芸術作品の現実性を探求している。芸術作品の現実性を物についての伝統的な諸概念との連関の内に見出そうという試みは、それら諸概念が物の根源的な物存在の本質を見落としているために頓挫した。これに対してハイデッガーは差し当たり、芸術作品の現実性はそれが純粋に「それ自身の内に立っていること」(das

Insichstehen）にあると言う（二一九頁）。では、それ自身の内に立っていることとは何か。芸術作品がそれ自身の内に立っているることが意味するのは、芸術作品がそれ自体として「他の－何ものでもなく－存在していること」である。言い換えれば、それは、芸術作品を芸術作品として産出することであって、芸術作品をたとえば道具として産出することでは断じてない。芸術作品は自らの世界を空け開く（eröffnen）ことによって、それ自身の内に安らう。世界の空け開けとともに、かつ世界の空け開けの内に立っている者、すなわち偉大な芸術家は、それゆえ自分の作品に向かい合ったままである。芸術家はその創作の最中に芸術による世界の空け開けの内に立っているがゆえに、芸術家はとりわけ自分の創作が終わった後ではとかく無頓着なものだ。

芸術作品が他のものの内で安らうのであれば、すなわち芸術作品が自らの内で安らうのではないなら、そのものは何か考察するべき対象あるいは事業の対象として出合われるであろう。つまりたとえば、蒐集され展示されている一連の諸作品の一つとして、もしくは芸術事業の諸対象として、あるいはお上による保護や保存の諸対象として、または芸術市場における諸々の商品として、さらには芸術史研究の諸対象などとして出合われることになるだろう。さて、ここで出てくる「として」（als）という一語は何だろう。これは単なる判断の仕方なのだろうか。「として」という一語は、主観が認識するやり方を意味するのではなく、むしろ存在者そのものの存在が現出してくる仕方を意味している。すなわち、それは、単に言表的な（apophantisch）構造ではなく、存在の持つもっと根源的で解釈学的・存在論的な構造なのである。[16]だから、芸術作品を商う者が芸術作品の本質を正しく認識していないのではなく、商いの際に芸術作品は自らの世界から脱け去る（entzieht）のである。

ベルリンの博物館にあるペルガモンの門はその世界を閉ざしている。大英博物館に所蔵されているギリシャの神々の彫塑像はその世界を崩壊させている。しかしまた、われわれが直接ケルンの大聖堂の前に立ち、その大きさに驚嘆したところで、大聖堂が自らの世界を閉ざしているのであれば、その世界は崩壊しているのだ。つまり、芸術作品をその世界から脱け去らせるのは、不適切に認識する人間ではなくて、むしろ世界自身なのである。というのも、人間は世界の空け開けの主人ではないのだから。芸術作品における世界の空け開けの内で初めて、人間は芸術作品としての芸術作品に出合っているのである。ここでわれわれは、芸術作品、世界、人間の間の連関に関して、人文主義的（人間中心主義的）で認識論的な考え方が執拗に攻撃してくるのを避けなければならない。

世界脱去（Weltentzug）が起こっているとき、われわれは芸術作品に出合ってはいない。われわれが、自らをありありと現わしている芸術作品と出合っているのは、自分の世界を開示するという意味で芸術作品がそれ自身の内に立っているときだけである。世界脱去の際に、芸術作品はかつて存在していたもの（das Gewesene　既在）として、引き続いて出合われているにすぎない。というのは、空け開けはただいまの生起だからである。以前存在していたものは、展覧会や芸術に関する書物の中で「伝承と保管の領域において」出合われ、またそれは考察や商いの卓越した対象としてわれわれの前に登場する。われわれは真理の生起としての世界の空け開けの内に立つのであって、認識の対象の内に立つのではない。芸術作品の現実性とは何か。それは、真理の生起としてのそれ自身の内に立っていることにある。そして真理においてわれわれは世界の開性の内に立っているのである。

11　作品存在の根本諸動向としての世界と大地、ギリシャの神殿について熟慮すること

ファン・ゴッホの油絵に描かれた一足の農婦靴は、それ自身においてある農婦の世界と彼女の世界－内－存在を指示し、そしてまた大地を指示している。大地は、自らを閉ざしながら（「沈黙しながら」）農婦の実存を支え、農婦およびその世界を開示している。農婦が日々実存している間に慣れ親しんだがために閉ざされたままになっている世界と大地は、いまや芸術作品において開示される。芸術作品は自らの周辺の只中において、人目を引く

ように世界と大地を開示しつつ照らしている。このように、芸術作品がそれ自身において光を発しつつ輝いていることが、真理の内で芸術作品がそれ自身の内に立っているということなのである。

さてそれでは、別種の芸術作品、ギリシャの神殿に目を向けることにしよう。油絵と違って、ギリシャの神殿は何ものをも模写していない。それは、峨々とした岩の谷間の真ん中にただ現に立っている。それは、道具とは違って何かを指示したりしない。では、神殿をめぐって一体、何が開示されているのだろう。われわれは岩の上に安らっている神殿に出合う。岩の上でわれわれもまた安らっている。両者、つまり神殿とわれわれはともに大地に属している。大地への関連を通じて、神殿が神の住まいであることがわれわれに示されるのだ。神の住まいとは何か。神とは一体、何なのか。ここでギリシャの神殿が主題になっているということは、ハイデッガーの思念している神はギリシャ神話に登場してくる神を意味しているのだろうか。あるいはアリストテレスの言う「思惟の思惟」なのか。もしそうだとすると、この神は一つの事象になってしまう。すなわち、諸々の存在者のある一つの存在者、あるいは最も存在的なる存在者というわけである。それとも、存在者全体としての世界を創造した神、つまりキリスト教神学における神のような、あらゆるものの原因（Ur-sache　原－事象）なのであろうか。神の本質への問いに関して、ハイデッガーは次のように答える。

「このようなものが自己原因（causa sui）としての原因である。そのような神にふさわしい名前は、哲学ではそのように呼ばれるのである。人間は、このような神に向かっては祈ることもできず、犠牲を捧げることもできない。人間は自己原因の前には畏敬の念からひざまずくこともできないし、またそのような神の前で音楽を奏でたり踊ったりすることもできない[17]」と。

これは神なき思惟であろうか。このような「神なき」思惟、つまり自己原因としての神を放棄してしまう思惟の方が、ひょっとすると神的な神に近いのではないか、とハイデッガーは言う[18]。人間は神的な神に向けて祈ることもできるし、犠牲を捧げることもできる。そのような神に対してキリスト教徒は言うであろう。「はい、主よ」[19]と。範疇に従って存在者と同列に神の本質は規定されることはできず、ただ神性の本質に従って「捉えられ」得るのみである。というより、おそらくは「信じられる」のであろう。神性の本質をより近くに感じることができるのは、自分自身の存在を神聖ではないと思っていて、自分には罪があると思っている者である。それゆえ、神性の本質は人間を癒すものとして啓示されるのである。

神の住まいは、神的なる神の本質領域を閉ざしながら開示する。いま言及した本質領域が属す聖なるものは、開いた柱廊を通って最も神聖な区域へと満ち溢れる。ここ、神聖な区域における主人は、事象を認識する人間ではなくて、神殿という作品の内に含まれている聖なるものである。神殿という作品において、誕生と死、災いと祝福、勝利と屈辱、忍耐と頽落といった人間本質が、その形態を獲得する。まさしくここで、人間の実存が持つ諸々の軌道や諸々の関連の統一が接合され集められる。それゆえ、神殿という作品は、人間にとって本質的なことをその周りに統一的に集める、開いた関連である。ハイデッガーによれば、ここで主宰している広がりは、この神殿を建立したギリシャの民族の世界である。では、神が人間の存在の歴運が集まった神聖な区域の内に存在するということは、神が世界の内に存在することを意味しているのだろうか。ここでは、自分の具体的な歴史においてその定めを全うする具体的な民族としてのギリシャの民族に対して、神は啓示された。そしてまた、われわれが災いと罪の内に自分たちを見出し、かつ自分たちの定めを全うする限り、現在に生きるわれわれにも同様に神は啓示され、ギリシャの民族の世界を空け開かれるのである。社殿を建立した者は主観ではなく、神がそこで啓示される共現存在（Mitdasein）である。ということは、人間の現存在は常にすでに共現存在なのである。それゆえ、ハイデッガーはギリシャの民族について語ったのである。神は、私の神ではなくて、われわれの神なのである。

神殿は岩の上で安らいながら示され、岩は神殿を担いながら示される。岩はそれ自身へと暗く閉ざされるが、しかし神殿によって初めて神殿を担うものとして示される。ハイデッガーは、自らを閉ざしながら存在者を自らの上に担うものを、大地と名づけている。大地は、それ自身を閉ざしている暗闇において開示され、神殿がその上で安らうことの根拠である。大地は重い神殿を担うに十分強固であり、神殿はあらゆるものを破壊する大嵐の暴力に対してしっかりと立っている。神殿をなしている岩石の白さは太陽の下できらめき輝いている。まさにここで、昼間の明るさ、蒼白なまでの天空、夜の暗黒、そして空気の不可視的な空間が露わにされる。野の上で目立たなく佇んでいる植物や動物たちはここで明瞭な形態を示し、その本質において出現する。

このように全体として出で来たること（das Herauskommen）、そして全体として立ち現われること（das Aufgehen）を、ギリシャ人たちはピュシスと名づけた。そしてハイデッガーは、その上に人間が住んでいる土台を大地と名づける。開かれた天空へ向かって、立ち現われるものが立ち現われ、ここに小さな生き物が駆け、人間が住まう。そして大地は、それらすべてを大地自身へと連れ戻す。存在者を〈担いながら－隠すもの〉としての大地は存在者ではない。したがってハイデッガーは、大地の存在の仕方に対して、存在そのものの場合と同じような「である」（sein）ではなく、「本質現成する」（wesen）を用いているのだ。たとえば、「立ち現われるものにおいて、大地は隠すものとして本質現成する」（三二頁）といった具合に。大地が本質現成するというのが意味するのは次のこと、すなわち、大地は「大地－の－上に－住まうもの」が密かに信頼を寄せる存在の根拠であるということ、大地は天空とともに両者の間－それは隠しながら－露現する間である－を形づくるのだが、その間において神殿という作品は自らの世界を空け開くということである。青き天空、海岸、岩の土台、海の空気、小さな生き物、岩石といったものが神殿という作品の周囲を形づくるのではなく、「逆に」神殿という作品がまずもって、それらが本来的に何であるかという、それらのものの本質を示すのである。かくのごとく卓越した仕方で、芸術作品は人間に対して世界を、そして神の本質領域を空け開く。

では、世界および神の空け開け、あるいは啓示とは何なのか。神殿という作品は、ファン・ゴッホの油絵と同じように世界と神を呈示しているわけではない。そのものは世界や神の模像ではなく、それゆえハイデッガーによれば、開けた世界そのもの、そして神そのものの現前を正確に示している。というのも、われわれは実際、ここで聖なるものに出合うからである。しかし、それは仮象ではないのだろうか。

12　作品の作品存在はどこに存し、どこから構成されているのか―作品の二つの本質動向をさらに解明する

a　芸術作品の立て置き (Aufstellen)

芸術作品は「立て置かれ」なければならない。さもないと、それは芸術作品として輝くことができない。芸術作品をこのように立て置くこと (das Aufstellen) とはどういうことか。この立て置くことというのは、公の目に触れさせるために展覧会の会場に作品を陳列すること (das Ausstellen) とは明瞭に異なっている。というのは、このような陳列することは本来的に、作品を、作品ではないものとして、たとえば機械見本市に陳列するべき機械のような単なる手許的なものとして単に持ってくることに他ならない。芸術作品を立て置くことは、その存在者性からではなく、芸術作品存在の本質から理解されなければならない。かの神殿は岩石の一定の塊から建ったのではなく、聖なるものを奉献し称讃するために建立されているのである。よって、神殿を立て置くことは本質的に、奉献と称讃という性格から把捉され得る。奉献と称讃とは、光輝と尊厳の内に現前する神に人間が出合う仕方である。神の光輝を目の当たりにして、災いを背負った人間は、神に癒しを請うのであろうか。

キリスト教では、神に対する人間のもっとも妥当な行いは、あらゆる栄誉を神の栄誉、つまり神の栄光(gloria

Dei)に帰することである。すなわち、神の光輝と尊厳を奉献し称讃することである。芸術作品を立て置くことによって、すなわち奉献し称讃することによって神が呼び込まれる。芸術作品を立て置くことによって神は光り輝く。どういうことかというと、世界の内で神の光輝が反照することによって、神は光り輝くのである。なぜなら、芸術作品を立て置くことは世界に関わる生起だからである。芸術作品が空け開く世界とは、神の光輝の反照なのである。ここではそれゆえ、世界のない「主観的な」人間が神について考察することは問題とはならない。

作品を建－立する(Errichten)というのは、ハイデッガーによれば、「本質をなすものが与える諸々の指図が沿う基準という意味での正しいものを開くこと」(三二頁)である。では、「正しいもの」とは何か。それは、作品において指示される本質構成的なものを意味する。詳しくいうと、人間の存在の歴運、すなわち神の光輝とともに空け開かれる、世界のかの諸軌道および諸関連である。[20]神が神聖であるということ、人間が神に、つまり聖なるものにお陰をこうむっていて、天空と大地との間の世界の内に投げ出されているということは、人間の、右で言及された実存への諸々の指図の尺度となる。そして、芸術作品を建立することは、この尺度を開き、また自らを開く世界を主宰するものの内に引きとめる。すなわち、人間を世界に帰属させている所在（Verbleib）に引きとめるのである。

差し当たってハイデッガーは、ギリシャの神殿という芸術作品存在を存在論的に克明に扱うことを通じて世界の本質を規定しようとし、世界についての伝統的な見方に迷い込むのを避けようとした。芸術作品は世界を空け開く。その世界の内で人間は大地の上に住まい、神は光り輝きながら現前する。世界とは何か。キリスト教の存在－神学では、世界は、それが物質的であろうが精神的であろうが、神によって創造された有限な存在者の全体、つまり被創造的存在者(ens creatum)を意味する。さらに、世界は表象されたものの総和ではない。ここでハイデッガーは、ライプニッツ、カント、フッサールの世界の見方を批判しているのだ。カントによると世界とは、構想し直観する主観の対象として規定される存在者の全体である。しかし、主観は構想し直観するものとして自分に対して立っているのではなく、「対する」ことなく単に立っている。[21] ということは、そのような主観は存在者ではなく、世界に属していないことになる。

　このようなカント的な世界の見方は、本質的にライプニッツのそれに由来している。ライプニッツによると、世界は諸々のモナドにおいて表象されたものの全体である。そして、こういった世界の見方が、フッサールにおける本質的な世界の性格を規定している。ハイデッガーによれば、世界はある一つの存在者でも、存在者の総和でもない。つまり、世界は何かある対象として概念把握されることも、認取されることもできないのだ。存在者が存在するのにひきかえ、世界は世界する（die Welt weltet）のだ。神は、存在するのではなく、現前するがごときに。ハイデッガーは言う。「世界は把握し得るものや認取可能なものよりもさらに存在的である」（三三頁）と。「さらに存在的」（seiender）という語は、日常的な存在者として完成の途上にある存在者を意味しているのだろうか。そんなことはない。存在者は、特定の帰趨性とともに、世界−内−存在の自ら空け開く世界において初めて存在するのである。かかる世界は、自分の実存の完遂ということが持つかの諸軌道と諸連関の内にある。世界は世界する、すなわち世界は自らを開くのであって、マックス・シェーラーが主張するようには、[22] 人間の精神によって、あるいは人間の精神において空け開かれるのではない。

　したがって、世界の性格は、たとえば人間的・精神的な成果といった風に、人間学的に理解されてはならない。ゆえに、「石には世界がない」とか「植物や動物は世界を持たない」（三三−三四頁）とかいうようなハイデッガーのテーゼもまた同様に、存在的に解釈されてはならないのである。世界を−持つこととは、固有の存在の意味を、すなわち自分の実存のかの諸軌道を理解しつつ、存在できることとしての自由なところ（das Freie）へと自分を投企しながら実存することである。それゆえ、石や植物や動物は実存しているのではない。生物としての植物や動物は確かにそれらの周辺（Umgebung）との恒常的なつながりの内に存在しているが、しかしこの周辺というものは植物や動物の場合、衝迫によって成立しているのである。

翻って人間の場合、存在者の全体は、覆い隠された衝迫によって与えられているのではなく、帰趨的なものを自由に配視すること（Umsicht　周囲を見回すこと）によって、すなわち環境世界（Umwelt）の内で与えられている。植物や動物は、世界や環境世界を持つことはなく、ただ独特の周辺を持つだけである。世界－内－存在の世界の内で開示される環境世界の中で、ある一定の道具は差し当たりより信頼の置ける帰趨性において発見される。道具、言い換えれば手許的なもの[23]という身近に発見されて存在するものは、環境世界の近さと遠さ、広さと狭さ[24]などの根拠であるが、これらは空間を構成している広がりの根本諸関連である。その内で配慮的な見回しが与えられるところの周囲世界は、存在者を手許的なものとして現出させる。なぜなら、世界が世界するからである。神が現前すること、あるいは神が姿を現わさないことも、どのように世界が世界するかという仕方である。それゆえ、存在者の持つ空間性は世界の世界化（Weltung）の仕方である。神の現前もまた世界の世界化に属している。

存在者は、そのものの空間性に従って現存在と出合われる。それゆえ存在者は、現存在が自分をそこへと向ける場を受け取る。このように「自分を－向けること」が示すのは、脱－離（Ent-fernung）および布置（Ausrichtung）という性格である。[25]手許的なものはそのつど、ある帰趨性において、すなわち帰趨性全体の中でその手許的なものが持っている「関連」において明け渡される（freigeben）。手許的なものをこのように明け渡すというのは、布置されたものを、それが帰趨性を持っている場に即して空け入れること（das Einordnen）である。そして、この「帰趨性を－持つこと」は、手許的なものの性状に応じて生起するのではなくて、開けの自由なところにおいて生起する。すなわち、世界が自らを明け開きながら世界化することの内で生起するのだ。芸術作品の立て置きとは、世界の開けへと自由なところを卓越した意味で明け渡すことなのである（三四頁）。

b　芸術作品の本質動向としての大地の打ち立て（Herstellen）

ある芸術作品が、石、木材、金属、色、言語、音から成り立っているといわれるならば、そこでは、作品が成立していることが有するこの〈何から〉（woraus）ということは、すなわち作品の制作は、物についてのかの存在的なる質料－形相－関連によって理解されている。石、木材、色、音響といった作品の素材は、自然の中ではそこかしこで見出すことができる。それでは、この「何から」ということ、すなわち芸術作品の「作品の素材」と、自然の内にあるそれとはどう異なっているのだろうか。そしてまた、芸術作品の「何から」は道具のそれとはどう異なっているのだろうか。

自然の中の石は、人間の住まうこと、すなわち世界－内－存在として住まうことを、その信頼性によって担っているということを閉ざしている。ハイデッガーは自然を大地と名づけている。それゆえ、大地は、その本質に従って、「担いながら－隠すもの」である。たとえば、花の色はあたりを照らしているけれど、それは移ろい、ついには消えてしまう。そのような花の色は、たいていの場合、自然物の単なる属性として忘れられたままである。道具の色、たとえば自動車の車体の色といったものは、花の色のようにすぐに消えることはないにしても、やはり長い目で見れば使われている間に消えてしまう。だが決定的なことは、道具の「何から」という存在論的な性格である。すなわち、道具はその信頼の置ける有用性の内で消えるのである。道具の「何から」は消える。言い換えれば、それは、道具の有用性の内で「沈む」のであり、さらに言えば、全体としての道具とともに使用者の注意から「沈む」のである。

これに対して、神殿をなしている石は消えることはなく、むしろ「何より先に」こちらへと出てくる。大理石の白さは輝いている。音楽における音は、おしゃべり（Gerede）の騒がしさとは違って、音を音として明らかにする。詩の語句は、おしゃべりとは違って、語の持つ厳しさと深さを語る。このような仕方で、芸術作品においては、自らに隠しながら大地に属していることがこちらへと出てくる。それは、「何から」において作品が大地へと立て返されることによって可能となる。道具に関する思惟で示された大地の一つ目の根本動向は、「担いながら－隠すもの」（das Tragend-Bergende）である。芸術作品に関する思惟をめぐってここで示された大地の二つ目の根本動向は、「こちらへと出てきながら－隠すもの」（das Hervorkommend-Bergende）である。大地は、芸術作品においてこちらへと出てくる。そして大地は、それに基づいて、またそこにおいて、人間が大地の生起に従って歴史的に住まいつつ創設するものである。

大地は、何ものにも強要されない「苦労のない－疲れを知らないもの」として所在において打ち立てられ（hergestellt）る。打ち立てることは製造することではない。打ち立てることは、「自分を－自分の－前へ－向かって－立てること」、すなわち「自分を－立て返しながら－こちらへと－出てくる－ようにさせること」（das Sich-zurückstellend-hervorkommen-Lassen）である。道具において立て返されているもの、「すべてに－先んじて」こちらへと出てくるものは、大地の本質的なものである。大地の本質は、われわれの直接的な経験において自らを隠しながら露現する（verbergend entbirgt）のであり、それゆえ学的な理論や実践によって基礎づけられ得ない。というのも、学はただ、自然の対象化を通じて、自然を支配し操作しようとするに過ぎないからである。しかし、自然が本質的に開示不能なものであることは常に保たれているのであるから、このような支配への意志は無力さから脱することはない。色の輝き、石の重さ、木材のしなやかさ、音の響き、そして語の命名力は、芸術作品において独特で卓越した仕方でその本質を明らかにする。芸術作品においてというのはすなわち、大地が自らを打ち立てること（das Sich-herstellen）において、という意味である。それはつまり、計測可能なものへ還元されるような人間の尺度において、ということではない。なぜなら、大地そのものは、たとえば色といったものと同じように、本質的に説明できないままであるし、また他のものによって基礎づけられないままにあるからである。

大地はまた、「故郷的な根拠」(der heimatliche Grund) としてこちらへと出てくることにおいて、その本質からして、自らの内に隠れたままである。というのは、自らを自らの内に閉ざすことだけが、確かに部分的にではあるが、自らを開示することを可能にするからである。それゆえ、そのつど現前しているものは、その現前によって大地を限定しているわけである。かくして、互いを閉ざしている物は交互の一致へと流れ込む。他方を閉ざすことによって、すなわち、他方が自らを閉ざすことによって、一方は自らを開けるのである。要するに、大地は「自らを－閉ざすもの」である。つまり、それが大地を打ち立てることなのである。

13　現存在の存在の生起（Geschehen）である作品の統一としての世界と大地の争い

作品においては、世界が立て置か (aufstellen) れ、大地が打ち立てられる。世界と大地の本質動向は、並立的に存立しているのではなく、互いに他を必要としている。というのも、世界は、大地の上へと立て返されること (Zurückstellung) によって初めて自らを空け開くのであるし、大地は、自らを空け開く世界において初めてこちらへと出てくるからである。このように両者が相互依存的に互いを必要としていることが、作品の統一を形づくっている。統一のお陰で作品はそれ自身の内に立っている (in sich stehen) のだ。ここで、作品がそれ自身の内に立っていることということは、いまいわれた統一の後で、道具の場合のように他の存在者へ向けられた何らかの指示関連の内で消えるということではなくして、それ自身の固有の世界の内で安らっているということである。しかし、作品が「自ら—に—基づいていること」としての安らいは、生起している動きの、内的に集まりとしての最高度の活発さに他ならない。この動きとはすなわち、芸術作品が存在的・現象的に理解されたときの、かの力動性の根拠である。

作品における世界の立て置きと、世界の内で大地を打ち立てることの統一的・力動的な関連を明らかにするために、ハイデッガーは改めてわれわれを世界についてのさらなる考察へと導く。ハイデッガーはこのように言う。「世界は諸々の物の単なる寄せ集めではない」（三三頁）、そうではなく「ある歴史的な民族の歴運における単純で本質的な諸決定の広い諸軌道の、自らを開く開性である」（三七頁）と。人間の実存の諸軌道とは、われわれを誕生と死、祝福と呪いの間で存在へと連れ去り保持することを意味している（三三頁）。しかし、実存の諸決定の諸軌道がいかにしてある民族と関わるのであろうか。ハイデッガーは、神殿を考察する際にギリシャの民族についてまた言及する。『存在と時間』では、現存在の存在はその歴史性において把捉されている。現存在の存在が開示されるのは、それが気遣い（Sorge）において、自分に向けて自分が存在できることを贈りとどけ（将来）させ、自分の既在へと立ち戻らせることによってである。すなわち、時間は将来的かつ脱自的に時熟する。[26] 時間の時熟は次のように示される。

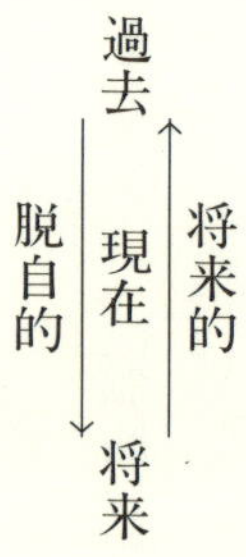

既在的なものは、現存在に対して現存在の差し当たりの自己投企および世界投企の制限された可能性を示すが、

かかる可能性においては何か特定の有意義なものとして示される。将来的なものと既在的なものとが交互に規定し合っている関係はある主観によって選ばれたものではなくて、現存在の存在の生起である。この生起をハイデッガーは「運命」(Schicksal)と名づけている[27]。現存在は単純にその運命へともたらされることによって、現存在によって体験され選ばれた可能性へと引き渡される。これによって体験され選ばれるところの現存在の存在の可能性は、しかし他者から孤立したその現存在固有の体験において与えられるのではないし、また同じように孤立した選択において与えられるのでもない。なぜなら、現存在の存在は常にすでに他者と一緒に、ともに配慮するものとして開示されているがゆえに、現存在はその本質に従って共存性(Mitsein)と呼ばれるべきだからである[28]。そして、現存在の生起もまた共同の生起である。ハイデッガーは次のように言う。

「したがって、われわれは共同体の生起を民族の生起と呼ぶ[29]」と。それゆえ、大地の上に立て返された世界もまた、ある歴史的な民族の歴運において与えられている共世界(Mitwelt)である。大地は、恒常的に自らを閉ざすものとして、存在者を隠すものとしてこちらへと出てくる(なんと、動き、震える大地は、あらゆるものをも自らの内へと閉ざし、そして隠すのである。これが大地の真の容貌であろうか)。世界は大地の上へと「自らを―創設すること」において自らを空け開き、自らを閉じるものとしての大地の上に聳える。世界はまさにかくのごとく世界するのであるが、それは、言及された仕方で大地が自らの内に取り入れ、留保することによってである。

このように世界と大地が向かい合うことを、ハイデッガーは争い(Streit)と名づけている。争いが決着のつかないものであればあるほど、世界と大地の根源的な本質は判明に示される。よって、大地の上で自らを空け開く世界と、世界を自らへ向けて立て返し、かつ自らを閉じる大地とが自己主張することにおいて、世界と大地の両者は、本質的に相対しているのである。

以上のように、われわれは世界と大地一般が互いに競争する連関を考察する。ハイデッガーによると、芸術作品はかかる争いを引き起こす卓越した場である（三八頁）。

14　存在の明け開けとしての真理

芸術作品は、世界と大地の、つまり空け開くことと閉じることとが争う場である。では、真理はこの争いとどのように関わっているのだろう。先ほど、真理は自らを作品に置くということが言われた。真理が自らを置くこととは何か。ハイデッガーは問う。「世界と大地の争いを引き受けることにおいて、どの程度まで真理は生起しているのか」（三八頁）と。いま一度、ハイデッガーは問う。すなわち、「真理とは何か」と。

本章「芸術作品と真理」ではすでに一度、真理という問題は扱われた。よって、ここでは真理そのものが生起するという性格を明らかにし、次章「真理と芸術」への橋渡しとすることにしよう。思惟の伝統に規定されているわれわれが真理という語の下で理解しているのは、ある命題の形式において言表されるところの正しい認識の内容あるいは対象である。それに従って命題は真であるわけだが、そのとき、命題における主語と述語の結合は「客観的な」事象の内容に適切に対応している。適当な対応は合致（Übereinstimmung）に存している。「真」はまた真の金のような事柄についても言われる。真の金とは、真に存続している金のことである。ここでわれわれは真理の本質へ向かって問うているのだろうか。本質が事柄の形式的な一般性（essentia）を意味していて、そのため真理の本質がほとんど明らかにされないがゆえに、またそうである限り、ハイデッガーはこのような本質を非本質的な本質と呼ぶ。真理の本質を概念把握するためには、それに先んじて本質の真理が概念把握されていなければならないだろう。

そのとき、われわれはある奇妙な絡み合いへと入り込むことになる。このような絡み合いへと入り込まないためには、われわれは、そのものの種別からは概念把握されない何ものかについての「本質的な本質」の方を向かなければならない。ハイデッガーによると、「本質的な本質は、存在者が真にそう存在するところのものの内にある」（三九頁）。存在の様式、すなわち存在者の開性の様式は、しかし客観（存在者）と主観（人間）の連関様式ではない。ここで問題となっているのは真理そのものであり、そのような真理としての真理によって初めて、人間あるいは本質についての概念もまた把捉されるのである。

ハイデッガーは、われわれにアレーテイアというギリシャ語の言葉、すなわち隠れなさを想起させる。ギリシャ人がアレーテイアという語について語るとき、真理の本質的な本質はパッときらめくが、それは当のギリシャ人によく思惟されなかったゆえ、隠され続けているのだ。その結果、真理の本質についてのそれ以後の哲学は、真理の本質が歪んだ方向へ導かれたことを究明するのにふさわしいものではなかったし、また、究明は手つかずのままになっているのである。

ここで思念されている歪んだ方向へ導かれた真理の本質は、事柄と認識が合致することを意味している。しかし、ハイデッガーは次のように問う。すなわち、「事柄そのものが隠されたものの内に立っているのならば」、認識はいかにして事柄と合致し得るのであろうかと。ある命題がそれ自身を「隠れなさに従って、すなわち真なるものに従って向け」（四〇頁）ないのなら、その命題が真であることはいかにして可能なのか。確実さ（certitudo）、つまりデカルトにおける真理の基準は引き続く近代の学のパラダイムとなったが、これは認識の明晰さと判明さ（clara et distincta perceptio）に依拠させられている。[30] しかし、知覚する自我の明晰さは、知覚されるもの（存在者）が自我に対して「現在的、かつ覆い隠されることなく」（praesens et aperta）示されている限りで成立するのだ。[31] デカルトおよびその後継者たちは、知覚されたもの（cogitatum）の様式、つまりその現在性や覆い隠されていないことを自我の成果へと還元するのが常であった。明証性（Evidenz）、つまりフッサールの真理基準は、自我の「自らを―向けること」(Sich-Richten) の「向けられていること」(Gerichtetheit) として、すなわちまず志向性に存していたが、それは、それに従って自我が自分を向ける限りにおいて、つまり自我が自我を向ける限りにおいて、である。絶対的な明証性は、ノエシスとノエマが同一である限り成立可能である。しかし、それはアリストテレスにおける、それ自らを思惟する、「思惟の思惟」[32]としての神にだけ可能なことだろう。フッサールの現象学が超越論的である限り、すなわち全体を究極の法廷としての純粋な自我へと還元することによって実行される限り、独我論の前でその明証性論が保たれることはない[33]。

さて、正しさ (Richtigkeit)、そして正しさから導き出された確実さおよび明証性は隠されていないもの (das Unverborgene) を前提にしている。この隠されていないものの内で、言及された領域が全体として起こらなければならない（四一頁）。存在者の隠れなさがわれわれをすでに明け開かれたところ (das Gelichtete) へと移させているのでないなら、われわれは明け開かれていることを想い起こすことさえできないだろう。ここでハイデッガーは「明け開かれたもの」(das Gelichtete) という新しい語を持ち込んでくる。明け開くこと (das Lichten) とは、存在的にいえば明るく照らされた場所というものを創り出すことであり、それはそこに立っている諸々の事物、たとえば森の木々を伐採して取り除くことによってなされる。ハイデッガーは、隠れないものをまさに存在の明け開け (Lichtung) であると言う。隠れないものは明け開かれたものに他ならない。だが、人間は自分から能動的に明け開くことはできない。というのも、人間は隠されたものにおいてすでに明け開かれたものへとようやくのことで自分を投企するからである。すなわち、明け開けは人間という現存在の投企の可能性と見なされるような前提なのである。人間は明け開けの主人ではなく、存在の明け開けにおいて初めて人間は現 (da) にあるのである。明け開けは存在の方から生起する。この生起の内へとあらゆる存在者（そしてわれわれ）は入り込んで立つことができるのでなければならない。存在に対して存在者が主人ではないことを、ハイデッガーは、神的なものと神的なものに反抗するものとの間に位置する存在者の「覆い隠された宿命」(das verhüllte Verhängnis) という表現をもって特徴づけている。それはすなわち、全体としての存在がわれわれ人間を超えて定めている宿命である。「あらゆる存在者は可知的である」(omnes ens est intelligibilis) というモットーの下にある伝統的な思惟では、人間の能力が及ぶ限り、人は、あらゆることを知り、支配しようとする。ハイデッガーがこのような人文主義的で主知主義的な考え方をあまりに激しく批判するために、彼は非合理主義者、反人文主義者、あるいは運命論者と取り違えられかねないほどである。しかし、ハイデッガーは合理主義、人文主義、さらには技術を否定することによって、そのアンチ・テーゼを提出しているわけではなく、そういった見かけの上では自明となっている考え方を不十分なものと見なして、それをさらに根源的な根拠において把捉しようと試みているのである。自明のことだが、われわれ人間はあらゆるものを認識できはしない。それは、われわれの能力がそれ自身において制限されているからではなく、われわれが全体としての存在者の覆い隠された宿命の内に存在しているからである。それゆえ、すでに知っていることも常になお大まかにしか分からないものだし、一度マスターしたことも常になお不確かなままに留まっているのである。

存在者の開けた中心としての明け開けは、森の中の間伐地［明け開け］が木々に取り囲まれているのとは違って、存在者に取り囲まれているわけではない。もしそうなら、おそらくそれは人間の悟性、たとえば学的な探究を通じて拡大され得るものであろう。だが、明け開けは、森のメタファーが意味するような存在者における開けた中心ではなくて、むしろそこにおいてあらゆる存在者が存在者として登場してくる開けた中心なのである。したがって、明け開けは存在者の間にあるのではなく、「存在者を超えて」(四一頁)、われわれ人間を超えて本質現成する (west)。すなわち、明け開けは、われわれの経験の対象というより、そもそも「通り道」として、あるいは「存在者へと接近する通路」として本質現成するのである。ということは、われわれは明け開けにおいて初めて自分に出合うことができるのであるから、もし存在が自らを明け開くことなく、隠れるのであれば、何ものも存在しないであろう。

存在者がこの明け開きの明け開かれたものへと「入り込んで立ち、出で立つ（herein-und hinausstehen）」（四一―四二頁）とき、存在者は初めて存在者たり得るのである。あらゆる存在者は明け開かれたものへと入り込んで立ち、そこから引き下がる（四一頁）。それでは、あらゆる存在者はそこへと出で立つことができるのだろうか。ヘルマンによると、[34] 存在者一般が明け開けの明け開かれたものへと入り込んで立つのにひきかえ、人間は脱自的に「自ら―から―立つもの」としてそこへと出で立つ。それゆえ人間はここで、現存在たり得ないものの隣りに立つことはない。明け開かれたところへと人間がこのように出で立つことは、まさに存在できること（Sein-können）への自己投企を意味している。存在できることとは存在者へ至る通り道のことであるが、それが人間に贈られる明け開けたる贈物（Geschenk）である。

15　隠しとしての明け開け

a　隠しの一つ目の本質規定としての拒絶（Versagen）

ハイデッガーは次のように言う。すなわち、「存在者が入り込んで立つ明け開けは、それ自身において同時に隠し（Verbergung）である」（四二頁）と。ここで述べられているのは、明け開けが明け開けであることをやめて隠しに変化できるということではなくて、明け開けがそれ自身において同時に隠しであるということである。プラトンでは、イデアは隠れなさ（アレーテイア）の根拠として、すなわち純粋な「輝けるもの」として考えられている。[35]「ギリシャ人たちにとって、それ自身を隠すこととしての隠れ（Verborgenheit）は、もともと、存在の本質をあまねく主宰しており、それゆえ存在者をもその現前性と接近可能性（「真理」）において規定していた[36]」にもかかわらず、プラトンおよび彼に連なる哲学者たちが、隠れを真理から締め出し、真理の規定を人間の認識の正しさへと変容させたために、隠れなさそのものとしての真理は、最も謎に満ちたものとなってしまったのである(四一頁)。ここで、伝統的な真理論はその存在論的な基盤を失い、人間学的な性格を得るに至った。それというのも、人間が真理を認識できるか否かは、「存在者へと人間が関わり合うことの卓抜さ[37]」の問題だからである。

知覚の対象がある一定の射映によって与えられることを、フッサールは強調する。それはたとえば、ある箱のこちらの面と向こうの面とを同時に見ることはできないということである。しかし、知覚された対象の射映はただ、人間が遠近法的に見ることが単に制限されているということを、言い換えれば「認識のそのつどの限界」(四二頁)を示しているにすぎない。それに対して、明け開けにおいて隠すことは、人間の認識と非－認識の根拠である。明け開けとは隠されたものの明け開けであり、したがって明け開かれたものの原初である。それゆえ、明け開けはそれが可能になる条件として、隠されたものの隠れを前提にしている。

われわれがある存在者について「それが存在していること」としか言い得ないのであれば、その存在者は最も細かな点におけるまでわれわれを拒んでいるのであり、その際、それが何であるかということ、またどのように存在しているのかということは、まったくもって隠されたままである。ある存在者がそれにふさわしい尺度に従って自らを露現して初めて、われわれはやっと、それが何であるかということ、またどのように存在しているのかということについて、いかばかりかのことを言うことができるのだ。何が全体としての存在者であり得るのかということは示し得ないのであるから、存在者そのものが何であるのかという、存在者そのものの本質もまた、われわれの与かり知らぬところを漂っているのである。

b　隠しの二つ目の本質規定としての偽装（Verstellen）

拒否することが明け開けの原初として生起する一方で、明け開かれたものの内側では存在者の偽装が生起する。ハイデッガーは言う。「一方が他方にヴェールをかけ、前者が後者を暗くし、少ないものが多いものを塞ぎ、個別化されたものがあらゆるものを否認する」（四二頁）と。存在者が拒否することは、人間の拒否（menschliche Versagung　人間的な間違い）に端を発しているのではなく、存在者の現出の仕方、すなわち存在者自体が持っている、自己露現（Sich-Entbergen）の本源的様式である。存在者は自らを隠すことによって自らを露現するのだ。かくして、存在者の拒否はその明け開けの根拠なのである。

われわれが自分たちを理解し(Sich-Verstehen)たり、間違え(Sich-Vertun)たり、道に迷っ(Sich-Verlaufen)たり、違反し（Sich-Vergehen）たり、計り損なっ（Sich-Vermessen）たりすることなどは、存在が自らを偽装する（Sich verstellen）ときに生起し得る。存在は仮象としてあたかも、ああであったり、こうであったりするかのように欺くことができるので、われわれは惑わされるのだ。であるから、思い違いもまた、第一にわれわれ人間の失敗というわけではなく、明け開かれたもの自身が偽装することの結果である。思い違いとは、存在的にいえば認識の一種であるが、存在論的に見れば露現の一種、すなわち偽装の露現なのである。露現は隠されたものを偽装しながら隠すことができるので、あたかもそれが露現されるかのように見える。別の言い方をすれば、隠しは自らを隠すがゆえに、われわれは、自分の無知ゆえにこの無知を知ることができないのである。偽装は自らを偽装する。明け開けの外側ではなく、その内側で明け開かれたものの偽装が生起する。したがって、自らを偽装することのできる存在者として、われわれは、偽装を露現から区別することによって、偽装を避けることができる。拒否が明け開けの取り戻せない原初として主宰するように[38]、偽装は取り戻せない生起として、人間の実存という存在の明け開けの真ん中で主宰しているのである。
差し当たってわれわれを取り巻いている存在者の内で、すなわち日常において、われわれは親密で、信頼でき
て、親しめる（geheuer）状態にある。馴染んで存在している者（das zu-Hause-Sein）としての密かな存在にお
いて、現存在の存在は自らを開示する。そしてその開示性に従って現存在は自分を投企する。開示性はここでは
明け開けと呼ばれている。しかし明け開けは純粋な開示性ではなく、また純粋な露現でもない。むしろ明け開け
は同時に「恒常的な隠し」でもある。それは日常における信頼性に似ている。信頼性は不安という基礎的な気分
の内で成立可能であるのに、第一義的な情態性のような見かけをしている。死に向かう現存在の存在の被規定性
としての不安は、気分に従って露わにされるのだが、差し当たりたいていは、その恐ろしさ(Ungeheuerlichkeit)
において偽装されたままに留まっている。
『存在と時間』の中の日常性の分析で明らかに示されたように、明け開けは同時に「恒常的な隠し」であり、し
かも偽装の二重の形態においてである。ここでまたもや新しい術語を使うことになるが、拒むことと偽装するこ
とは、露現の拒絶（Verweigerung des Entbergens）である。これはつまり、信頼性が不安から護られているこ
とと成立するように、隠しは、単に露現の反対ではなくて、露現が争いながら拒絶することである。それゆ
え、拒絶は欠陥や誤りなどではなく、露現の根本可能性なのであり、しかも露現の原初なのである。つまり、露
現性（Entborgenheit）としての真理は、それが可能であるために、拒絶としての非－真理を必要とするのだ。し
たがって、ハイデッガーの表現によると、「真理はその本質において非真理である」（四三頁）。そしてまた、「真
理が非－真理を必要とする」ということは、露現が隠しを取り除くということではなくて、前者と後者が互いに
相対して属しているということである。よって明け開けとは、隠されたものの露現であり、かつ露現されたもの
の隠しである。すなわち、根源的な争いが相互に対立していることなのである(同所)。拒みながら拒絶すること

は、露現を否認するものとして、明け開けの「恒常的な由来」であり、「露現の原初」である。さて、真理が原争い（Urstreit）として本質現成するのは開け（das Offene）の真只中であり、世界と大地は、かかる開けに属している。存在者は世界の中へと入って立つ。そして存在者は自らを世界から大地へと立て返す。争いとは、大地にくまなく聳える世界と、世界の内で空け開かれたもの、つまり自らを隠し、こちらへと出てくる大地との相属性である。かくして、世界とは「あらゆる決定が従う本質的な指示の諸軌道の明け開き」（同所）である。すなわち、人間の歴運のかの諸軌道の明け開けであり、一つの歴史的な民族の明け開けなのである。

閑話休題。作品の本質とは何であるか。ハイデッガーは答える。「作品の本質には真理の生起（Geschehen）が属している」（四五頁）と。真理は、大地にくまなく聳えながら自分を据える世界と、自分の上に世界を創設する大地の原－争い、もしくは争いとして生起する。作品において、全体としての存在者は、作品を構成するような卓越した仕方で真理へと保たれる。すなわち、根源的に守られるのである。守ること（das Hüten）とは、世界の恒常的な空け開けであり、大地の恒常的な衡迫である。この両者の争いとして、作品は自らの内において安らう。存在は作品において自らを明け開き（sich lichten）、恒常的な輝きとして自らを示す。別の言い方をすれば、このような性質を持つ明け開くことが、その輝きを作品へと摂合するのである。作品とは、明け開けの自己－摂合としての生起であり、それゆえに作品は「輝く（scheint）」（四四頁）のだ。作品におけるこのような輝きが美である。かくしてハイデッガーは言う。「美とは真理が本質現成する仕方である」（同所）と。

これまでの考察で学んだのは、芸術作品の本質を真理の本質から把捉するということである。しかしその際、「作品の最も身近で押しつけがましいかの現実性がまだ」語られて「いない」（四五頁）。このような現実性は、作品において、かつ作品に対して何が作用しているのかということ、そしてその作用としての創作が何であるのかということから明らかにすることができる。作用されるものは物性的なものである。それゆえ、また新たに、作品に即した物的なものの本質へ向けて問わなければならない。つまり、「真理の本質をなお一層根源的に解明することから」(同所)問わなければならないのだ。要するにわれわれは、作品の内へと置かれる真理の本質とは何であるのかを、さらに問わなければならないのである。

第四章　真理と芸術

16　真理の生成と、生成としての創作

ハイデッガーは改めて問う。「芸術とは何か」(四六頁)と。芸術の本質の由来は作品の現実性に存する。現実性は隠れなさとしての真理の生起に基づいて規定されている。芸術作品とは、存在者の存在のかの生成しつつ「露わになること」(Offenbarwerden)の卓越した場である。露わになることは、存在の原-争い(Urstreit)において、また原-争いに起因した、世界と大地の争いにおいて生起する。したがって作品とは、単なる動きのない物ではなくて、このような競争が物の内に集められている動きそのものなのだ。それはすなわち、このような動きがそこにおいて作品の自ら安らう由来なのである。

作品の物的なものについていえば、真理の生起は、生起の担い手としての現実的な作品を、つまり作用を受けるものを前提している。作品という、作品を構成するように作用を受けるものは、それが芸術家を通じて「創作されて存在していること」に依拠する。創作的な活動を通じて作品が創作されて存在するということは、見かけの上では、作品についての最も身近で、まったくもって疑問の余地のない規定である。というのも、われわれはまずもって、創作する芸術家をその作品とともに表象するのだから。しかし、芸術家の本質、つまり芸術家が本

質的に何であるのかということは、存在論的に考えると、まずもって作品の本質に、すなわち真理の生起に基づいていることを第一節で見た。それゆえ、芸術家の本質は、真理に関する最低限不可欠な熟考に従って、いまようやく「最後に」主題とされることが許されることとなる。

作品は、存在論的には確かにその作品を創作する芸術家に先んじているのだが、しかし存在的には、また実際のところ、芸術家の活動によって生ずる。であるから、ハイデッガーは言う。「作品の作品存在を純粋に作品そのものから規定する試みは、貫徹できないことが証示される」（同所）と。ということは、ハイデッガーにとって作品の作品存在は、作品そのものからだけではなくて、創作的な活動からも規定され得るものなのだからである。だが、創作的な活動の本質の規定は、またも真理の本質の規定に溯って把捉されるのである。

創作とは何か。創作とは産出（das Hervorbringen こちらへともたらすこと）である。しかし産出は、芸術作品の創作についてだけではなく、道具の作製についても、また言語的な芸術作品についても言われる。つまり、手仕事（Handwerk）は確かに作品（Werk）を創作することはないにしても、作品創作はその性質からして手仕事的な行いを要求するのである。産出が持っている見かけ上の共通性については、ギリシャ人たちが手仕事と芸術をテクネーという一つの語によって理解しており、手仕事職人と芸術家をテクニテースと呼んでいたことが思い出される（四七頁）。通常の場合、「技術」（Technik）という語の下で理解されているのは、身体的・物理的な行い、すなわち実践的な成果、あるいはそれに至る特定の方法である。だが、ハイデッガーにとって、このような理解は間違っており、浅薄なものである。

ハイデッガーにとってのテクネーとは、知（das Wissen）のあり方の一つである。そして、ここでいう知とは、感性的に見ること、あるいは範疇的に認識することではなく、現前するものそれ自体を認取すること（das Vernehmen）である。存在者はその露現において、すなわちアレーテイアにおいて本質現成するわけであるが、このものは存在者に対する一切の関わり合い（Verhalten）を担い、導く（四八頁）。よって、存在者に対する特定の関わり合いとしてのテクネーは、存在者を生起として産出しながら認取することである。かかる生起の外見は隠れなさに基づいている。産出的な認取とは、作品を制作すること(das Her-Stellen こちらへと－立てること)である。

このような制作とは、「存在者をその外見からその現前へと現われ出（vorkommen）させる」（同所）ことである。隠れなさへとこのように「前へ－出－させること」（das Vor-Kommen-Lassen）は、作品を構成するように「こちら－へともたらすこと」（das Her-Vor-Bringen）としての創作であり、それがすなわち作品を制作することである。作品構成的な産出は、ピュシスと呼ばれる「独自に立ち現われる存在者の真ん中」で、作品における創作によって生起する。ハイデッガーは、ピュシスを立ち現われながら隠すもの（三一頁）として大地と名づける。そしてまた、創作は生起する真理として、世界と大地による争いに基づいているのであるから、ハイデッガーにとって、創作は大地としてのピュシスの真ん中でも生起するのである。創作とは作品が作品となることである。それは、「真理が生成し生起する一つの仕方」（四九頁）である。作品は、生起する真理という根拠に基づいて作品となる。それゆえ、ハイデッガーはここで作品に対する動向としての真理について語ったのである。さて、いまやハイデッガーは改めて、作品に対する動向としての真理へ向かって問う。

17　作品という整え入れられた存在（das Eingerichtetsein）と、整え入れ（Einrichtung）の他の五つの仕方

創作されたものの内で生起する真理とは何だろうか。真理は作品への関わりをどの程度まで有しているのであろうか（四九頁）。真理は明け開けと二重の隠しとが相互に対向することによって本質現成するのだが、それは、

露現しながらかつ拒みつつ隠すものとしての「非－真理」である。存在者として自らを示し、自らを建造するもののすべて、すなわち作品は、存在者の一つの仕方である。このような存在者は、開けへと入り込んで立ち、自らを開けから引きとめる。存在者はそのつど、開けの一つの仕方によって自らを示す。開けは、原－争いにおいて、つまり真理において、世界の大地の争いとして闘い取られる。いつ、またどのようにしてこのような争いは突発的に起こるのだろう。このような争いは、いつ、どのようにして生起するのだろうか。真理、すなわち開性および原－争いが本質現成する（生起する）ことができるのは、「それが自らの開けへとそれ自身を整え入れるとき、またその限りにおいて」（同所）だけである。

ここで改めて真理の本質は、開性がその開けへと自らを整え入れることをめぐって把捉されている。開性が自らを整え入れることとは、開性、すなわち真理が、その立場（Stand）とその常立性（Ständigkeit）を、そのつど一つの存在者のうちに持つということである。つまり、開けが自らを確保するとき、開性はその立場を得るのである。ここで「テーシス」というギリシャ語の単語を、言及されたような、占めること（das Besetzen）とか置くこと(das Setzen)とかいった意味から、隠れなさにおいて「(何かを)立て置くということ」(das Aufstellen)として根源的に理解することは可能であるが、しかしカントにおけるような範疇的な意味での措定(Position)から理解することはできない。カントによると、存在者が経験の対象として範疇的な措定である限り、存在は純粋な措定である。

さて、真理が生起するのは、開けへと、すなわち存在者へと競争しながら自らを整え入れること(bestreitendes Sicheinrichten）によってである。したがって、真理には「ここで整え入れと名づけられているもの」（同所）が属している。要するに、真理は「どこかの星々で前もって」生起している「のではない」。そうではなくて、真理が自らを具体的に存在者へと整え入れるとき、そしてそのことに応じて真理は生起する。つまり、真理が自らを作品へと置くならば、そして置く限りで真理は生起するのである(五〇頁)。作品における真理の整え入れは、真理を「作品－へと－置くこと」(二五頁)を意味している。作品が真理なのではなく、作品は整え入れられたもの、すなわち、真理の置かれたものなのである(作品と真理の存在論的差異)。ハイデッガーは例によって、作品に「整え入れ」などという、新奇で人を惑わす見かけを持った術語を与えている。整え入れは、存在的にはある一定の有用性を持った道具を意味するが、存在論的には存在者において真理が自らを置くことを意味している。それゆえ、作品は、存在的に語られる場合、確かに設備(Einrichtung)を指すが、存在論的に語られる場合には、真理の整え入れに従って整え入れられたものなのである(ここ、整え入れと整え入れられたものの間には存在論的差異がある)。

ハイデッガーは、作品の本質をもっと明らかに把捉するために、真理の整え入れに関してさらに掘り下げて考えていく。その際、真理の整え入れの五つの異なった仕方が持ち出される。

一つ目は、真理が〈自らを－作品－へと－置くこと〉である。ここでもって明らかに示されるのは、なるほど作品は整え入れられたものの卓越した様式であるにせよ、それは多くの様式の一つである。

二つ目は国家創設の行為である。これについてハイデッガーはほとんど何も言っていない。国家は、ある歴史的な民族の歴運、つまり人間の実存のかの諸軌道が摂合される最初の「整え入れ」(Einrichting)である。国を興すという行いは、近代の国家学が説くような単に知的で主意主義的な行いではない。それはむしろ一つの生起であり、かかる生起において個々の人間は様々なことを望んだり、行為したりできるのである。個々の人間の行い、あるいは一定の階級の人びとの行いは、国家に基づいてはいない。国家はなるほど作品である。しかし、それは単なる道具でも、主権者たる国民の作品でも、必然性と自由の統合されたもの(シェリングの美的国家論)でも、あらゆるものを摂合する人格神の啓示(フィヒテ、シェリング)でもない。国家とは、生起的な真理がそこへと自らを置く作品なのである。では、国家は芸術作品なのか（シェリング）。整え入れの二つ目の仕方は、存在者の中で最も存在者的な存在者の近さである。最も存在者的な存在者というのは、最高の存在者でも、形而上学的な意味での神のような無限の絶対者でもない。それは、存在者が存在者として示され得ることである。したがって、存在者の存在論的な根拠である。二つ目の仕方というのは、要するに「存在者を」根拠づけるものである。

　三つ目は、聖なるもののために自己を奉献することとしての「本質的な犠牲」である。聖なるものは、作品の立て置きによって、すなわち整え入れられたものによって、自らを露わにするのであった（三三頁）。

　四つ目は、存在そのものの思惟としての思惟の問いである。真理が最高に問いに値するものとして問われるということは、正しさに関する学に依拠しているのではなくて、真理の根源的な生起に従っているのである。

　真理が自らを整え入れる五つ目の場は、哲学である。そこにおいて哲学は、様々な個別の学の中の一つとしてではなく、むしろ正しいもの（das Richtige）を超えて真理へと向かっている。すなわち、哲学は存在者そのものの本質的な露開へと向かって進む学なのである。真理は言及された仕方で自らを存在者へと整え入れることによって、真理となる。ハイデッガーにとって芸術作品は、真理の整え入れの卓越した様式である。

18　作品が創作されて存在することの本質的な規定としての、裂け目、形態、用いること、および衝撃

　真理がわれわれを作品へもたらすということは、これまで見てきたところに従うと、「作品への動向」（der Zug zum Werk）と名づけられ、それゆえ作品は真理発見の卓越した場所である。作品への真理の動向とは、作品への真理の整え入れである。すなわち、歴史的に一度だけ生成する存在者を産出することである。それゆえ、作品構成的な存在者は一つの生起として現われる。

ハイデッガーは言う。「そのような産出は創作である」（五〇頁）と。だが、産出すること、もたらすことは、やはり人間の態度ではなく、開性の生起である。これを人間の方から見ると、「隠れなさへの関連の内部で受け取ることであり、取り出すこと」（五一頁）である。人間の実存は、世界へと投げられたものとして、その脱自的な存在の可能性を受け取って取り出し、さらに自分を可能性へと投企するのだから、もたらすことは、受け取ることであり、取り出すことである。ここで再び、創作についての人間学的で主観主義的な解釈は遠ざけられる。芸術家が作品を創作するのは、芸術家が作品を仕上げることによって為されるのではない。作品の創作が可能となるのはむしろ、芸術家が開けの自らを整え入れている開性を受け取りながら、開性へと自分を投企するからである。そのとき、芸術家の自己投企の先である開けが、立場と常立性とを得る。作品の産出とはむしろ、作品が自らを創作しながら芸術家に対して現われることである。ゆえに、芸術家は作品を受け取ることができ、取り出すことができるのである。ハイデッガーは、創作存在がどこに存しているのかを問い、そしてその二つの本質的な規定を明確にしていく。

a　われわれが試みるのは、受け取りながら創作することのさらに広範な規定を提示することである。ハイデッガーは、「真理は自らを作品へと整える（richten）」（同所）と言う。自らを整えること、すなわち真理が自らを作品へと整え入れることというのは、明け開けと隠しの争い、つまり世界と大地の争いである。ことさらに産出されなければならない存在者に基づいて、すなわち作品に基づいて、争いは空け開かれる。このことが意味するのは次のこと、すなわち作品とは、取り除かれるべき争いが静的に統一されたものではなくて、自らを立て置く世界と自らを打ち立てる大地によって争いが闘い取られている生起でなければならないということである。

したがって、芸術作品は、自然物の場合や使用される物の場合とは違って、「それ自身の内に」、本質動向として、かかる争いを有していなくてはならない。この争いにおいてのみ、世界は自らを空け開き、大地は自らを閉ざす。そして、空け開かれた世界——それ自身の開けのためには大地を必要とする——へと人間の現存在は自分を投企する。それは、現存在がその全体としての存在において、開かれたもの（内世界的な存在者）の傍らで決断することによって可能となる。世界という空け開けは決断を下す現存在一般の（勝利、敗北、祝福、呪い、支配、隷属といった）諸軌道に関連するがゆえに、世界という空け開けはここで歴史的な人間に諸軌道を決定させるのである。

世界という開性は、決断する現存在の内に、未決定のものと尺度のないもの（das Maßlose）とを出現させる。そして、争いが統一されることによって、世界という開性は、決断と尺度の必然性を空け開く。ここで人間は、自分の決断の主人ではないし、あらゆる物の尺度でもない。自らを開いている世界と、開かれたもののすべてを担いながら、また聳えながら、自らを閉ざしている大地との争いにおいて、人間は、自分の決定への動向と、世界の尺度への動向を受け取っているのである。

b　芸術作品において、世界と大地の争いが引き受けられる。引き受けられている争いは、いつ、どのように、作品へと姿を現わすのであろうか。争っているものを統一の根拠からその統一の由来へとひとまとめに引き裂いていく（zusammenreißt）ものが、裂け目（Riß）である。裂け目（単なる線ではない）は、単なる割れ目といったような裂け目をつくること（Aufreißen）ではなくて、離れながら結びつくものとして、「争うものがお互いに属しているという緊密さ」（五一頁）である。争うものの共通の根拠によって摂合される裂け目は、見取り図（Grundriß　基底の裂け目）と呼ばれる。存在者の明け開けの立ち現われの根本諸動向が描く裂け目は、立面図（Aufriß）と呼ばれる。明け開けの内で開かれたものとしての存在者は、立面図において立ち現われる。世界と大地の争いという相互対向において、それらの節度を保ち、限界を遵守する裂け目が、輪郭（Umriß　取り囲む裂け目）である。裂け目は、これら立面図と見取り図、つまり貫いている裂け目（Durchriß）と輪郭による統一的な組成構造（Gefüge　摂合されたもの）として、その内に世界と大地という争っているものをまとめている。

それゆえ、真理は産出すべき存在者へと自らを整え入れることができるのである。真理が自らを作品の内で整え入れることによって、芸術作品、すなわち作品構成的に産出すべき存在者は、真理の開けを占めている。占めるということは、作品、すなわち裂け目が、開けの内で聳えている己れを閉ざすものに自らを委ねることによってのみ生起し得る（五二頁）。つまり、作品は裂け目として、己れが閉ざしている大地に自らを委ねるのであり、換言すれば、大地へと立て返されることによって、占めること、すなわち世界の立て置き（四九頁）が生起するのである。したがって、ハイデッガーはこのように言う。「裂け目は自らを石の重さへと、木材の静かなる堅さへと、色彩のほの暗い熱火へと、立て返さなくてはならない」（五二頁）と。まさしく裂け目において、大地はあらゆるものを担いながら自らを閉ざすものとして露わになるのであり、世界は開けとして立て置かれるのである。開けは、大地へと、すなわち、石を引きつけている重さへと、木材の静かなる堅さへと、色彩のほの暗い熱火へと、立て返される。裂け目が立て返すこと（das Zurükstellen）とは何か。ハイデッガーはまた次のように言っている。「大地が裂け目を自らに取り戻す（zurücknehmen）」（同所）と。つまり、大地が裂け目を自らに立て返し、取り戻すところで、大地は自らをこちらへと立てるのである。存在的には、大地は自らの内に何ら裂け目を持っていない限り、あらゆるものを担っている、といわれる。世界は、裂け目のない大地だけを信頼することができるのである。

さて、争いが裂け目へともたらされることによって、争いは大地へと立て返され、それゆえしっかり立てられる。このような争いは形態（Gestalt）と名づけられる。ここでわれわれは、創作の規定に対して新しい術語、形態を得ているのだ。それゆえ、形態とは、裂け目へともたらされた争い、すなわち作品が創作されて存在することを意味する。では、創作とは何であろうか。創作とは、「形態を－裂け目－へと－もたらすこと」である。作品の創作を通じて真理は形態へとしっかり立てられる。しっかり立てること（das Feststellen　確立すること）というのはここで、志向的な態度ではなく、「立っているもの－へと－産出すること」（das in-das-Ständige-Her-vorbringen）を意味している。それは、「立てること」（das Stellen）から術語的に派生している。大地へとしっかり立てられた争いとしての形態は、「かの立てること、そして立て台（Ge-stell）からいつも思惟されなくてはならない」（同所）。ここでハイデッガーは、形態はポイエシスに属しているテクネーと共通の本質動向を有している[39]、ということを思念している。それゆえ、争っている裂け目としての作品は、世界の内で「こちらへと－立－たされている（her-ge-stellt　制作されている）」。つまり、作品は、立たされており、大地へとしっかり立てられているのである。作品は、かくのごとき形態に基づいている。作品構成的な形態がここで思念しているのは、一定の知覚的に簡明な形式ではなくて、一つの組成構造である。

　このことについて、ハイデッガーは次のように言う。「形態とは、裂け目が自らを摂合する組成構造である」（五二頁）と。ということは、形態は争いによって摂合されているのであるから、かの簡明な形式と関わるものではない。そしてまた、以上のことからして、形態の真ん中で争いが闘い取られるのであるから、形態とはむしろ「真理がしっかり立てられて存在すること」である。形態とは、争っている裂け目の組成構造（das Gefüge）である。それゆえ、このように言われる。すなわち、「摂合された裂け目は、真理が輝くことの組成（die Fuge）である」（同所）と。それは、摂合された裂け目としての形態の内に芸術美がある、ということである。

　それでは、作品における大地はどのようにして姿を現わすのであろうか。大地は作品において、立て返され、用いられる。ここでまたもや、作品における大地の本質的な規定が与えられている。世界との争いで、大地はそれ自身、自らを隠すものとして立て返され、それゆえこちらへと立てられることによって、作品が創作される。作品において大地がこのようにこちらへと立てる仕方を、ハイデッガーは「用いる」(das Brauchen) と呼ぶ。道具の作製が素材を消耗し (verbraucht)、濫用する (mißbraucht) のにひきかえ、作品創作は大地を用いる (三四頁)。素材を消耗するというのは、道具のために形づくられた素材が「道具を (そして素材を) 越えて去っていき、有用性の中で埋没する」ことである。つまり、道具が使用のために用意される限り、素材そのものは自らを示すことはない。その際、素材は消え去ったままなのだ。

一方、作品において大地を用いることは、自らを閉ざすものという大地の本質を開示し、そして大地を、大地とともにある作品において解放する。作品創作によって空け開かれた世界が解放された大地へと立て返されることによって、作品における真理がもたらされるのであるから、作品を創作することは真理を直接に手に入れることである。大地を用いること、すなわち立て置くという性質を持つ世界との争いにおいて大地を確立することは、「形態へと真理をしっかり立てること (Festgestelltsein)」(五二頁) である。形態とはしっかり立てられた真理なのだから、芸術作品は形態を備えている。これに対して、形相と質料とは信用の置ける有用性に従属しているがゆえに、手仕事的産物 (道具) は形態を持たない。

このように見てくると、手仕事的産物ではただ単に有用性が聳え出ているにすぎず、一切が有用性に従属している。したがってその際、手仕事的産物には、有用性に従属する手仕事的に〈産出されて存在すること〉がともに与えられているにすぎない。これに対して、作品が〈創作されて存在すること〉は、創作されたものの中へと、すなわち作品そのものの中へと創り入れられているので、「創作されたものは、そのように産出されたものから、ことさらに聳え出ている (hervorragen)」(五三頁)。作品が聳え出るということは、作品が美しいということである。しかしこのことは、作品の美しさは傑出した (hervorragend) 芸術家の天才的な仕事に還元される、という意味では決してない。

ここで言われている、作品が聳え出るということは、一定の仕事あるいは芸術家の一定の能力と関わっているのではなく、まずもって作品から「創作されて存在するということ」が「出《い》で来ること」が問題となっているのである。出て来ることとしての聳え出ることは生起したものであり、「そもそもかかる作品が存在し、むしろ存在しないのではない、ということ（daß）」である。ここでハイデッガーは、作品が存在しているという事実を、「存在者が存在しているのであって、むしろ存在していないのではないということ」という、かの驚くべき事実と同じように扱っている。ある作品が創作されていること、そして作品において真理が本質現成すること、かかる事実が、われわれを容易に突き動かすのである。この突き動かし（Anstoß）は、存在の真理が純粋に到達するということ、つまり「単純な事実であるということ」（das einfache factum est）（同所）に関してわれわれが驚嘆することに基づいている。突き動かし、すなわち作品が存在しているということが、作品における「それ自身の内で安らうことの不変性」を構成している。すなわち、それが存在しているという単純な事実がわれわれを突き動かさないようなものは芸術作品ではないのだ。芸術作品ではない道具では、存在者が存在するということは有用性の内で後退してしまう。それゆえ次のように言われる。すなわち、「ある道具が手に馴染めば馴染むほど、たとえばこのようなハンマーが存在するということは一層目立たないままなのであり、道具はその道具存在において一層独占的に自らを保つ」（五三頁）と。それというのも、道具の道具存在は、それが道具そのものであるからには、有用性という点からして、他の何ものかを指示することにあるからである。Aという道具は、Aそれ自身ではなくBを指示する。したがって、道具は常に他者への「途上に」あるのだ[40]。道具の場合だけではなく、自然物のような手許的なものの場合にも、あるものが存在しているということは、日常的なもののあり方に従って忘れられたままである。忘れられたものは、隠されたもの、閉ざされたものである。自然物、とりわけ道具が存在しているということは隠されている。それゆえ、道具はその本質に従って、すなわち有用性の中で「消えている」。これに対して、作品がそのようなものとして存在していることは、非日常的なものとして常にわれわれを突き動かす。道具的なもの（Zeughaftes）が道具存在の中に埋没するのにひきかえ、作品的なもの（Werkhaftes）は己れの前へと自らを投企し、また自らをめぐって恒常的に［ständig　立つように］投企されている。作品存在が「自らの－前－へと－投企された－存在」であり、「恒常的に－自らを－めぐって－投企された－存在」であるということは、ともかくも作品存在が「開け－の中に－置かれた－存在」であることに基づいている。すなわち、存在の明け開けに基づいているのである。自らを開くことの卓越した仕方とは、作品において輝くことであり、きらめくことであり、光ることである。それゆえ、ハイデッガーは言う。「作品が自らを開くのが本質的であればあるほど、作品が存在しているのであって、むしろ存在していないのではないということの比類なさが一層光ってくる」（五三－五四頁）と。作品が存在しているということの比類なさは、われわれが作品に慣れっこにはなれないという意味での驚くべき非日常性、そして恒常的な奇異さに存する。作品は常に非日常的で、奇異で、耳目を引きつけ、そしてそれゆえ一回きりのものである。作品は一回きりのものなのだから、「孤高（einsam）」（五四頁）である。

われわれは、現実性のさらなる本質動向を探り、創作されて存在することについての思惟へと至った。このことについて今まで述べられたことをまとめて、ハイデッガーは次のように言う。すなわち、「創作されて存在することは、裂け目を通じて争いが形態へとしっかり立てられて－存在することとして、自らを露開した」（同所）と。創作されて存在することは、その開けの純粋な「こと」によって、われわれを突き動かす。これまで、創作されて存在することの独自の仕方を考察してきたわけだが、以下では、作品のさらなる現実性が求められることとなる。

19　作品の見守りの内立性と、作品の現実性

創作されて存在することの第一の規定は、「創作されて存在することが、裂け目を通じて、争いが形態へとしっかり立てられて－存在することとして」自らを露開することである。そして、創作されて存在することをさらに規定するために、ハイデッガーは次のように言う。「作品が形態へとしっかり立てられ、それ自身において立つことが、孤高であればあるほど、つまり作品が人間へのあらゆる関連を解消するように見えることが純粋であればあるほど、そのような作品が存在すること（Stoß）の衝撃は、開けへと一層容易に入り込み、途方もないもの（Ungeheuer）が一層本質的に突き上げ（aufstoßen）られ、それまで親しんで見えたものが一層本質的に突き倒さ（umstoßen）れる」（同所）と。作品の衝撃によって途方もないものが突き上げられる、すなわちその際、それまで馴染み深く（geheuer）見えたものが突き倒される。それまで親しんで見えたものというのが意味しているのは、現存在の日常的な存在の仕方、つまり世界が自らを見かけの上では馴染み深く空け開くことにおいて、現存在は差し当たりたいてい、日常的・平均的な存在の仕方へ向けて実存しているということである。『存在と時間』でハイデッガーは、現存在のこのような存在の仕方を、頽落あるいは非本来性と名づけている。そのようなときには、本来的な存在の仕方は閉ざされている。本来的な存在の仕方において、現存在は、死に向かう存在としての存在が持つ、己れにとってとにかくかけがえのない根本的可能性へと自分を投企することができるのである。

作品の「存在している－こと」（Daß-sein）の衝撃がこのような日常的な「馴染み深く見えるもの」を突き倒すとき、途方もないものが非日常的に突き上げられる。普段は閉ざされているものが衝撃を通じて突き倒され、開

示されるとき、芸術作品は存在者の空け開かれた開性へと連れ去られる(entrückt)。作品が真理へと連れ去られることに従って、われわれは日常の、すなわち毎日の生活の閉鎖性から、外へと押し出され（herausrückt)、真理へと引き入れられる（einrückt)。このような移行（Verrückung）を通じて、世界と大地に対する現存在の日常的な諸関連は変容する。ここで移行は、連れ去り、外への押し出し、引き入れ、という三つの形式から成っている。また移行は、われわれに通りのよい行いや評価、見識や見方を自制させる。

こうしてわれわれは、作品において生起している真理の内に滞留する（verweilen)。われわれ歴史的な現存在は、作品の真理の内に滞留する。われわれがその真理の内に滞留して初めて、創作されたものが作品なのである。だが、われわれはいかにして作品の真理へと滞留するのだろうか。滞留とは作品との出合いを意味する。しかし、出合いは、差し当たり、感性的な知覚や美的観賞において生起するのではなく、衝撃と移行において生起する。作品を一つの作品として歴史的に存在させるような滞留を、ハイデッガーは、作品の見守り（Bewahrung）と呼ぶ。作品を、その創作されて存在していることにおいて現実的なもの、すなわち作品構成的にいま現前するものとして存在させるためには、作品は見守られなくてはならない。そしてそのためには、見守る者たちが与えられなくてはならない。

作品の見守りとは何だろう。それは、どこかで何らかの方法で、たとえば博物館のような空間で作品が保管される前に、作品を歴史的に存在させること、すなわち作品を生起させることである。存在者を生起させることは真理に属している。つまり、見守りは真理に基づいているのだ。「見守る」(bewahren)という語は、何かをどうにかして真に示すということを意味する。それゆえ、この語はむしろ「確証する」(bewähren）という語に近い。創作の本質が作品の本質から生じているように、創作されて存在するものの根拠は見守りから生じている。というのも、創作されて存在するものは、本質的に常にすでにその見守りに基づいているからである。なぜなら、創作されて存在するものが存在していることは、それが出来上がった後での問い合わせに応じるために保存されることによってではなくて、その根源から生起させられることによって、すなわち見守られなければならないということによって可能だからである。

ところで、作品の見守りは真理において生起させられるのであるから、諸々の見守りは、隠れなさとして作品の内で生起している真理の中に立っている。作品における隠れなさの内に誰も立っていないのであれば、作品もまた存在し得ない。「作品が、ただ単に見守る者たちを待ち、見守る者たちが作品の真理へと入り込むことを求め、待ち焦がれるとき」（五五頁）であっても、常にそうなのである。ハイデッガーにとって、見守る者たちは、常に作品を「実際に」見守っている者である必要はなく、作品を待っている者であっても構わない。そのような者たちはまた、作品の生起を求めている者だったり、待ち焦がれている者だったりもする。

ハイデッガーは続ける。「それどころか、作品が陥ってしまうことのある忘却でさえ、無ではない。つまり、忘却もまた一つの見守りである。忘却は作品で身を養っているのである」（同所）と。待ち望まれている作品はまだ私の目の前にはなく、忘れられた作品はもはや私の目の前にはない。「まだない存在」（das Nochnichtsein）と「もはやない存在」（das Nichtmehrsein）がそれぞれ互いに存在の仕方であるように、待つことと忘れることもまた、それぞれ互いに見守ることの仕方である。待つこと、忘れること、そして見守ることは、人間の関わり合いによって添えられた精神的状況を意味するのでなく、それらは自らを閉ざしながら開示する存在者の存在が持つ脱自的な諸関連を示している。したがって、ハイデッガーは言う。「作品の見守りは次のことを意味する。すなわち、作品において生起している存在者の開性において、その内に立つこと（das Innestehen）を意味する」（同所）と。見守りは真理に属している。内に立つことの内立性（Inständigkeit）は、ハイデッガーにとって一つの知である。しかし、このような知は単なる見識や何かを表象することに存しているのではなく、したがって知性や想像、あるいは感性に存しているのではない。

ここでいわれている知とは意欲（das Wollen）のことである。では、意欲としての知とは何なのだろう。ここではやはり、存在的な諸関連から理解することは許されていない。『存在と時間』では思惟の根本経験から考えなければならないように、このような知は、「実存している人間が存在の隠れなさへと脱自的に自分を入り込ませること（das Sicheinlassen）」（同所）である。ここでは、『存在と時間』における「根本経験」を最低限、確認するだけで満足しなければならない。ここで言及された人間は、たとえば理性的動物といったような、一定の生物学的な種類に属する単なる存在者のことではなくて、卓越した仕方で真理の内に立っている、自己性を持った（selbsthaft）存在者である。それゆえ、このような人間は実存と呼ばれているのである[41]。真理は実存する。このことは、人間が存在できることとしての実存が、露わにされた地平へと、つまりこの論文でいわれている明け開けへと自分を投企することによって可能となる。地平とはまさに、実存が脱自的に自分を投企することの現である。それゆえ、実存は現存在と呼ばれるのである。現存在が存在の隠れなさへと脱自的に自分を入り込ませるというのは、次のことを意味している。

それはすなわち、存在が自らを開示する限りで、すなわち真理が本質現成する限りで、現存在が自分を解き放ちながら、存在の真理という根拠の上で、真理そのものへと自分を投企することである。存在が自らを開示する限りで、現存在は自分自身を存在させることができ、そしてあらゆる存在者を存在させることができる。ゆえに、ここで述べられた覚悟性（Entschlossenheit）あるいは投企は、ときおり活発になるといった類いの行いとは関わることはあまりなく、全体としての現存在の脱自的関連なのである。それゆえ、現存在が真理へと自分を入り込ませるというのは、存在者が存在しているように、存在者の傍らで存在者を存在させること（Seinlassen）を意味している。その結果、このような存在させることに従って、現存在は自分を投企するのだ。

現存在の平均的－日常的な存在の仕方へと、すなわち「頽落的に」開示される現存在は、「存在者に囚われている」にとどまっている。なぜなら、現存在はその際、存在者がまさに存在するようには存在させていないからであり、そのことを通じて存在者の本質は閉ざされているからである。つまり、「存在者に囚われている」は、存在者の存在が閉ざされていることによって、現存在が非本来的に存在していることを意味する。これに対して、現存在の本来的様相という意味での覚悟性は、「存在者に囚われていることから存在の開性へと向かう現存在の空け開け」（同所）を意味しなければならない。存在者が何であるのかということは、毎日の生活において、ほぼ完全に「使用すること」に従って方向づけられた帰趨性の内で閉ざされたままである。見守りながらの知は、使用することに従って方向づけられた存在者をめぐって囚われていることから、現存在を存在の開性へと空け開く。すなわち、現存在は自分を脱自的に存在の隠れなさへ赴かせられるのである。

つまり、見守る者たちが作品を一つの作品として存在させるのだ。作品を存在させることによって、見守る者たちは「本質上対峙するものにおいて、すなわちかの争いにおいて、つまり存在の明け開けにおいて、その内に」立っているのである。(42)

20　見守りと体験の違い

すでに述べられたように、知－意欲の内で生起する作品構成的な創作は、天才といったような、目標に向けて努力する主観の成果でもないし、行為でもない。言及された意欲というのは、目的に向けて努力するというある主観の意図ではなくて、「実存しながら自分を越え出ていくことが持つ冷静に解き放つこと（Entschlossenheit）である。実存しながら自分を越え出ていくことは、作品へと置かれた開性としての存在者の開性に自分を晒し出ることである」(五五頁)。現存在は差し当たりたいてい、使用することに向けて理解されている存在者に囚われている。だが、かかる現存在も、作品へと置かれた存在の開性が晒し出される限りは、自分を解き放ちながら、自分を越え出て、存在者一般が世界内に存在するのであってむしろ無ではないということという存在の開性へと至るのだ。

かくして、知り－意欲しながら作品を見守ることとは、途方もないものにおいて、しかしそれは真理という芸術美としての途方もないものなのであるが、そのような途方もないものにおいてその内に立つこと、［内立性］である。見守りが芸術を観賞する者の単なる美的体験から導き出されないのは、創作が芸術家の芸術的な成果から導き出されることがないのと同じである。作品は体験を美的に刺激するものではない。体験は通常の意味では、個別化された、体験する能力のある人間の意識における主観的な体験のことである。ハイデッガーが改めて距離を置いている、体験に関するこのような理論の内に、かの真理論およびかの経験論の伝統が執拗に生き残りながら優勢を保っているのが見出される。見守りは、個々の人間を美的体験へともたらすのではなく、彼ら（人間）を、作品において生起している真理に帰属することへと引き入れるのである(五六頁)。かの衝撃としての引き入れは、個々の人間の主観的体験ではなく、共人間的(mitmenschlich)な生起である。したがって引き入れは、「互いのために存在すること、そして互いが共に存在することを、現に－存在することを歴史的に耐え忍ぶこととして、隠れなさへの関連から」(同所)根拠づけることとなる。

ハイデッガーにとって人間は共存在であるが、それは人間の非歴史的で生物学的な性状によってではない。真理において作品が生起することを通じた、人間の冷静な引き入れに従って、初めて人間は共存在なのである。ところで、見守ることは結局、一つの知なのだから、かの引き入れに基づく見守りは、「芸術」についてのかの目利き的なる専門知識からは遠いところにある。芸術学的な見識も、天才的に趣味のよい享受も、見守るということの本質からは離れたところにある。作品の正しい見守りは、かの専門知識に従っても、かの学というものに従っても生起しない。それは、存在の隠れなさへの脱自的な引き入れに従って生起する。しかも、「(上で言われた)知の異なった段階において、それぞれ異なった射程と存立性と明るさで」(同所)生起する。途方もないものにおける衝撃が専門知識や学や享受によってつかまえられるのであれば、作品はもはや見守られていない。作品は「作品それ自身を通じて生起している真理において」だけ見守られるのであり、そのとき初めて、作品の最も固有の現実性が白日の下へと進み出るのである。

これまで繰り返し考察された、根本諸動向における作品の本質に基づいて作品の現実性が規定されているということが、芸術の本質に関する先ほどの解明によって確認される。さて、この論文を始めるに当たってハイデッガーは、「芸術作品の直接的かつ完全な現実性」(一〇頁)への問いを突き付けていた。われわれが差し当たりそれとともに始めるしかない先理解に従って、ハイデッガーは、作品の物的なものを視野にもたらそうと試みた。しかし、いまやわれわれは、作品に即したかの物的なものによって作品の現実性を請け合うことができないのを知っている。なぜなら、そのような場合、作品は結局のところ、一つの眼前的な対象として受け取られるからである。

われわれが物についての伝統的な諸概念の輪の中にとどまっている限り、そのようになるのである。作品が眼前的な対象であるという思惟は、作品に即しているわれわれをして、作品そのものからではなく、われわれの方から考えるようにさせてしまう。なんとなれば、その際に問題となっているのは、対象を表象している者としてのわれわれだからである。作品そのものについての規定を通じて、作品はある一つの作品として存在させられなければならない(五六頁)。だが、作品における物的なものに関する考察を通じて、作品の大地性(Erdhaftes)が経験されたのであるから、われわれは伝統的な物概念の意味において物性を空しく考察したわけではない。その際、経験されたのは、物性についての思惟によっては作品の本質は理解されないということ、むしろそれとは逆に、作品の本質についての知、すなわち作品の作品性（Werkhaftes）が物的なものの本質を解明するということを示した。

さらに、「昔から流布しているかの思惟の仕方が物の物性を襲い、全体としての存在者についてのある一つの解釈が支配するようにさせた。かかる解釈は、道具と作品の本質を把捉するのに役立たない」（五七頁）ことを示した。そしてその際ついに、かの思惟の仕方は真理の根源的な本質に対してわれわれを盲目にすることも知った。要するに、作品性の省察は、真理の発見への道において、卓越した、いわば特権的な役割を演じるのである。作品性のこのような優先権に対してハイデッガーは、デューラーのかの言葉を引用する。すなわち、「というのは、本当のところ芸術は自然の内に潜んでいるのであるから、それを裂いて取り出すことのできる者が芸術を有するのである」[43]という言葉を。デューラーのこの文章が思念しているのは、芸術作品において創作されたものは、すでに自然物という物的なものによって与えられているのであり、芸術家は自然の中の裂け目から初めて、裂いて取り出すことができるということである。

これに対してハイデッガーは、世界と大地の争いとしての裂け目、つまり尺度と非尺度との争いとしての裂け目は、創作しながら投企することを通じて初めて、開けへともたらされる、と言う。もちろん、自然の内には芸術が潜んでいる。しかし、自然の内なる芸術は、作品を通じて初めて露わになるのであり、作品そのものによってしっかり立てられるのである。

21　あらゆる芸術は詩作である

この論文は、芸術の本質への問いとともに始まっている。前節での作品の現実性に関する長い熟慮を経て、われわれは、この同じ問いへと戻ってきた。というのは、この第一の問いの正しい回答は、この問いを立てることを前もって可能にしている根拠が十分に解明された後で、初めて与えられることができるからである（五八頁）。このような根拠とは何か。それは、真理の本質である。かくして、この論文自体が解釈学的循環という構造を示している。

芸術の根源は、真理を［作品－へと－置くこと］としての真理が作品構成的に生起することに存する（五九頁）。しかし、作品－へと－置くことというのは二義的である。どういうことか。真理を作品－へと－置くこととしての芸術とは、「自らを整え入れている真理を形態へとしっかり立てること」（同所）である。しっかり立てることは、存在者の隠れなさの産出としての創作において生起する。それゆえ、芸術が生起するのは、隠れなさを形態へとしっかり立てることにおいてであり、隠れなさの産出としての作品の創作においてである。そのとき芸術は、作品における真理の創作的な見守りとして、「作品を始動させ、生起へと－もたらすこと」（同所）である。ということは、芸術とは「真理の生成と生起」である。

ところで、真理は単に眼前的なものとしての存在者の原因ではないが、これと同じように、芸術は生成する存在者の特定の結果ではない。ハイデッガーは、存在者が単にないこととしての無から真理が生じる、と言う。それはつまり、作品は、ある存在者から生成するのでも生起するのでもなくて、むしろ存在者の開けが空け開くことと、存在者の明け開けが空け開くこととしての無から生成し生起するということである。だが、空け開けと明け開けは、それ自身から神秘的に生起するというわけではなく、「被投性において到達している開性が投企されることによって」生起するのである。投企されたものとしての現存在が、存在者の開性と明け開けを受け入れつつ取り出しながら、存在者の開性と明け開けへ自分を投企するとき、存在者の開けは自らを空け開き、存在者の明け開けは自らを明け開く(五一頁)。現存在の被投性において開けが自らを空け開くからこそ、現存在は自分を投企する。それゆえ、作品存在をもたらすこととしての創作は、開性へと投企されたものの創作的な投企である。

ここで新たに強調されるべきは、言及されている投企は、芸術家あるいは観賞者の行為もしくは成果として把捉されてはならず、それはむしろ、空け開けとしての生起、すなわち存在者の明け開けとしての生起だということであろう。それでは、真理はどのように生起するのだろうか。ここでハイデッガーは、芸術の新たな本質規定を与えている。ハイデッガーは言う。「存在者の明け開けと隠しとしての真理が生起するのは、真理が詩作されることによってである」(五九頁)と。真理は詩作されるのである。すなわち、詩作(Dichtung)とは真理の生起である。ここでは詩作という語でもって、単に言葉に関わる芸術だけが思念されているのだろうか。そのようなことはない。このことについてハイデッガーは次のように答えている。

「あらゆる芸術は、存在者そのものの真理の到来を生起させることとして、本質において詩作である」(同所)と。ハイデッガーにとって、あらゆる芸術は広い意味での詩作である。言い換えれば、一切の芸術は「本質において詩作」なのだ。詩作は常に、日常的なもの、要するに馴れたものとは別のことである。したがって、詩作としての芸術、つまり真理が「自らを―作品―へと―置くこと」が生起するというのは、それ(芸術)が存在者の真ん中に、ある一つの開けた場を開け広げる(aufschlagen)ことである。芸術が存在者の開性を開け広げるとき、われわれは途方もないものに直面して突き動かされる。その結果、「馴れたもの、従来のもののすべて」は非日常的になる。

つまり、「非存在者に」、すなわち真理になるのだ。創作は確かに投企なのだが、それは芸術家の投企ではなく、開け広げられ、自らをわれわれに投げ－渡しているところの、存在者の隠れなさそのものの投企なのである。投企とは、真理が自らを開け広げながら到来することである。そしてこの到来において、馴れたもののすべては、失われた能力を取り戻す。かかる能力とは、尺度としての存在を与え、守ることである。こうした能力の回復というのは、作品が存在者に対して因果的な諸連関の内で影響を持っているということではなくて、「存在者の隠れなさの、作品から生起する変転に依拠している。そしてそれは、存在の変転である」（同所）。

存在の変転は、作品における、存在者の露現と隠しとして生起する。任意に案出したり、想像に身を任せるといったことは、詩作からは隔たったところにある（六〇頁）。隠れなさの明け開く投企としての詩作は、それ自身に即して、開けにおいて生起する。開けは存在者を照明と響きとへもたらす。世界と大地によるこのように広げられた争いとしての、すなわち隠れなさの明け開く投企としての詩作において、存在者は、油絵や建築物、狭い意味での詩作、そして音楽へと変化する。毎日の生活において共に出合われる存在者は襞として隠されたままであるが、このような襞が隠れなさの投企としての芸術において広げられるのである。要するに、芸術とは、存在者を照らし響かせながら広げることである。それゆえここには、主観の生産的な構想力に依っているかのカント美学は入り込む余地がない(44)。芸術は芸術家によって構想されたものではなく、隠れなさそのものが明け開きながら広げる投企である。構想されるものは、外側の、すなわち感性的対象のない内的な表象である。表象する者において常にすでに開けが自らを空け開いている限り、内的な表象はようやく与えられることができる。これは、構想することが可能であるのは、それが開けの空け開けに基づいているということを述べている。

22　言葉の本質としての芸術の本質

あらゆる芸術がその本質において詩作であるなら、芸術は詩作から理解されなくてはならないことになる。さらに、ハイデッガーは、建築芸術、絵画芸術、音響芸術といったあらゆる芸術のジャンルは、詩(Poesie)、すなわち言語芸術へと還元されねばならない（六〇頁）と言う。加えてこのように続ける。「詩は、真理を明け開きながら投企することのある一つの仕方にすぎない」と。けれども、それは卓越した仕方である。ハイデッガーにとって言葉が「真理を明け開きながら投企すること」を意味するのであれば、そこで言われている言葉とは何であろうか。伝統的な理解では、言葉は伝統的な人間像から解釈されている。すなわち、「ロゴスを持つ動物」としての人間には、自分の知性（ロゴス）によって認識したことを表現する能力がある。眼前的な存在者の本質は前もって範疇的－論理的なものとして把捉されているのであるから、人間が認識していることは、範疇的－論理的に表現される。

『存在と時間』によれば、主題的に言明可能なものとしての範疇的－論理的なものは、投企の存在論的な様態の一つとしての、全体としての現存在の現の開示性を存在論的に前提としている。(45) 言葉とは、主題的な言明に先立った現という開示されたものを表現へともたらすことである。そして、現象学の課題は、述語的な先理解がなされる前に、開示されたものにそのもの自身の方から明瞭に言表させることなのである。(46) しかし、このような理解を言葉へともたらすものは、この『存在と時間』では、言葉そのものではなくて、現存在がその存在の可能性へと投企することだとされている。つまり、言葉は、分節された理解へと開示性を橋渡しする、実存論的な媒質と思惟されている。それに対して、芸術論ではこのように言われている。「言葉は、存在者をある一つの存在者としてまずもって開けへともたらす」（六〇頁）と。ここでは、「前述語的な理解」は、もはや「言葉から自由」ではなく、何か開いたものが存在する限りで、言葉を通じて初めてそれ自身へともたらされるのである。

言葉はある一つの存在者としての存在者の根源なのであるから、もはや次のように言うことは許されない。すなわち、言語が存在すると言ってはならないのであって、「言葉は本質現成する」（同所）と言われなければならないのだ。『言葉への途上』では「言葉が語る」[47]と言われている。人間において、石や植物や動物においてではなく人間においては、存在者、非存在者としての非存在者、および空虚が開いている。それは、人間がそれを理解しながら語るからではなく、言葉が人間においてしか語らないからである。言葉は存在者を名づけることによって存在者を初めて語へともたらし、現出させるのであるから（六〇―六一頁）、（「転回」以降の）ハイデッガーにとって言葉はアプリオリな諸範疇の根拠である。

ハイデッガーは言う。「このような名づけることが初めて、存在者を存在というものからその存在者の存在へと任命する」（六一頁）と。言葉が名づけることによって存在者を存在の隠れなさへ、すなわち、世界と大地のかの争いへもたらしてくれて初めて、存在者は存在者として理解されるのである。すなわち、存在者が現出するのだ。人間が存在者を名づけるのではなく、言葉が存在者を名づける。ハイデッガーは名づける言葉を、言うこと(Sagen)と呼ぶ。したがって「このような言うこと」はもはや現存在の投企ではなく、「明け開くことの投企の一つであり、そこで、たとえば存在者が開けへと来ることが告げられる(ausgesagt)」。明け開くことの投企というのは、「隠れなさが自らを存在者そのものの中に送る」ことを通じて、子(Wurf)を解き放すことである。もはやここでは、一切は、現存在からではなく、存在の方から把捉される。

かくして、語っている言葉は明け開くことの投企として、存在の隠れなさから贈られたものである。それゆえ、こう言われる。「投企しながら言うことが詩作である」と。しかし、単に告げるということは、しばしば、「おしゃべり[48]」におけるような「ぼんやりした混乱」となり得る。それは、その際「存在者が覆われ、脱け去られる」

からである。このような、ぼんやりした混乱を拒否すること（Absage）としての詩作は、投企しながら告げることとして、存在者が存在していることという隠れなさへと、存在者をもたらすのである。いかなる民族もその民族の言葉を有している。より適切に言えば、いかなる言葉もその言葉の民族を有している。民族の持っている言葉の言うことにおいてその民族の世界が歴史的に立ち現われ、またその世界を自らへと立て返す大地が閉ざされたものとして保管される。そのつどの言語は、そのつどの民族が持っている言うことの生起なのだから、詩作が民族を構成していながらも語ることのできないものを告げることによって、ある歴史的な民族の本質、すなわち世界－史（Welt-Geschichte）への帰属性があらかじめ刻印されるのだ。言語は、その内で初めて存在者が存在者として自らを開示する生起である。そして詩だけではなくて、建物を建てたり何かを造形することもまた、常にすでに言（Sage）および名づけることの開けにおいて、すなわちそのつどの民族の言葉において生起するのである。

23　真理の建立としての詩作の本質

芸術とは真理を「作品－へと－置くこと」である。芸術のこの本質規定を見た後でわれわれは、芸術の新しい、さらに深い本質規定に逢着する。すなわち、いまや詩作の本質は真理の建立（Stiftung）として把捉される（六二頁）。ここで、建立には三重の意味が与えられている。三重の意味というのは、贈ること（das Schenken　注ぎ）、根拠づけること（das Gründen）、そして原初すること（das Anfangen　始めること）である。自明のことだが、創作は建立に基づいている。さらにハイデッガーは強調する。「しかし、建立は見守りにおいてのみ現実的である」と。建立が真理の生起のより根源的で、しかも卓越した仕方であると理解されているのは明らかである。

a　贈ること

われわれは差し当たりたいてい、ひと（man）が考えるように思念する。このような一般的で自明な思念において、われわれの世界は馴染み深い地平として開示されている。まさにこのように親しまれている日常において、芸術作品は、非日常的な親しみのないもの［途方もないもの］に突き当たり、同時にかかる日常的な親しみのあるものを突き倒す。以前からのもの、日常的なものは、眼前的なものと意のままになるものとを示しながら形づくられているわけだが、そのようなものは、芸術が建立するものを通じて突き倒されるのである。そして芸術が建立するものは、源泉から湧き出る贈り物の充溢である。

芸術の本質が非歴史的に考察される限り、それが空虚で無規定なものの中へ連れ去られてしまうのを目にすることになる。しかし、真理は作品において具体的で確固たるものとなる。もっと言えば、真理は、来たるべき見守る者たちに、すなわち「世界－内－に－共に－存在するもの」としての歴史的に定められた一つの民族に投げ渡されるのだ。まずもって個人としてではなく民族としてあるような共存在は、自らを閉ざしている根拠としてのその民族の大地において存在している。そのような共存在は、自分たちの露現された本質とまだ隠されている本質のすべてとともに、かかる根拠の上で安らう。芸術が建立するものは、人間に共に与えられたもののすべて、すなわち存在者一般である。それは、隠れなさの投企としての芸術において大地から取り出され、大地の上にことさらに置かれる（六三頁）。

詩作的な投企は、それが自らによって大地から取り上げるものを人間に与える。人間に贈られるものは、大地の開けとしての源泉から汲まれ(geschöpft)、取り上げられる。贈ることの根拠は大地がその内にとどまっている泉である。[49] 近代の主観主義は創造的なものを主観の天才的な成果の意味に曲解しているが、ハイデッガーにとって創造的な創作は、まさに源泉から（水を）取り上げるように汲むことに基づいているのである（六三頁）。

b　根拠づけること

建立としての「根拠づけること」は前項ですでに「贈ること」と一緒に考察されているので、ここでは本質的なことについて触れるにとどめたい。

ハイデッガーは、現存在あるいは民族が安らう、自分を閉ざす根拠を大地と呼ぶ。民族が自分たちにとって歴史的に固有の本質と共にあるところ、すなわち民族の歴運において安らうところが大地である。このような大地は厳密にその民族の大地でなくてはならない。作品において真理は民族を構成する現存在に投げ渡されるのだが、かかる現存在は自分の大地に基づいている。現存在の隠れなさへの脱自的な関連をめぐって（に基づいて）主宰している世界は、現存在の大地において立て返される(同所)。安らっている民族の、自らを閉ざしている根拠である大地は、民族とその世界を担っている根拠として根拠づけられる。かくして、真理の投企としての建立することは、民族とその世界を根拠づけている建立である。したがって、真理はただ世界－史的にのみ完遂されるのである。

c　原初すること

たとえば寓意的に言うなら、水は川からではなく、源泉から直接噴き出していることになろうか。つまり、こういうことである。まさに源泉からの水のように、詩作的な投企は、流布している従来のもの（川）からではなくて、源泉としての無（すなわち流布していないもの）から生じるのである。だが無とはいっても、それは歴史的な共現存在の未知の規定にしっかりと基づいている。ハイデッガーは、このような仲介されていないものを原初（Anfang）と呼ぶ。確かに原初は、固有のものを汲むべき源泉であり、また固有のものが跳躍する源泉であるが、とはいっても、突然、たちまちの内に噴き出すわけではなくて、そのようなことは「非常に長い間、まったく目立たないように自らを準備する」ことによって為されるのである。原初は確かに常に満たされた先跳躍を有している。原初は、送ることおよび歴運として、すでに終末を隠したまま含んでいる。

原初のように、終末も大地を含むのと同じように、途方もないものと馴染み深いものとの争いの開示されていない充溢を含んでいる。真理の争いを引き起こし（anstiftet）、原初させるものである芸術は、争いの終末に至る。その結果、芸術は歴史的な一時期を画すこととなる。

ここでハイデッガーは、西欧における、そういった三つの時期の特徴を手短にまとめている。それによると、最初の争いはギリシャ精神において起きた。ギリシャ人たちは、存在者の存在の本質を、現前するものの現前性として経験した。次に存在者の存在の本質が生起したのは中世である。このとき、存在の本質は神によって創造されたものとして経験された。そしてまた、存在の本質は近世において生起した。ここで存在の本質は、計算によって支配可能で見通すことができる対象の対象性と解釈された（六三―六四頁）。ところで、西欧だけではなく世界の他の地域でも、いまや、そういった時期へと飛び込まれている。歴史はある衝撃とともに原初し、そしてある民族をその課題へと引き入れる。現存在の存在がその「ともに与えられていること」において空け開いている限り、民族のない現存在は存在しないがゆえに、われわれの「ともに与えられていること」に従って、われわれ非―西欧の人間もまた、西欧の人間がそうであるように、「一つの民族」をなしており、したがって、われわれもこの衝撃から締め出されてはいない。

24　「真理の作品―へと―置くこと」という芸術の規定から見た本質的な両義性

芸術の本質は「真理の作品―へと―置くこと」である。ここで思念されている両義性とはつまり、真理が同時に、この「置くこと」の主語であり目的語でもあるということである（六四頁）。かかる両義性は真理の置くことの両義的な本質についての思惟を要求するにもかかわらず、ハイデッガーは、このことについて芸術論ではこれ以上考察しようとはしない。

芸術の本質に関して言及された命題において、真理が「置くこと」の目的語ならば、創作し観賞する人間が主語である。しかし、隠れなさとしての真理が明け開けと二重の隠しとの原争いにおいて生起することが、これまでの考察で明らかになっている。明け開くことが自らを明け開き、開けが自らを開き、隠すことが自らを隠すゆえに、生起としての真理は自らを生起させるのだろうか。われわれが立ち入っている区域は単純なものではないように見える。われわれが（そしてハイデッガー自身も）突き当たっているであろう難しさを、ハイデッガーは補遺で認めている(50)。補遺で指摘されているように、真理が主語であるならば、「真理の作品―へと―置くこと」は「真理が自らを―作品―へと―置くこと」（二一五、二一八、五〇、五九頁）と変更されるべきである。これについてハイデッガーは次のように言っている。「しかし主語と目的語はここではふさわしくない名称である」と。というのは、真理は何かある行為の対象ではないし、行為するものでもないからである。したがって、「自らを―置くこと」は「置くこと」の主語と目的語の統一を意味してはならない。「しかし、存在とは人間への語り渡し(Zuspruch)であり、人間なしに存在しない(51)」。ここで存在が語り渡すことの主語なら、人間は目的語である。人間が耳を傾けることの主語であるなら、存在は耳を傾けている人間の目的語である。しかし、存在の語り渡しの際には、本来、主語も目的語も立て置かれたりしない。というのは、脱自的な実存における存在の語り渡しは生起する（sich ereignet）からである。このことに対応して、次のように言われている。「かくして芸術は生起から考えられている」（Zusatz）と。それゆえ、ハイデッガーは次のように認めている。

すなわち、「〈真理の作品－へと－置くこと〉という標題では、誰が、あるいは何がどのように〔置く〕のかは無規定なままではあるが、しかし常に規定可能であるが、存在と人間との関連が隠れたままになっている」（同所）と。それでは、「真理の自らを－作品－へと－置くこと」に代わる芸術の本質規定はどのように表現され得るのだろうか。

25　芸術はなお根源たり得るか

芸術は作品における創作的な見守りとして歴史的であり、三重の意味での建立である。しかし、芸術は時代において、すなわち時代の変転において生起するのではなく、存在の生起という意味で「本質的に、歴史的に」生起するのである。ここで真理の「自らを－作品－へと－置くこと」としての芸術は、新たに「真理を生じさせること」（das Entspringenlassen）として把捉される。何かを生じさせるとは、何かを発現させる（erspringen）ことである。

それはつまり、「建立的な跳躍において本質の由来から存在へともたらすこと」である。そしてこのような「跳躍－において－存在－へと－もたらすこと」（Im-Sprung-ins-Sein-bringen）が「根源」（Ursprung）である。芸術はその本質の由来に応じて生起する。すなわち、芸術は建立的な原初として生起するのである。原初は作品において真理を発現させる。その限り、芸術は根源である。いまや論文の終わりを目の前にして、ハイデッガーは次のように問う。「芸術はわれわれ歴史的な現存在における一つの根源なのか否か。芸術は根源たり得るか、また根源でなくてはならないのかどうか。そしてそれはいかなる条件の下でなのか」（六五頁）と。この問いに鑑みて、ハイデッガーはヘーゲルの言葉に触れる。ヘーゲルはこのように述べている。「しかし、われわれはもはや、ある内容を芸術の形式において呈示するという絶対的な欲求を持たない。芸術は、その最高の規定という側面に従うと、われわれにとっては過去のものである[52]」と。ヘーゲルは続ける。「芸術生産とその作品の固有のあり方は、われわれの最高の欲求をもはや満たさない[53]」と。

ここでヘーゲルが思念しているのは、ヘーゲルの時代において、あるいはヘーゲルの時代以降、偉大な芸術家が現われ出ることはないし、芸術作品はもはや市民たちによって感激をもって観賞されることはない、といったことではなくて、絶対精神は芸術に対しては最高の欲求を感じない、ということである。すなわち、絶対精神は、もはや芸術において最高の形式で自らを示すことはないのだ。

ヘーゲルによると、芸術は宗教ならびに哲学とともに絶対精神の領域に属している。絶対精神は自らを三つの異なった形式において示すのであるが、それらの形式においてわれわれは自分たちを把捉するのである。把捉の第一の形式は、直接的で感性的な知である。ここで絶対精神は直観と感覚、すなわち芸術へと至る。第二の形式は宗教という表象する意識である。その意識の内で、絶対者は芸術の直接性から主観の内面性へと場を移す。第三の形式は哲学という自由な思惟である。ここで絶対精神は、自らの「即－かつ－対－自－存在」を観想している。つまり精神は、その弁証法に従って、感性的な意識から表象する意識へと、次いで自由に思惟することへと、自ら展開していくのである。意識の段階は、それぞれ芸術、宗教、哲学に対応しており、また、古代ギリシャ、中世、近世という三つの時期とも重なっている。芸術についてヘーゲルは言う。「中世後期の黄金時代のようにギリシャ芸術の美しい日々は過ぎ去ってしまった[54]」と。つまりヘーゲルによれば、この時代（近世）は哲学が画すべき時代なのだ。したがって、もはや芸術ではなくヘーゲルの哲学が、近世において、すなわちヘーゲルの時代において、ヘーゲルの最高の欲求を満たすのである。かくして、われわれにとって芸術は過去のものである。ハイデッガーにとってもまた、芸術はもはや根源たり得ない。それは、絶対精神が芸術においてもはやその「即－かつ－対－自－存在」、すなわちその絶対的な確実性を思惟しないからではなくて、作品における明け開けと隠しの原争いとしての隠れなさがもはや生起しないからである。どうしてかというと、存在者の存在は、その歴運に従って忘れられているからである。ハイデッガーにとって、われわれの時代は存在忘却の時代ではないだろうか。芸術の本質へ向けての熟慮は、「ただ存在への問いだけから規定されている」[55]。根源もまた、隠れなさとしての真理の本質から考えられている（六七頁）。真理は建立として原初と終わりを含んでいるがゆえに、根源（Ursprung）は先跳躍（Vorsprung）でなければならないのであるから、真理は突如として生起したり、満ちたりすることはなく、前もって噴き出すのである。われわれが自問しているのは、芸術がわれわれ現存在において一つの根源たり得るかどうか、ということである。

このように問いながら熟慮することは、すでに先駆的なことであり、それゆえ不可避のことである。すなわち、それは、存在の歴運に従って到来している準備、芸術が根源となるための準備なのである。いままで行ってきた熟慮によって、われわれは、芸術を前もって噴き出させ、生じさせている。というのも、このような熟慮そのものが、芸術とともに生じているからである。今日、芸術が根源たり得るかどうかは、謎のままである。たとえこの謎を解くことから離れているにしても、われわれはなお、この謎に向かって自分たちに問いかけることができる。

注

＊本文中の（　）内の頁数は、Holzwege, Vittorio Klostermann, 4. Aufl., 1963. のものである。
以下の記号で本文中引用された文献を示す。

SZ : Sein und Zeit. 10. unveränderte Auflage. Max Niemeyer 1963.
TK : Die Technik und Kehre. Günter Neske.
ID : Identität und Differenz. 3. Aufl. Günter Neske.
PLW : Platons Lehre von der Wahrheit. Vittorio Klostermann.
VA : Vorträge und Aufsätze. Günter Neske, 1967.
US : Unterwegs zur Sprache. Günter Neske, 1959.
GA : Gesamtausgabe.

（1）Der Ursprung des Kunstwerkes. in Holzwege. Vittorio Klostermann, Frankfurt 1950.　以下の本文注で頁数のみを記しているものは当該著書をさす。
（2）Aristoteles, Polit., 1253 a 10f.
（3）De Anima, 405 b 18.
（4）Thomas Aquinas. Summa Theologiae. I. qu. 76, art. 6.
（5）Principia philosophiae. Ⅰ, 51.
（6）GA24, §19.
（7）Ethica, Def. 3.
（8）GA24, S. 310.

（9）　a.a.O., S. 312.
（10）　a.a.O.
（11）　SZ, §15.
（12）　Vgl. TK, 34.
（13）　制作のために、人は自分に対して、素材としての物と手本としての制作するべきものを前に立て［表象し］なければならない。ハイデッガーによると、本来的な認識とはまさに手本（Vor-bild　前の－像）の持つこの先取りである（GA24, 215）。
（14）　SZ.
（15）　アリストテレスにおける ὁμοίωσις は、正しさという意味においてまさにアルベルトゥスにおける adaequatio に対応している。PLW, 34ff.
（16）　SZ, §32.
（17）　ID, S. 70.
（18）　a.a.O. S. 71.
（19）　Helmut Franz, Das Denken Heideggers und die Theologie. in : hrsg. von O. Pöggeler, Heidegger, S. 205f.
（20）　Friedrich-Wilhelm von Herrmann, Heideggers Philosophie der Kunst. Klostermann, 1980, S. 127.「正しいもの」についてのわれわれの解釈は同書による。
（21）　「存在は純粋な措定である」。それゆえ、存在は対（das Gegen）なき純粋な立（Stand）である。vgl. Kritik der reinen Vernunft, A598.
（22）　Vgl. Die Stellung des Menschen im Kosmos. 1928.
（23）　Vgl. SZ.
（24）　ハイデッガーは「ゆっくり、そして急いで」自分の思惟を進めた。ゆっくり、および急ぐことは、存在者の時間構成的な出合い方である。かかる出合い方は、出合いながら実存しているものにおいてのみ可能なのであって、衝迫的な動物存在においては不可能である。それゆえ、植物と動物には「時間がない」。

(25) SZ, §23.
(26) Vgl. Eugen Fink, Zur Ontologischen Frühgeschichte der Raum-Zeit-Bewegung. Den Haag, 1957.
(27) SZ, S. 384.
(28) SZ, §26.
(29) SZ, S.384.
(30) Vgl. Princ. Ⅰ, 45.
(31) Vgl. Herrmann, S. 189.
(32) Met., 1074b34.
(33) Vgl. Herrmann, S. 184. Ernst Tugendhat, Heideggerische Idee von Wahrheit. in : hrsg. von O. Pöggeler, Heidegger, S. 286–297.
(34) Vgl. Herrmann, S. 200.
(35) PLW, S. 34f.
(36) A.a.O. S. 32.
(37) A.a.O.
(38) Herrmann, S. 206.
(39) Vgl., TK, S. 11.
(40) Vgl., SZ, S. 79.
(41) SZ, §9.
(42) 囚われていることから開性へと現存在を空け開くというのは、態度を実存的に転換することではなくて、実存の脱自的関連である。実存はまた、「内から外へと立つこと」として把捉されよう。それは、存在的に見るなら確かに、常にすでに自分から出て立ちながら、そこにおいて―その内に立っているものとして、内在的意識が矛盾しながら動いているものと把捉されるかもしれない。vgl. Hermann, S. 295–298.

(43) Die Lehre von menschlicher Proportion〔1525〕. in : Dürer, Schriftlicher Nachlaß, hrsg. von H. Rupprich. 3. Bd., Berlin, 1969, S. 295. vgl. Herrmann, S. 309.

(44) Vgl. Kant, Anthropologie in pragmatischer Hinsicht. §§28, 31., Herrmann, S. 320.

(45) Vgl., §§31.

(46) Vgl., SZ, §§. 34.

(47) US, S. 14.

(48) SZ, §35.

(49) Vgl. Heidegger, Vorträge und Aufsätze. II. Neske, 1967, S. 44f.　ハイデッガーによれば、創造的な（Schöpferisch）創作はまさに泉からの（水の）汲み上げ（das heraufholende Schöpfen）に基づいているのだが、近代の主観主義は創造的なものを主観の天才的作業に帰すように曲解した（六三頁）。

(50) Vgl., GA 5, S. 70ff.

(51) GA 5, 74.

(52) Vorlesungen über die Ästhetik. SW Bd. 12, S. 16.

(53) A.a.O., S. 30.

(54) A.a.O., S. 31.

(55) GA 5, S. 73.

XII　踊りと真理——ハイデッガーの芸術哲学の一解釈

1　踊りについての伝統的な理解

「天照大御神が岩屋戸の中に隠れ世界が暗闇につつまれたとき、天のうずめの命は神々を集め、裸になって、大地を踏み鳴らし、楽しげに踊った。何事かと（what it is）驚き、天照大御神は戸からその姿を現わした」。

こう古事記は報告している。このように歴史は踊りとともに始まり、人間は生活のいろいろな局面で今日まで踊り続けてきた。哲学者も踊りを眺め、自らも踊る。しかし踊りを哲学的に考察しようとはしない。しかし哲学者は、踊りは五感の快、感情の快をもたらすが、その快こそ真理の探求を妨げると考える。たとえば、孔子[1]やプラトン[2]は踊りや音楽の魅力をよく知っているがゆえにその危険を強調したのであり、東西のその後の支配者はそれを抑圧したのであった。踊りは舞踊家と観賞者に単に快感をもたらす身体運動にすぎないのか。今日、このように考える者はいないであろう。ある舞踊家は「あらゆる内包を惹き起こすために踊るのである[3]」と言う。ここでいう内包とは、身体で表現できる「意味」（concept）と「エネルギー」である。またある舞踊家は「踊ることは、基本的な生命の機能、楽しみ、苦痛の関連によって感情を生起する[4]」と言う。すなわち彼らは、踊りは生の全体を「表現し」、感情こそ踊りの本質的要素であると考えている。われわれはここで、踊りとは何であるか、またとくに踊りにおける「表現」が何を意味するかを、ハイデッガーとともに哲学的に考察しようと思う。

踊りは舞踊家と舞踊振付師によって作られた運動する身体から成り立つ芸術作品である。ここである舞踊家は踊りにおける身体は「媒体」であると言う。[5] 伝統的美学的舞踊論に従えば、踊りは舞踊家によって表現される芸術作品であると考えられ、またそれゆえ表現されるべきものすべて、すなわち生はまず振付師と舞踊家によって認識の対象として把えられなければならない。だがこの認識のためには、芸術家は己れの生に全面的に沈潜し、己れ自身と認識の対象を十分認識し、そして想像力と感情移入によってそれらを表現しなければならない。たとえば、『白鳥の湖』におけるオデッタを踊る者は、オデッタの悲しみ、喜び、期待と絶望をよく理解し、それを十分表現できなければならない。また、白鳥をも表現しなければならない。ここで肝心なのは認識と表現である。認識なくして表現なく、表現なくして踊りもない。

2　日常性における身体と、踊る身体

芸術作品としての踊りの第一の現実は運動する身体である。運動する身体とは何であるか。『芸術作品の起源』でハイデッガーは、作品の本質についての考察を物《もの》の物的なもの (das Dinghafte) の分析から始める。さて、作品としての踊りは人間の身体的運動から成り立っている。しかしハイデッガーは「人間は物ではない[6]」と言う。つまり、生きる身体は彼によれば物ではないのである。では、身体ではない物とは何であるのか。ある者が「何であるか」について、まずたいてい、そして直接経験する物は、諸性質の束でも核でもない。科学の対象であるこれらは科学という「理念の衣」(das Ideenkleid)[7] をつけている。これに対し、物はそれ以前にわれわれによって見回しにおいて一定の帰趨性 (Bewandtnisse) を伴って発見される存在者である。このような存在者の代表的なものは道具的存在である。道具が現象する際に伴う帰趨性は有用性に還元され得る。この有用性は、

人間が自己の周りを見回すことによって世界へと自己を投企するがゆえに、道具において示される。われわれは、道具的に働くわれわれの身体と、その身体が利用する道具がわれわれの前に現われるのを、道具と物の伝統的な概念にとらわれて見誤ることなく明らかにできなければならない。とはいっても、伝統的な意味にとらわれない適切な分析が「純粋に見ること」(das schlichte Sehen)[8]から出発するわけではない。その適切な分析は、そもそも現存在が自己を世界へと投企する場としての身の周りを見回しているがゆえに可能なのである。この見回しこそ「純粋に見ること」より初源的であるからである。道具と身体はその一方が他方を一方的に指示したり、両者が同時にかつ相互に指示して現われるのではなく、ある時は一方が他方を、またある時は他方が一方を指示しつつ現われる。道具を用いる身体は歩き、車を運転し、テレビを眺めるなど、他者とともに日常生活を営む身体である。われわれはこの日常的な、運動する身体を日常的身体と呼ぶ。物はつまり日常的身体の前に道具として現われるのである。

芸術作品は道具ではない。では、作品はどのように現われるのか。また、道具はどのように現われるのか。両者の現われ方にいかなる本質的な違いがあるのか。日常的身体と踊る身体の現われ方にはどのような本質的な違いがあるのか。

3　日常的身体の現われ方

日常的身体は道具との指示関係の内に現われる。道具はまだ私の運動する身体によって用いられておらず、この身体がこの道具を指示している限り現われる。たとえば、ハンマーは私がそれを手にとり、使っているときはこの私の使っている手をもはや指示することはない。ハンマーは私の手の中にあって使用中は（視界から）消えたり、打ち込まれる釘《くぎ》を指示する。かくて私は手とともに動くハンマーで釘を打ち込むことができるのである。ここにハンマーがまさにハンマーとしてあるのである。私が使用中のハンマーに注意を払わなければ払わないほど、その道具性は純粋になる。(9) そしてそのとき、それはその便利さと信頼度の高さゆえに私の知覚から消え去るのである。ところで、芸術作品も道具であれば、道具としてよく働けば消え去らなければならない。作品が道具であれば、たとえば熱料として、あるいは資産投機として用いられるとき、作品であることをやめる。

日常的身体はどのように現われるか。ハンマーは、私の手もしくは他者の手の内にあって硬化し、延長した手として動くという「使いよさ」においてのみ一道具であり得る。ハンマーは私の変容した手であり、私の手は私の第一の道具、アリストテレスが言うように道具中の道具である。(10) では、ハンマーを持って釘を打ちつけつつある私の手は、私の前にどのように現われるのであろうか。ハンマーの使用に慣れていなければ、私はそれを上手に使うことができない。そのときハンマーは私に逆らい、目立つように現われる。ハンマーの使用に慣れれば慣れるほど、それだけ自由に私の手はハンマーとともに動き、私の手とハンマーの間に成立している協調関係に注意を払うことなく、私は正確に釘を打ち込むことができる。手の中にあるハンマーはいま打ち込まれる釘を指示し、その使いよさと信頼度の高さに従って私の手とともに私の視界から消え去る。では、私が見ている他者の手であり、かつハンマーを使っているその手はどのように私の前に現われるであろうか。彼が不器用にハンマーで釘を打ちつけているとき、彼の手は釘を指示することなく目立つ。大工がハンマーを上手に使う場合、その手の動きは滑らかさゆえに目立つ。しかしその時、その釘を眺めると彼の手はその「使いよさ」と信頼度の高さゆえに私の視界から消え去る。このように手とハンマーは私の前に同時に現われることはほとんどない。あの舞踏家の説明のように手が現われ、自らを「表現する」が、打ち込まれる釘はその大工の器用さの内に消え去ってしまう。彼の手が釘を「表現する」とき、そして釘が現われるとき、彼の手は自らを「表現」せず、現われない。

ではここで一体、何がいかに「表現される」のか。彼の動く手はその「表現」において、釘を一定の有用性のために打ち込まれる何かとしてのみ指示する。釘を打ち込む際に示す手の有用性は極めて切迫しているので、手が何であるか、つまり手の本質はほとんど露わになることはない。それは、他を「表現して」自らを隠すがゆえに他を「表現する媒介者」である。

4　踊る身体の現われ方

踊る身体は道具としての道具とともに動くことはない。舞踊者は手に傘を雨を防ぐ道具としてではなく、踊りの一部分として取ることがある。舞踊者は剣を持って踊るが、それで戦うのではない。このように踊りの「道具」はそれが日常性において持っている有用性によってではなく、踊り自身のために使われる。雨降りにさされる傘はよく働いて雨をよければよけるほど、その有用性の内に（視界から）消え去る。舞踊者の手にある傘はそれに対し消え去ることなく、逆にここで傘とは何であり、雨とは何であるかを開示する。舞踊者の手の内にある剣もまた、剣を持って現に戦う者の手の内ある剣よりも剣の何であるかをよく示す。ハイデッガーはヴァン・ゴッホの農婦の靴の絵についての研究で、道具（靴）の本質が実際の道具、とくに使用中の道具によってではなく、むしろ描かれた道具によってよりよく示されることを非常に鮮やかに指摘している。このことは踊りにおける道具にもよく当てはまる。

踊る身体はどのように現われるか。私は私自身を常に身体的存在として、気分づけられ、世界の内にあって自分自身の存在と他の存在者に関心を持ちつつ存在している。日常において私はまず、たいていは世界の内に安んじて（信頼して）おり、私の身体は信頼されているこの世界において出合われる様々な帰趨性を有する内世界存在（物）への動きの途上にあって、一定のゲシュタルトを持つことなく忘れ去られ、消滅し、己れ固有の場も時も持つことがない。喜びを「表現して」跳び上がる踊る身体はしかし、これとは逆に自らと喜びの本質を自らに固有な形と運動において示す。舞踏者と観賞者は表現される感情と関心には直接、規定されない。そして踊る身体は内世界存在の間を漂うことはない。もし舞踏者が表現すべき感情と関心に規定されるとしたら、彼の身体は日常的身体へと変容して身体を視界から見失い、彼は自らを芸術的に「表現」できなくなる。彼は自らの役になり切らなければならない。しかし、たとえば『白鳥の湖』におけるジークフリートの英雄的な精神、勇気、喜び、希望、愛を表現するために舞踊者は彼自身の運命にとらわれてはならず、ジークフリートの運命を「了解し」、演じなければならない。演じることは自らを自らの運命から解き放ち、言語的表現もしくは身体的運動によって役の運命を表現しなければならない。

　このことについてアリストテレスは、「激情のとりこになっているものが最も説得的である[11]」と言う。つまりアリストテレスにとって最良の役者は、自分の役に「憑《とりつ》かれた者」（ἡ μανικὸς）である。世阿弥《せあみ》はこれに対し、アリストテレスの言う憑かれた者にふさわしい役（「其の物」）に「能く成る」ことと、役と自らを、そして踊りの技術を忘れ去る「無心」との対立を強調している[12]。ある役を演じることは、言語表現もしくは身体的運動において自らを役の運命から解き放ちつつ、まさにそれを示すことである。踊りは役の運命を身体的運動によって露わにする生きたゲシュタルトである。それはロシアの舞踊家たちがプラスティカ（пла́стика）と呼ぶものであり、ここで踊る身体は他の物を「表現する」単なる媒介者とは成り下がらないのである。

　ある日本の舞踊家は「いかにその役になり切って、それを表現するか、これが大切なのです。そしてここに難しさ、エネルギーの消耗があるのです[13]」と言う。たとえば能舞『娘道成寺』の娘役の体は、観賞者側から見ればほとんど動いていない。しかし舞踊者はそれにもかかわらず、大変なエネルギーを使う[14]。彼のこの緊張は何に由来しているのか。各瞬間、舞踊者は身体の動く線描（der Riß）で役の運命を示すのであるが[15]、彼は自らの運命から は解放されつつ役への感情移入を行う。この感情移入と解放の交叉こそが、この継続する内的な緊張を生み出すのである[16]。この動く線描が踊る身体を日常的な身体から区別し、人間の身体そのもの、人間の運命、そして世界を切り開くのである。芸術としての舞踊の生命は動く線描にあるのだ。線描とは何か。線描は、存在者を他の存在者から区別する表面や、存在者の現わし方としての性質を示す形状である存在者の明け開け——ハイデッガーはこれを世界と呼ぶ——が、日常性においてそれ自体としては何かとしては現われない存在者を支えている実質——ハイデッガーはこれを大地と呼ぶ——に、いわば楔として戦いつつ割り込む割れ目である。芸術としての踊りはこの線描を通して日常性において隠蔽している大地と世界を露わにするのである。

5　舞踊に何が開示されるか

すでにカントも、有限的存在である人間にとってその認識が可能であるためには、その対象を生み出すことができない以上、それは彼に与えられなければならない、と言っている。舞踊者も同様に「表現する」ものを自らの内から生み出すことはできず、それは彼がいないところから彼に与えられなければならない。もしそうでなければ、舞踊は舞踊者の単なる心理的・生理的な身のこなしとなるであろう。しかも舞踊が外の世界、つまり舞踊者の外から与えられる対象の「一つの表現」であれば、与えられた対象とその表現の内容との間にある整合性についての問題がここに生じなければならない。舞踊者はここで、整合性のある関係を作り出すために整合性のある表現をめざすのか。科学におけるように、彼は正しさとしての真理、すなわち事物と精神の一致をめざすのか。そうではなく舞踊者は、客観的に存在する彼の身体、傘、世界の認識をめざして踊るのではない。彼の手で持っている傘は彼の主観が認識し、表現する対象ではない。彼はただ無心に踊るのである。

ハイデッガーが「まさに偉大な芸術において——ここではそれのみが語られるのだが——芸術家というものは作品にはいささかなりとも無関心なものである」[17]と言っているように、認識的な事柄にはかまうことなくひたすら踊るのである。日常的なまなざしから消え去った傘が舞踊において鮮やかに甦る理由は、舞踊者や観賞者の主観の認識にも傘自身の性質にも還元され得ない。芸術としての舞踊はヘーゲルが言うであろうように、精神の表現として把えられてはならない。傘が何であるか、人間の身体が何であるかは、直接、舞踊そのものの内に開示されるのである。舞踊者は人間とは何であり、人間の身体が何であるかをまず客観的に認識し、それを適切に表現するよう期待されていない。日常、隠蔽されたままになっているこれが、踊る身体において特権的に自らを開示するのである。もちろん、舞踊者は自らの主観とその対象を一致させようと試みはしない。人間の本質はここで舞踊者が意図するからではなく、「真理が自らを作品へと措定する」[18]がゆえに踊りに開示されるのである。舞踊者の身体の動く線描は日常性の有用性という帳を払い除け、ここに明け開かれた地平（the lucid horizon）、すなわち世界の配立（die Aufstellung der Welt）[19]を生み出す。この明け開かれた地平はしかし、下手な踊りでは閉ざされる。なぜなら、この踊りはほとんど日常性にまみれたままに留まっているからである。身体の動く線描は開示と隠蔽との戦いの内にも得られるが、舞踊者は自分の踊りにおいて厳しく体験し、何の戦いであるか気がつかぬままこの中に投げ込まれ、共に戦う。なぜなら開示は隠蔽を必要とし、隠蔽は開示において隠蔽として自らを現わすからである。この戦いは真理と非真理の間の根源的な戦いに基づく。この戦いおいて開示され、かつ隠蔽されるものは何であろうか。日常の動く身体において隠蔽されているものは、どのように忘れ去られたままになっているのか。身体の運動は慣れれば慣れるほど滑らかに遂行され、その運動遂行に対する信頼も一層深まり、ついにその運動はほとんど「忘れ去られる」ようになる。慣れた身体運動はそれゆえ自らを隠蔽し、人間の自己投企を可能にすべく自らを遂行する。ギリシャ人は、自らを生み出し、隠蔽し、かつ人間の日常の自己投企を支えているものを自然（φύσις）と呼んだ。日常的身体とそれによって使われる道具という慣れ親しんだ存在者はほとんど身体の一部と化して、今やその慣れ親しんだ遂行において自然性を獲得する——つまりその自己隠蔽性においいて自然の性格を獲得するに至るのである。ハイデッガーはこの自然を大地と呼ぶ。日常性において道具と道具的身体は自然的になることによって大地となって自らを隠蔽する。大地の本質は自らの本質を隠蔽しつつ、かつ同時に存在者の存在者と人間投企とを支えるところにある。

ハイデッガーは、内世界的存在を存在者として現象させる明け開けを世界と呼ぶ。道具のような存在者はそれ自身として現象している限り世界に属し、自然性を獲得して大地となる。ハイデッガーは大地への帰還を「大地の返送」（die Zurückstellung der Erde）[20]と呼ぶ。この返送は慣れにおいて起きる。ハイデッガーに従って、存在者を露わにする開示性を世界と呼ぶ。世界は自らと戦い、主張するとき、道具は道具として現われ、また同様に大地も自らと戦い、主張するとき、身体と道具はその地性において隠蔽する。この戦いは、存在者を立て、自らを露わにする世界と、自らを隠蔽して存在者を支える大地との戦いである。世界と大地の一方が他方をこの戦いで圧倒することはできない。なんとなれば、よりよく戦うために他を必要としているからである。

日常性において運動する身体と道具は自然性を獲得する。言い換えれば、それらはハイデッガーの表現を使えば大地へと返送され、大地は自らをその返送において隠す。ここでも世界が自らを主張しなければ世界は自らを隠し、大地が自らを主張しなければ大地も自らを隠す。両者はその本質を日常性の和解の内に隠す。

では、踊りでは何が起きるのか。日常性を超越する運動する身体において、道具と身体は和解することなく自らをその色、形、硬さや柔らかさといった感じ、重さ、光輝などとして露わにし、また身体を色、形、力強さ、弱さ、硬さ、柔軟さ、動きなどに示し、そのような身体は動き、生命の力のうちに跳躍して踊る。すべてそれらは自らを開示する。すなわち、世界と和解することなく、絶えず世界を支える自然性の内に自らを打ち立てる(herstellen)のである。[21] 大地は打ち破ろうとするすべてのものを打ち倒すものとして自らを打ち立て、そうすることによって打ち鳴る大地の上で跳躍し、ステップし、横滑べる身体を支えるのである。作品である踊りは大地を大地たらしめる。[22] 人間は、世界の内に、身体の内に、身体を通して存在し、そしていま圧倒的な力をもって開示される踊りの内に存在する。このように世界が自らを主張して打ち立てれば打ち立てるほど、大地も自らを主張して打ち立てる。世界と大地の戦いの前線が踊る身体の線描であり、ここに真理は自らを投企する。

6　四方域の遊戯としての踊り

日常性においては消え、踊りにおいては輝きつつ現われるものの最も身近な現実は、身体存在として自らを投企する人間のその身体存在である。踊る身体は自らをその動きの内に露わにする。この動きの内に様々な気分、歴史的な人間関係、宗教性、自然といったものが示される。言い換えれば、それらは人間であり、聖なるものであり、世界であり、そして大地である。ここで強調されなければならないことは、それらはみな各民族や時代に特徴的な線描を持っているということである。人間の共存在性についていえば、個人の運命は常に民族の神話、その歴史的な歩みとともに、その栄光と屈辱、勝利と敗北を通して開示されるのであるが、それらを露わにする踊りである「動く線描」が各民族に固有であることは当然である。

踊りは舞踊者の単なる内的な、そして主観的な感情を「表現する」のではない。踊りの内に共同体と民族の運命が常に形づくられ、舞踊者はそれらから決して「解放される」ことはない。跳躍、ピルエット、リフトはヨーロッパ外では通常ほとんど見かけない。それは大地からの、つまり農耕という日常の労働から解放されているという近代ヨーロッパ貴族の感情を「表現する」ものである。今日、モダンダンスで跳躍などの動きは一般的になっており、日常性からの「解放」の感情をよく「表現している」。これらの跳躍や回転は、われわれがあたかも大地とこの奥行きのある世界から解放されるかのように、またわれわれの身体が重さを失うかのように、めまいと幻想をもたらす。日本の古典舞踊にこのような跳躍といった運動はない。そこでは「大地からの解放」はテーマにはなっていないのだろう。その代わり摺り足が現われ、幽玄、命のはかなさ、死などが主要なテーマとなる。われわれはここで、様々な民族の踊りの様々な特徴を思い浮かべることができる。どの踊りも人間は死すべきものであり、死すべき生命は他の生命と、また彼岸との関係の内に与えられる。しかし日本の古典舞踊の場合のように、生と死の変容（相互変換）が自明のテーマになるとき、人間存在の有限性についての感情を強調することは不必要になり、舞踊者の顔面は仮面で被われてもかまわなくなる。

もし舞踊者が自らと彼の世界を認識と想像と才能によって「表現する」のであれば、なぜ一定の民族的伝統が踊る身体の「線描」に現われるのか。なぜなら、主観が自らを作品の内に表現するのではなく、民族がそのゲシュタルトを作品の内に我がものとするからである。踊りは戦争や婚礼に際して、聖なる神殿で踊られる。日常性においては隠蔽されたままになっているが、しかし個人と民族を治めている聖なるものは、いま踊る身体の輝く「線描」の内に、そして観賞者のまなざしの内に自らを露わにする。ハイデッガーはこの聖なるものを、神的な神（der göttliche Gott）と呼んでいる。[23]

もし神がキリスト教の信仰と神学におけるように単に宇宙の創造者であり、自己原因（causa sui）であれば、われわれはどうしてそのような神のために音楽を奏で、犠牲を捧げることができようか。[24]神はわれわれの前に自己原因としてではなく、われわれの全存在が負うものとして「ある」（west）。私が彼に完全に負っているというこの存在論的な負い目は、内世界存在の平均的帰趨性に対する世俗的配慮の内に平準化され、そして忘れ去られたままにある。だが、非世俗的な衝激において私が負うものであることが魂の深みにおいて開示される。われわれの負い目に現われる（west）神はわれわれを救済し、人間の負い目の踊りの内にそのゲシュタルトをとる。踊りはそれゆえ本質的に犠牲であり、奉献であり、礼拝である。「神は死んだ」という「告白」によって神が自らを隠すとき、人間は自らを負い目あるものとしては見出すこともできず、また神のゲシュタルトをどこにも見出すこともできず、そのとき踊りは社交ダンスとしてしか現われない。しかし世界史が示すように、革命的人民や民族の総統といった恐ろしい偽神によって衝激を受け、誘惑され、人間はそれらのために自らを捧げ、踊ることもできる。このような踊りは偽神のゲシュタルトであり、ある政治集団はそこで人民を民族のために利用しようとする。民族が一定の政治的理念のために搾取され、その目標がその利用されてはならない本質を隠蔽するとき、われわれはわれわれが歴史的な民族の運命の下にあるにもかかわらず、あたかも民族の上に立つ主人であるかのように考えてしまう。

芸術のゲシュタルトが常に人間の世俗的欲望という偽神によって規定されるとき、芸術としての踊りは芸術であることをやめ、世俗的な道具か、世俗的な筋肉の見せ物と化す。存在者がまさに純粋に何であるかが示されるのは、われわれが存在者の有用性と信頼性といった日常性からはっきり離れ去り、慣れからきっぱり身を離し、「衝激」からの驚きの内に存在の本質がまさにそれが現実に在るように現われるときのみである。日常性からの自覚した離脱において、存在者が何であるか、またそれが存在するということという存在者の真理が芸術作品の内に生起し、留まる。ハイデッガーは真理を作品の内に留まらしめること、つまり作品を作品たらしめることを「作品の見守り」（die Bewahrung des Werkes）(25)と呼ぶ。見守りは精神活動、つまり舞踊家の記憶でも芸術学校（conservatory）の意図的な活動でもなく、人間が日常の先入見から運び出され、存在者が何であるか、またそれが存在すること、人間が何であるか、また彼が存在すること、すなわち彼は自己を決定する実存であるのみならず、無気味な世界に身体的に住み、そこで神による自らの救済を求める存在でもあるということについての衝撃を受け得るということを意味しているのである。

世界に住まうわれわれはいかにして神に出合うのか。神はまだ生きているのか。神が死に、どこにもいなければ、踊りは退屈な日常性からの気散らしのための単なる呼び物と化すだろう。しかし神が生きておれば、負い目を持ち、救いを必要とするわれわれは聖域で、日の光と夜の暗闇で、エーテルの深み、すなわち天のもとで[26]神に出合うだろう。踊り、跳躍することは引力に逆らう特別な「自己昇揚」や「大地からの解放」を意味せず、人間は存在論的にも天に属していることを意味する。かくして真理を打ち立てることとしての踊りは天と大地、神的なものと死すべきものとの交わり、つまり「四方域」の内に留まるのである。

われわれが「線描」と名づけた踊りの「型」はなぜかくも民族的であり、歴史的なのであろうか。作品が民族的、歴史的なのは、作品の「見守り」が常に民族的、歴史的な出来事だからである。「作品の見守り」は、作品が慣れ親んだ伝統の内に見守られ続けることを意味するのではなく、相互的な存在 (the being-for-and-with-each-other) を非隠蔽性の内に立たしめることによって作品に生ずる真理の語りへと人びとを導くため、作品が彼らに途方もないものへの怖れを懐かせ、彼らをこの途方もないものの内に厳しく留め置くことを意味する。

かくて踊りの「見守り」は舞踊者や振付師が踊りを記憶に保つということではなく、作品としての踊りが常に人びとを、つまり舞踊家、振付師、観賞者などを途方もないものへと衝きやることを意味するのである。そうすることによって、主観的・実存的決断の彼方で「作品の見守り」は、改めて彼らを相互存在において創設し直し、彼らを彼らに共通の大地と時間に属させ、彼らに自らの聖なるものへの負い目を気づかせるのである。作品の見守りは芸術作品の本質をなすものであり、ここに民族性と歴史性も存するのである。それゆえ見守りなしに創造は考えられず、創造と見守りは非隠蔽性において生じる「線描」(Entwurf) としての作品において共属しているのである。

7　詩としての踊り

素晴らしい踊りを観てわれわれは「実にこれは一つの詩である」と言う。ところで、われわれはただ比喩的にそう言っているのか。そしてそれは踊りそのものが言語ではないからなのか。踊りもまた、踊りの内に存在者の意味を露わにすることによって観賞者に意味を伝達するがゆえに、一つの言語ではないのか。しかし、あるものについてかく思念された意味が存在するに到り得るためには、言語がそのあるものに名を与えなければならない。ハイデッガーは「言語こそ存在者をある存在者としてまず第一に明るみにもたらす[27]」と言っている。名を与えるとはどういうことなのか。名を与えるとは、存在者をある存在者として露顕させること、つまり存在者を見つけ出すものへと導いていくことである。名を与えるとは自らを隠蔽する芽（Wurf）の解《ほど》けとしての投企（Entwurf）、すなわち「それは何であるか」についての投企された言表（entworfenes Sagen）である。ハイデッガーによれば、この投企された言表は詩（Dichtung, poetry）である。世俗的で、慣れた世界における言語はこれに対して、おしゃべりや、有用性と有効性を持った道具となってその本質を隠蔽する。言語は隠蔽している存在者を非日常性における途方もないものへと「衝激」（Anstoß）によって明け開けの内に置く。人間はこの衝激においてのみ決定することができる。つまり、自らを超えそれが何であるかを言い表わす言表の内に立つことができるのである。ハイデッガーによれば、本来的な意味での言表が、存在者が何であるかを言い表わす限り詩である。詩としての言表はそれゆえ思念された意味の言語的な(linguistic)媒体者ではなく、明け透かし(Lichtung)の投企であり、ここに存在者はすべてに先立って露わとなるのである。

かくして、沈黙の内に真理を自らの動く線描の内に置く踊りは詩でなければならず、日常的に語り、日常的に動く身体は詩たり得ない。踊りは絵画、建築、映画、詩(Poosie, poem)といった他の芸術とともに詩(Dichtung)の一つの優れたあり方である。

注

(1) 論語、第十七巻第十三参照。

(2) プラトンによれば踊りはレスリングとともに体育に属し、魂の徳性に役立つものでなければならない(『法律』791c, 795d.e)。この目標を目指さない醜い身体の動き、卑俗を表わすものは悪い踊りである。814b, 815.

(3) Eleanor Metheny : Movement and Meaning. MeGraw-Hiel Books Co., 1968. この抄訳として石黒節子『イメージ・コミュニケーションとしての舞踊』(三一書房)一三二頁。

(4) Judith Lynno Hanna : The Performer-Audience Connection. University of Texas Press, Austin, 1986. この抄訳として前掲書一四六頁。

(5) John Martin : The Modern Dance. A.S. Barnes, 1933. この抄訳として前掲書九七頁。

(6) Martin Heidegger : Der Ursprung des Kuntwerkes. in Holzwege. Vittrio Klostermann, 4. Auflage 1963. p.11.

(7) Edmund Husserl : Die Krisis der europäischen Wissenschaffen und die transzendenfale Phänomenologie. Husserliana Bd. 6, p.51f.　近代の数学的科学はいわゆる客観的・科学的真理のために理念の衣を着せて具体的な生世界を変装させる、とフッサールは言う。

(8) どの理念による変装にも先んじる最も初源的な経験も、フッサールによれば明証的で、直接的・知覚的経験である。cf. Cartesianische Meditationen. Husserliana Bd. 1 §§5.　しかし知覚は、ハイデッガーが考えるように、人間の自らの実存についての日常的なあれやこれやの配慮の内にまず与えられるのである。

(9) Cf. Heidegger : op. cit., p.22.

(10) Aristoteles : De anima. 423a1-2.

(11) Aristoteles : De arte poetica. 1455a30.

(12) 世阿弥『花鏡』（岩波書店、日本思想大系24）一〇〇頁参照。なお、アリストテレスのマニコス論と世阿弥の「物狂」論の比較は面白い。

(13) 大阪の古典舞踊家である藤間吉蔵氏が著者にそのように語っている。

(14) その舞踊者は大量に発汗し、脈搏は毎分一五〇に達し、心電図は彼の心臓が活発に働いていることを示している。一九九四年のＮＨＫ・ＴＶの番組より。

(15) Cf. Hanna.　石黒前掲書一五六頁参照。

(16) 世阿弥は踊りにおける終わりのない内なる緊張について語っている。

(17) Heidegger : op. cit., p.29.

(18) op. cit., p.25, 28.

(19) op. cit., p.32f.

(20) op. cit., p.35.

(21) op. cit., p.34.

(22) op. cit., p.36.

(23) 有限的な人間存在の運命の場である世界は神の輝きにおいて明るむ。op. cit., p.33.　ハイデッガーは祈り、犠牲を捧げる神を神的な神と呼ぶ。この神は自己原因である神学的神ではない。cf. Identität und Differenz. 3. Auflage, Günther Neske, 1957, p.70f.

(24) Heidegger : op. cit., p.70.

(25) op. cit., p.54.

(26) Heidegger : Vorträge und Aufsätze. Teil II, Günther Neske, 1967, p.24.

(27) Heidegger : Holzwege. p.60.

あとがき

本書は拙著『身体の現象学』(一九八六年、世界書院、二〇三頁「あとがき」)で到達した肉・道具・自然という身体現象の三相構造論を考察の基礎とする論文、研究発表、講義を集めたものである。これらのうちのⅠ、Ⅱ、Ⅲ、Ⅳ、Ⅶ、Ⅷ、Ⅸ、Ⅹ、Ⅺ、Ⅻは、日本語と英語のものは独訳して拙著 Phänomenologie des Alltäglichen, vom Aspekt der Leiblichkeit des Menschen her. Peter Lang, Frankfurt am Main/Berlin/Bern/New York/Paris/Wien 1998 に収録し、出版した。国際学会における日本人による発表では、よく日本の伝統を反映しているものが期待され、評価されるように思われる。確かに伝統の裏付けを感じさせない哲学的思考というものがそもそも存在するか疑問だ。それゆえ、ドイツ人からこれらの拙論が「日本的だ」と指摘されて当惑しつつ喜んだりしている。

Ⅺ「ハイデッガーと芸術の問題」の原文のドイツ語はハイデッガーの「芸術作品の起源」の用語を多用しているので、その日本語訳は非常に難しく、長い間、躊躇していたが、大阪大学大学院生の石黒義昭氏がこれに挑戦されたので、これを本書に加えて出版することができた。石黒氏にはここに謝意を表したい。もちろん、同氏の個性を活かしつつも著者が手を加えたので訳責は著者にもある。

最後になったが、加速する本離れのこの時節、出版を引き受けて下さった太陽出版の籠宮良治氏に謝意を表したい。

二〇〇〇年九月一日

湯浅慎一

初出一覧

Ⅰ　身体現象の三相構造
　「体育科教育」大修館書店、第34巻第12号、1986年11月増刊号、12－15頁に収録。

Ⅱ　身体現象の三相構造論——不毛な心身論を超えるために
　「談」たばこ総合研究センター、No.38　1987年夏号、42－55頁に収録の、同表題の同誌編集部との対談を論文形式に書き換えたもの。

Ⅲ　自然と技術
研究発表：Nature and Technique. The 22nd Annual Meeting of the Husserl Circle, Ohaio University, USA 1990.

Ⅳ　身体と世界——世界は生成する身体によって開き与えられる
Studia Humana et Naturalia. Kyoto Prefectural University of Medicine, No.24.1990.12. 33－51頁に収録。

Ⅴ　環境内存在とその責任——環境倫理の現象学的基礎づけの試み
加茂直樹、谷本光男編「環境思想を学ぶ人のために」世界思想社、1994年、96－112頁に収録。

Ⅵ　芥川龍之介の世界、その現存在分析試論
　「國文學」學燈社、第30巻5号、1985年5月号、49－55頁に収録。

Ⅶ　他者のまなざし——現象学的還元の不可能性について
研究発表：The View of the Other. Japanese-American Joint Seminar of Phenomenology, 三田 1988.

Ⅷ　食と性における共肉性

Mitfleischsein des Menschen in Essen und Sexualität. Studia Humana et Naturalia. Kyoto Frefectural University of Medicine, No.31.1997. 12. 一—一二頁に収録。

Ⅸ　想像力はいかにして認知および行動を誘導するか

研究発表：Imagination und Wahrnehmung. 5. Symposion der Académie du Midi, Tuchan/France 1993.

Ⅹ　確実性――哲学の仮象の問題

研究発表：Certaintity, the Fictitious Essence of Philosophy. The 23rd Annual Meeting of the Husserl Circle, Seattle University, USA 1991.

Ⅺ　ハイデッガーと芸術の問題

講義：Heidegger und das Problem der Kunst. 大阪大学文学部、大学院文学研究科（芸術専攻）1990.

Ⅻ　踊りと真理――ハイデッガーの芸術哲学の一解釈

研究発表：Dance and Truth, An interpretation of Heidegger's Philosophy of Art. The 4th Japan North American Phenomenology Conference, Duquesne University, USA 1994.

湯浅慎一の主な著書（学術書）

1 Recht und Sein nach Heideggers Fundamentalontologie - Der Weg zur Phänomenologie des Rechts. Universität zu Köln 1969.

2 Der Leib - Studien zu einer Phänomenologie des Leibes. Universität zu Köln 1976（邦訳『知覚と身体の現象学』太陽出版、一九七八年）

3 『愛と価値の現象学』太陽出版、一九七九年

4 『身体の現象学』世界書院、一九八六年

5 『フリーメイソンリー——その思想、人物、歴史』中央公論社、一九九〇年

6 Phänomenologie des Alltäglichen - Vom Aspekt der Leiblichkeit des Menschen her. Peter Lang 1998.

日常世界の現象学

——身体の三相構造《トリアーデ》の視点から——

著者紹介

湯浅慎一（ゆあさ・しんいち）

1938年、北海道生まれ。上智大学法学部卒業後、1964－76年、ドイツ・ケルン大学法学部、哲学部留学、卒業(Dr. Iur., Dr. Phil.)。

現在、京都府立医科大学教授（人文科学教室、専攻・哲学)。

2000年10月15日　第1刷

［著者］
湯浅慎一

［発行者］
籠宮良治

［発行所］
太陽出版

東京都文京区本郷4-1-14 〒113-0033
TEL03(3814)0471 FAX03(3814)2366

装幀＝山城猛(スパイラル)
［印字］スパイラル［印刷］壮光舎印刷［製本］井上製本
ISBN4-88469-209-8 C3010